Reimar Paul

In Bewegung

1976 bis 1984: Turbulente Jahre in Göttingen

Reimar Paul

In Bewegung

1976 bis 1984: Turbulente Jahre in Göttingen

VERLAG DIE WERKSTATT

Bibliografische Information der Deutschen Nationalbibliothek:
Die Deutsche Nationalbibliothek verzeichnet diese Publikation
in der Deutschen Nationalbibliografie; detaillierte bibliografische
Daten sind im Internet über http://dnb.d-nb.de abrufbar.

Copyright © 2018 Verlag Die Werkstatt GmbH
Lotzestraße 22a, D-37083 Göttingen
www.werkstatt-verlag.de
Alle Rechte vorbehalten
Satz und Gestaltung: Die Werkstatt Medien-Produktion GmbH, Göttingen

ISBN 978-3-7307-0401-1

Inhalt

Erinnerung(en)

„*Eine Erinnerung kann sich mit der Zeit auflösen und nur noch das Gefühl, die Idee, das Konzept zurücklassen. Eine Erinnerung kann sich mithilfe von Beruhigungsmitteln, Angstlösern, Antidepressiva, Schlafmitteln, Therapien, übermäßiger Arbeit, einem ausgeprägten Sozialleben und Freizeitbeschäftigungen auslöschen lassen, aber es gibt Dinge, die sich im Gedächtnis festsetzen und dort verweilen, darauf wartend, dass man genügend Mut aufbringt, um in ihnen zu stöbern.*“
(Nora Fernández)

„*Je länger die Erinnerungen zurückliegen, desto rosiger färben sie sich ein. Das ist ein barmherziger Trick der Seele, der es einem erlaubt, auch wenn man nur Scheiße gebaut hat, am Ende auf ein erfülltes Leben zurückzublicken.*“ (Hannes Wader)

„*Die Erinnerung ist das einzige Paradies, aus dem wir nicht vertrieben werden können.*“ (Jean Paul)

Man kennt es vielleicht: Im Rückblick werden Geschichten oft zu Geschichte, Wahrnehmungen zu Wahrheiten, vage Erinnerungen zu realen Ereignissen oder sogar Träume zu Tatsachen.

Ob sich alles wirklich ganz genauso zugetragen hat, wie ich es später immer wieder erzählte und wohl auch ausschmückte, kann ich deshalb nicht mit Sicherheit sagen. Wahrscheinlich nicht. Auch für die Daten, Orte und die richtige Reihenfolge der Geschehnisse lege ich meine Hand nicht ins Feuer.

Das meiste gebe ich so wieder, wie ich es noch im Kopf oder vor Augen zu haben meine. Um der Erinnerung auf die Sprünge zu helfen, habe ich mich allerdings häufig meiner und anderer Archiven bedient, alte Flugblätter, Zeitschriften und Broschüren durchstöbert, Filme gesichtet und Audio-Kassetten abgehört. Und natürlich die alten Freunde, Mitbewohner und Genossen gefragt, was sie noch wissen oder zu wissen glauben von damals.

Damals, das sind in diesem Fall 1976 und die darauf folgenden Jahre. 1976 war das Jahr, in dem es so richtig losging. Für Max jedenfalls.

Und noch eine Anmerkung: Ich habe mich bemüht, nicht nur das damalige Geschehen, sondern auch meine – unsere – damaligen Gefühle, Ausdrucksweisen und politischen Ansichten möglichst „ungefiltert" wiederzugeben. Ohne Verklärung, aber auch ohne Distanzierung. Und unabhängig davon, dass ich heute, 42 Jahre später, einige der geschilderten Ereignisse anders sehe, anders beschreibe und anders beurteilen würde. Einige, aber längst nicht alle.

Wenn ich heute gelegentlich über den Campus oder durch das Zentrale Hörsaalgebäude der Göttinger Universität streife, überkommt mich etwas Wehmut. Ich bin betrübt, ja, fast bestürzt, wie entpolitisiert die Hochschule wirkt. Keine Wandzeitungen, keine Flugblattschlachten, keine Plakate an den Mauern, keine Agitation per Megafon mehr. Statt zu diskutieren, wie die Revolution oder wenigstens die nächste Kundgebung organisiert werden kann, spielen – so sieht es wenigstens aus – viele Studentinnen und Studenten auf ihren Smartphones herum oder bereiten auf dem Tablet die letzte Vorlesung nach.

Ordentlich nebeneinander geklebt und vorgabengemäß an den inzwischen eigens dafür aufgestellten Stellwänden befestigt, werben bunte Poster nicht etwa wie früher für Demonstrationen, sondern für kulturelle oder sportliche „Events". An den Schwarzen Brettern der Fachschaften hängen nicht wie früher die mit dicker roter und schwarzer Farbe auf grobes Wandzeitungspapier gepinselten Aufrufe zu Streiks oder Vollversammlungen. Nicht im Gebäude der Theologischen Fakultät und auch nicht im benachbarten „Oec", dem Gebäude der Sozial- und Wirtschaftswissenschaftler/innen, beides ehemals Zentren linker studentischer Aktivitäten auf dem Campus.

Stattdessen lese ich dort an der Anschlagtafel, schön in Blocksatz getippt und mit Fotos versehen, einen Rechenschaftsbericht des Theologischen Fachschaftsrates über die Aktivitäten des vergangenen Sommersemesters: den harmonischen Wandertag zum Beispiel. Oder die Anschaffung eines neuen Doktorwagens – wer nämlich in Göttingen promoviert, kann sich seit jeher von den Kommiliton/innen im geschmückten Wägelchen durch die Stadt ziehen lassen bis zum Gänseliesel und dieser Brunnenfigur einen Kuss auf die metallenen Lippen drücken. Ein Brauch, dem ich damals wie später nicht viel abgewinnen konnte. Und das hat damit nichts zu tun, dass ich es bis zum Doktorgrad selber nicht gebracht habe.

1976

Liebe Anne,

dass es mich nun nach Göttingen verschlagen hat, ist eigentlich purer Zufall. Vielleicht nicht wirklich Zufall. Möglicherweise liegt es auch daran, dass ich gerne Bier trinke. Oder an meiner zum richtigen Zeitpunkt einsetzenden Erkenntnis, dass es keinen Sinn macht, mit fünf oder sechs Dosen Bier intus Auto zu fahren. Jedenfalls dann nicht, wenn ich gar kein Ziel habe und dementsprechend auch keinen Druck, es zu einem bestimmten Zeitpunkt zu erreichen.

Wie Du weißt, hatte ich über die Zentralstelle für die Vergabe von Studienplätzen, die ZVS, für das Sommersemester eigentlich einen Studienplatz in Marburg erhalten, Deutsch und Sozialkunde fürs Lehramt wollte ich dort studieren.

Mit dem Bescheid der ZVS in der Tasche und meinem grünen, gebrauchten R4 – du kennst ihn, ein Geschenk meiner Mutter zum Abi – bin ich Ende März also nach Marburg gezuckelt, um mich an der Philipps-Universität einzuschreiben, ein Zimmer zu suchen, die ersten Kneipen zu inspizieren und was man eben sonst so macht als angehendes Erstsemester.

Ich hatte mich bei Marlies zum Übernachten angemeldet. Sie war in der Schule in meiner Klasse und hatte, während ich Zeit bei der blöden Bundeswehr verplemperte, schon vor anderthalb Jahren in Marburg mit dem Studieren angefangen.

Als ich abends ankam, waren Marlies und ihr Freund gerade dabei, ihre neue Wohnung anzustreichen, in die sie zusammen einziehen wollten. Marlies hat mir zur Begrüßung gleich mal einen Pinsel in die Hand gedrückt, ich sollte mit streichen, sagte sie, es sei hier so üblich, dass alle mit anpacken, wenn es was zu tun gibt. Ich war natürlich ein bisschen perplex, ich wäre gern erst mal aufs Klo gegangen oder hätte noch lieber einen Kaffee getrunken, außerdem bin ich, wie du weißt, im Handwerkeln ziemlich schlecht. Jedenfalls hatte ich mir das Ankommen an meinem neuen Lebensmittelpunkt irgendwie anders vorgestellt.

Aber ich wollte mich ja nicht gleich streiten und nicht rumnörgeln und habe dann doch noch geholfen, eine Wand ein bisschen mit weißer Deckfarbe zu übertünchen. Einiges von dieser Farbe ist mir dabei auf den Kopf gekleckert. Irgendwann hat es mir dann gereicht, ich habe mich nach draußen verabschiedet, um in Ruhe eine zu rauchen.

Ich weiß gar nicht mehr, wo ich dann übernachtet habe, ob in Marlies' alter Wohnung oder schon in der neuen. Ist auch egal. Jedenfalls verfestigte sich das blöde Gefühl auch in den nächsten Tagen, meine Stimmung wurde sogar noch schlechter und verstärkte sich zu einem veritablen Frust: Die Frauen im Uni-Sekretariat, in dem ich mich für das Studium einschreiben sollte, empfand ich als unfreundlich und wenig hilfsbereit. Die an den diversen Schwarzen Brettern angebotenen Zimmer, die ich mir dann auch angesehen habe, waren kleine, kaum acht Quadratmeter große und teils fensterlose Löcher. Und dafür wollten die Vermieter 200 Mark oder sogar noch mehr haben. Zu allem Überfluss bin ich auch noch gegen eine geschlossene Glastür gelaufen und habe mich an der Stirn verletzt. Die Wunde musste in einer Ambulanz getackert werden.

Marlies war die ganze Zeit weiter mit Renovieren beschäftigt und hatte kein Ohr für die vielen Fragen, die ich gehabt hätte zu Marburg, zum Studium und allem Drum und Dran. Zwei Abende bin ich deshalb alleine durch die Kneipen gezogen, aber da ich so schlecht drauf war, habe ich da natürlich auch niemanden kennengelernt. Obendrein hat es die ganze Zeit wie aus Eimern geschüttet, ein unglaubliches Wetter, der Regen hat gar nicht mehr aufgehört.

Ich habe dann schließlich beschlossen, Marburg Marburg sein zu lassen und wieder zurückzufahren. Meine Stimmung war so im Keller, dass ich mir an der Tankstelle in Marburg außer Benzin für den R4 zwei Tüten Gummibärchen und einen Sechserpack Dosenbier gekauft habe. Während der Fahrt habe ich angefangen zu trinken, eine Büchse nach der anderen, und als dann nach knapp zwei Stunden am frühen Abend das Schild an der Autobahn die Ausfahrt Göttingen angezeigt hat, war ich schon ziemlich betrunken. Da Weiterfahren in diesem Zustand ja nicht viel Sinn macht – siehe oben – und ich nun auch nichts anderes vor-, keine Termine und Zeit ohne Ende hatte, bin ich von der Autobahn runter und nach Göttingen reingefahren, in den Friedländer Weg, wo ich auch eine Adresse hatte. Die Adresse von Ingrid, die auch mit mir in einer Klasse und mit der ich immer gut befreundet war. Wahrscheinlich kennst du sie sogar von der einen oder anderen Fete. Oder von Grossmann, der Kneipe, in die wir nach der Schule immer gegangen sind.

Soweit für heute, ganz viele Grüße, M.

* * *

Bei Ingrid im Friedländer Weg also hofft Max Quartier nehmen zu können für ein paar Tage. Ingrid ist aber nicht zu Hause, auch ihre Freundin und Mitbewohnerin Gaby nicht, stattdessen öffnet, als Max klingelt, Uli die Tür, der Freund der Mitbewohnerin. Max trägt sein Anliegen vor: Er könne nicht mehr weiterfahren, kenne niemanden sonst in Göttingen und würde deshalb, wenn möglich, gerne hier übernachten. Gar kein Problem, sagt Uli, aber jetzt werde doch noch nicht übernachtet. Erst mal werde ein Bier aufgemacht und angestoßen zur Begrüßung, im Übrigen plane er, Uli, gerade einen zünftigen Zug durch die Kneipen, und wenn Max Lust habe, könne er ihn ja begleiten.

Max hat Lust, das ist doch klar, und was folgt, ist eine gleichermaßen informative wie intensive Einführung in einige der Lokalitäten, in denen wir in den kommenden Jahren und Jahrzehnten etliche Nächte saufen, streiten und – am Tresen stehend – die Welt verändern werden. Als da sind: der Bierkeller des Kultur- und Aktionszentrums, kurz KAZ. Der Live-Club Nörgelbuff. Die Kulturkneipe APEX. Der Theaterkeller, auch T-Keller genannt.

Uli setzt Max während des Rundgangs nicht nur darüber in Kenntnis, welche Biersorte in den jeweiligen Gasthäusern zu welchem Preis angeboten wird – im KAZ zum Beispiel kostet der halbe Liter Schultheiß aus der Flasche 1,80 Mark, das ist ziemlich günstig. Sondern auch darüber, welche Kneipen Mitglieder und Sympathisanten der politischen Organisationen vorzugsweise aufzusuchen pflegen.

Das Pegasus etwa, erklärt Uli, als sie dort vorbeikommen und Max gleich hinein will, gelte es tunlichst zu meiden, weil sich dort Burschenschaftler tummelten sowie Anhänger des CDU-nahen Ringes Christlich-Demokratischer Studenten (RCDS). Im Altdeutschen hingegen, weiß Uli, hängen gern die Jusos 'rum, es sei also in Ordnung, da mal Halt zu machen. Die undogmatischen Linken – Max hat nur eine vage Vorstellung, wer das sein könnte – gehen meistens ins KAZ oder in den T-Keller.

19. April 1976

Hallo Anne,
der gestrige Kneipenzug war wirklich ergiebig und hat bis in die frühen
Morgen gedauert, ich weiß gar nicht mehr, wann und wie wir nach Hause

gekommen sind, also in Ingrids Wohnung. Ich habe tief und wohl auch ziemlich lang geschlafen, denn als Uli mich geweckt hat, war es schon langsam Zeit, zur Demo zu gehen. Uli hatte mir am Vorabend davon erzählt: Mehrere Häuser im sogenannten Reitstall-Viertel, gar nicht weit weg von der Uni, sollen abgerissen werden und einem Einkaufszentrum Platz machen. Das geht natürlich gar nicht, so viel weiß ich schon nach einem halben Tag in Göttingen. Vor allem die Studenten hier protestieren schon seit längerem dagegen, und für meinen ersten ganzen Tag in Göttingen war eben eine weitere Demo angekündigt worden.

Es war meine allererste Demo überhaupt, ich bin ja vorher noch nie bei einer Demonstration gewesen. Kleinere Kundgebungen in Rotenburg für die Wiederwahl von Willy Brandt oder für die Erhaltung eines Moores, das ja, aber richtige Demos kannte ich bis dahin nur von Erzählungen und aus dem Fernsehen. Ich weiß nicht, ob sich 1000 oder 2000 Leute auf dem Marktplatz versammelt haben oder vielleicht auch nur 500, ich konnte das auch gar nicht abschätzen, aber auf jeden Fall war ich mächtig beeindruckt. Rote Fahnen wehten, etliche Demonstranten trugen Transparente, ganz vorne gingen welche mit Megafonen und skandierten Parolen gegen Häuserabriss und Wohnraumvernichtung und Kaputt-Sanierung. Es war ziemlich aufregend.

Wir sind durch die Innenstadt gezogen, die gar nicht so groß ist, und dann schließlich in die Reitstallstraße eingebogen zu einem der letzten dort noch nicht abgerissenen Wohnhäuser. Davor standen Dutzende Bereitschaftspolizisten mit weißen Helmen und runden Schilden in der Hand, das wirkte auf mich ziemlich überzogen und martialisch. Wir und die Polizisten standen uns gegenüber, es gab wieder viele Parolen und dann auch ein paar Rangeleien, aber keine größeren Auseinandersetzungen.

Du wirst es nicht glauben, oder vielleicht doch: Hinter einem Polizeischild hab ich einen Bekannten von früher entdeckt, der auch auf unserer Schule war und im selben Sportverein Leichtathletik gemacht hat. Der hat mich auch erkannt, ganz sicher, aber so getan, als habe er mich nicht gesehen. Ich habe das übrigens genauso gemacht und nichts zu ihm gesagt.

Nach der Demo war ich gut drauf, das hat sich richtig gut angefühlt. Und das gute Gefühl habe ich immer noch. Es sind weitere Demos geplant, abends gehe ich mit Uli und anderen netten Leuten, die ich schon kennen gelernt habe, in die Kneipe. Ich werde erst mal hier bleiben, in Göttingen.

Lass du auch von dir hören oder lesen, ganz viele Grüße, M.

Liebe Anne,

nur ganz kurz: Ja, es bleibt dabei, es bleibt bei Göttingen. Ich kann bei Ingrid, die inzwischen wieder zurück ist, erst mal wohnen, ihre Mitbewohnerin kommt erst in einer Woche wieder, dann wird es wohl zu eng hier, und ich muss wir was Eigenes suchen.

Ingrid wohnt im Friedländer Weg, ich habe den Stadtplan kopiert und lege dir die Kopie bei, hoffentlich kannst du was darauf erkennen. Zwei Querstraßen von hier, Ecke Friedländer Weg / Herzberger Landstraße, liegt das Institut für Volkskunde. Das ist nicht mit Völkerkunde zu verwechseln, ganz genau weiß ich zwar auch noch nicht, was Volkskunde ist, irgendwie beschäftigt sich das Fach mit Alltagskultur, und zwar im deutschsprachigen Raum, jedenfalls habe ich das so verstanden.

Es ist auch nur ein ganz kleines Fach, deswegen konnte man sich da einfach einschreiben, also ohne ZVS-Bewerbung, auch an der Uni hier muss man sich nicht vorher bewerben. Da ich hier ja keinen anderen Studienplatz hatte, also für ein anderes Fach, habe ich mich für Volkskunde eingeschrieben und ein paar Lehrveranstaltungen belegt.

Ich musste dazu noch zwei Nebenfächer wählen, ich habe mich für Politik und Publizistik entschieden, das kann ich aber später wechseln, wenn es mir nicht gefällt.

Bin in Eile, da ich zu einer Demo will, die gleich losgeht. M.

★ ★ ★

Lieber Tom,

du hast neulich Abend am Telefon gefragt, welche politischen Gruppen es hier gibt. Ich war da aber schon ziemlich betrunken und habe, glaube ich, ziemlichen Mist erzählt. Ich versuche das jetzt mal zu sortieren.

Welche Gruppierung wofür steht und für wen eintritt oder einzutreten vorgibt, das habe ich doch einigermaßen schnell mitbekommen. Im Spektrum der Göttinger universitären Linken gibt es – grob gesagt – drei Grundströmungen gibt: die „Revis", die K-Gruppen und die Spontis.

Die „Revis" sind deshalb Revis, sprich Revisionisten, weil sie sich in den

Augen der K-Gruppen von der marxistische Theorie und vor allem von der revolutionären Praxis abgewandt, wenn nicht diese sogar verraten haben.

Das Revi-Spektrum besteht zum einen aus dem Marxistischen Studentenbund (MSB) Spartakus, dem Studentenverband der DKP. Der ist bundesweit zwar einer der einflussreichsten Studentenverbände, in Göttingen spielt er aber keine große Rolle, und er ist hier auch nicht am AStA beteiligt, dem Allgemeinen Studentenausschuss, das ist so eine Art studentische Regierung. An der hiesigen Pädagogischen Hochschule ist das anders, da hat der MSB mehr zu sagen, und er ist da auch im AStA vertreten.

Noch wesentlich weniger Bedeutung hat an der Uni der Sozialistische Hochschulbund (SHB). Ursprünglich war das mal der Studentenverband der SPD, die hat ihm nach politischen Differenzen beziehungsweise Linksruck aber den ursprünglichen Namen Sozialdemokratischer Hochschulbund aberkannt. Inzwischen verortet sich der SHB irgendwo zwischen DKP und Jusos, die mit ihrer recht starken Göttinger Hochschulgruppe natürlich ebenfalls zu den Revis zählen.

Ich bin ja, wie du weißt, durch Willy Brandts Kanzlerschaft und das abgewehrte Misstrauensvotum etwas anpolitisiert worden und damals auch zum Vergnügen meiner politisch äußerst konservativen Mutter in die SPD eingetreten und qua Alter respektive Jugend Juso geworden. Ich habe mich aber nie aktiv an der Parteiarbeit beteiligt und bin auch wegen der Berufsverbote bald wieder aus der SPD ausgetreten.

Hier waren mir die Jusos von Anfang an nicht links genug. Deshalb war ich ein paar Mal bei Treffen des SHB. Ehrlich gesagt auch deshalb, weil beim SHB die schöne Lisa mitmacht, eine extrem attraktive Frau. Diese Treffen haben in der Küche von einer SHB-Wohngemeinschaft stattgefunden, aber irgendwie wurde da zu viel über Zeug gequatscht, das mich nicht so interessiert hat, Unterschriften sammeln gegen das Hochschulrahmengesetz zum Beispiel, und Lisa war auch nur bei einer einzigen Sitzung dabei. Außerdem ist mir klar geworden, dass ich eigentlich gar kein Revi sein will.

Dafür hätte ich mich beinahe dem Kommunistischen Bund (KB) beziehungsweise dessen Uni-Ableger Kommunistischer Hochschulbund (KHB) angeschlossen, man kann sagen, dass ich mit denen sympathisiere. Der KB hat die bei weitem besten Redner, die Uni-Vollversammlungen mit tausend Teilnehmern zum Kochen bringen können, ebenfalls klasse aussehende Frauen und mit dem „Arbeiterkampf" eine informative und für mich durchaus mei-

nungsbildende Zeitung. Schließlich ist der KB ungeachtet seiner grundsätzlichen ML-, also marxistisch-leninistischen Orientierung viel undogmatischer unterwegs als die anderen K-Gruppen. Göttingen ist nach Hamburg so eine Art zweite Hochburg vom KB.

Was mich etwas abgeschreckt hat: Es gibt offenbar so etwas wie eine Aufnahmeprüfung beim KB. Da muss man zwei oder drei Publikationen vorlegen, die man verfasst hat, also zum Beispiel Flugblätter oder Beiträge für eine Fachschaftszeitung. Und man muss eine „Kapital"-Schulung mitgemacht haben. Aktuell wird es vom KB-Ortsvorstand – der heißt natürlich nicht wirklich so – auch gern gesehen, wenn man was von Georg Lukács gelesen hat. Habe ich jedenfalls gehört. Das alles ließe sich ja schnell nachholen, aber irgendwie ist mir so eine Aufnahmeprüfung zuwider. Manche sagen auch, dass sie nicht im, sondern nur am KB sind. Die mussten keine Prüfung machen, dürfen aber trotzdem zu den Treffen kommen und den „Arbeiterkampf" verkaufen. Vielleicht mache ich das auch, am KB sein, das klingt doch schön schräg.

Der KBW beziehungsweise seine Hochschulorganisation Kommunistischer Studentenbund (KSB) ist in Göttingen die K-Gruppe Nummer 2. Mir sind diese Leute nicht sonderlich sympathisch: Zu ernst, zu sektiererisch, zu sehr pro China, pro Mugabe, pro Pol Pot. Alle anderen Gruppen betrachtet der KBW als zu bekämpfende Feinde. Die Rechten vom CDU-nahen Ring Christlich-Demokratischer Studenten (RCDS) sowieso. Den „KB-Nord", so nennt der KBW nämlich den KB. Und die Revis, vor allem die Revis des MSB Spartakus.

Insbesondere diese Feindschaft gegenüber den Revis hat mit der vom Großen Steuermann Mao Zedong entwickelten Drei-Welten-Theorie zu tun, wonach die USA und die UdSSR imperialistische Weltmächte sind, die von der Dritten Welt unter Führung Chinas bekämpft werden müssen. Da der MSB Spartakus ein Ableger der DKP ist, diese wiederum von der SED alimentiert wird, die ihrerseits den Vorgaben der KPdSU folgt, ist der MSB gewissermaßen der historische Feind des KBW.

Was mich allerdings beeindruckt, ist das technische Niveau der Publikationen des KBW. Er bringt nicht nur seine „Kommunistische Volkszeitung" 1a gesetzt mit hoch aufgelösten Fotos pünktlich jede Woche unter die Volksmassen. Auch die an der Uni verteilte „Kommunistische Studentenzeitung" hat vom Layout und der Druckqualität her den Konkurrenzerzeugnissen einiges voraus. Dank seiner in Frankfurt ansässigen, hochwertigen zentralen Technik ist der KBW auch in der Lage, mit Flugblättern und Extra-Ausgaben umgehend auf politische Geschehnisse zu reagieren – ereignen sie sich nun an der Göttinger Uni, anderswo in der Bundesrepublik oder in Zimbabwe. Für „schneller als die Bourgeoisie" hält der KBW sich und seine Propaganda selbst.

Die Mitglieder werden allerdings ziemlich auf Trab gehalten. Ich war ein paar Mal abends bei neuen Freunden zu Besuch, die als Wohngemeinschaft im zweiten Stock einer grauen Mietskaserne im Ortsteil Geismar wohnen. Vom Küchenfenster aus kann man in das im Nachbarhaus gelegene, bis spät in die Nacht erleuchtete Zimmer des KBWlers A. blicken. Er brütet, so scheint es, ohne Pause über Tabellen, Statistiken und Lexika. Das Ergebnis seiner Studien ist schon am nächsten Mittag in einem Flugblatt zu bestaunen.

Gelegentlich zeigen auch der ebenfalls streng China-gläubige Kommunistische Studentenverband (KSV) als Ableger der Kommunistischen Partei Deutschlands (KPD) sowie die Hochschulgruppe der KPD-ML, die es mehr mit Enver Hodschas Albanien hält, mit Flugblättern und Büchertischen in der Mensa Präsenz.

Alle K-Gruppen-Leute bis auf die vom KB sehen übrigens ziemlich spießig aus, das betrifft sowohl die Frisur als auch die Kleidung. Wahrscheinlich glauben sie, dass sie anders von der Arbeiterklasse nicht ernst genommen werden. Jemand hat erzählt, dass die Leitung der KPD/ML die Langhaarigen sogar aus der Partei geworfen hat, weil das Proletariat so was nicht mag. Ich weiß nicht, ob es stimmt. Die KBWler, es sind in Göttingen eine ganze Menge, findet man zudem in keiner Kneipe, ich habe da jedenfalls noch nie einen gesehen. Möglicherweise ist diese revolutionäre Enthaltsamkeit verordnet, vielleicht haben die abends aber auch nur Schulungen.

Meistens ganz nah am Stammessen-Aufgang legt mittags die trotzkistische Gruppe Internationaler Marxisten (GIM) Schriften von Leo Trotzki, Ernest Mandel, Isaac Deutscher und anderen trotzkistischen Theoretikern und Historikern aus. Die Göttinger GIM-Gruppe besteht, glaube ich, nur aus fünf oder sechs Leuten, hat daran gemessen aber einigen Einfluss. Als Partner des KB bei der Kandidatur der „Sozialistischen Bündnisliste" für die Wahlen zum Studierendenparlament (StuPa), sind GIM-Leute hier am AStA beteiligt.

Außerdem sympathisieren einige Leute aus Göttingen mit dem Sozialistischen Büro (SB), oder sie sind da sogar Mitglied. Das SB ist eher eine theoretisch arbeitende Gruppierung, die irgendwie für die Vereinheitlichung der sozialistischen Kräfte eintritt, was ja erst mal nicht schlecht ist. Das SB hat hier keine hochschulpolitische Gruppe und hält sich auch weitgehend aus der praktischen Politik raus, sondern die SB-Leute studieren vor allem ihre SB-Zeitungen „links" und „express". Elmar Altvater, Klaus Vack, Wolf-Dieter Narr und Andreas Buro sind einige der bekannten und klugen Leute im SB. Auch Rudi Dutschke soll Mitglied sein, er ist aber soweit ich weiß nicht besonders aktiv.

So, lieber Tom, ich hoffe, du hast einen kleinen Einblick bekommen.

Mach's gut, bis bald, M.

Im Februar 1975 sind die Auseinandersetzungen um den Bau des Atomkraftwerks Wyhl am Oberrhein eskaliert und bundesweit bekannt geworden. Tausende Menschen – Bauern, Winzer, Hausfrauen, natürlich auch linke Studenten aus Freiburg – haben den Bauplatz besetzt, sind von der Polizei vertrieben worden, danach wiedergekommen und geblieben. Sie errichteten ein Freundschaftshaus, unterrichten und lernen in der „Volkshochschule Wyhler Wald", ein in den Weinbergen verstecktes Radio informiert über die Kämpfe in Wyhl und gegen das AKW Fessenheim und das Bleichemiewerk Marckolsheim im Elsass.

Die badischen-elsässischen Bürgerinitiativen schicken Gesandte aus ins ganze Land. Wir haben das Ziel, dass sich jede Woche in der Bundesrepublik eine Bürgerinitiative gegen Atomenergie gründet, sagt Walter Moßmann an einem Abend im Frühjahr 1976 im Versammlungssaal der Göttinger Evangelischen Studentengemeinde (ESG). Der Liedermacher und Journalist aus Freiburg ist selbst einer dieser Gesandten. Außer spannenden Geschichten, in denen die Leute vom Kaiserstuhl wie der Igel im Märchen immer schon da sind, wenn die Obrigkeit kommt, hat er seine Gitarre mitgebracht.

Moßmann erzählt und klampft und singt „In Mueders Stübele" und das „Lied von der Gedankenfreiheit" und von der „Wacht am Rhein". 50 oder 60 Leute sind zum Zuhören gekommen, immerhin, denn die Atomenergie ist damals noch kein Thema in Göttingen. Die Stimmung ist gut und wird immer besser, die Leute summen mit und stellen Fragen, und dann sagt einer, wir müssten hier auch eine Bürgerinitiative gründen. Aber hier gibt es doch gar kein Atomkraftwerk in der Nähe, erwidert jemand anders. Doch, sagt eine dritte, in Würgassen an der Weser, gar nicht so weit von hier. Und in Grohnde bei Hameln, hat sie gehört, soll auch eins gebaut werden.

Max hat noch ein Exemplar im Regal stehen. Der Umschlag aus harter Pappe ist recht gut erhalten, das Papier aber ist vergilbt und brüchig. Auf fast jeder der 192 Seiten sind einzelne Textpassagen unterstrichen und Anmerkungen mit einem Bleistift an den Spaltenrand gekritzelt. Beim Durchblättern fallen einem mindestens ein Dutzend handbeschriebene Zettel entgegen. Kein anderes Werk hat Max während seines Studiums oder danach so intensiv durchgeackert wie dieses. Nicht mal „Das Kapital".

Das Buch heißt „Zum richtigen Verständnis der Kernindustrie – 66 Erwiderungen". Das Autorenkollektiv der Universität Bremen – darunter der 1994 gestorbene Atomphysik-Professor und Anti-Atom-Aktivist Jens Scheer und die bis heute als Gutachterin für Bürgerinitiativen auftretende Physikprofessorin Inge Schmitz-Feuerhake – nimmt darin die Propagandaschrift der Atomlobby „66 Fragen, 66 Antworten – Zum besseren Verständnis der Kernenergie" nach allen Regeln der populär-wissenschaftlichen und publizistischen Kunst auseinander.

„Zum richtigen Verständnis der Kernindustrie – 66 Erwiderungen" wird eines der Standardwerke der sich bundesweit formierenden Anti-AKW-Bewegung. Ein anderes, in der ersten Ausgabe schon 1973 erschienen, ist „Friedlich in die Katastrophe" von Holger Strohm.

Die im Zuge der Proteste gegen das AKW Biblis in Hessen entstandene Arbeitsgemeinschaft Umweltschutz in Darmstadt, deren Mitglieder sich intensiv mit den technischen und naturwissenschaftlichen Grundlagen der Atomkraftnutzung befassen, veröffentlicht eine ganze Reihe Broschüren. Die „KKW-Fibel", das Büchlein „Atommüll im Eimer", das Probleme der Wiederaufbereitung und Endlagerung von Atommüll beschreibt. Und die Zeitschrift „umwelt akut".

An einem anderen Abend im Frühjahr 1976, kurz nach dem Besuch von Walter Moßmann, kommt einer der Bremer Autoren der „66 Erwiderungen", der Physiker Jörn Bleck, zu einer Vortrags- und Diskussionsveranstaltung an die Uni. Es geht nur anfangs um technische und wissenschaftliche Fragen beim Betrieb von Atomkraftwerken, um die Gefahr von großen Unfällen, um die Freisetzung von Radioaktivität auch im sogenannten Normalbetrieb der Reaktoren. Auch durch angeblich ungefährliche, niedrige Strahlendosen, sagt Bleck, sind Krebs und Missbildungen mit hoher Wahrscheinlichkeit zu erwarten.

Bleck erzählt, dass er vor seiner Bremer Zeit, als er beim Hahn-Meitner-Institut in Berlin arbeitete, wie alle seine Kollegen – unter ihnen auch Jens Scheer – „total für Kernenergie" und gegen jede Kritik „immunisiert" war. Das sei bei Jens sogar so weit gegangen, dass er Vorsichtsmaßnahmen beim Strahlenschutz absichtlich missachtet habe.

Wir wollen aber vor allem wissen, wie Protest organisiert, wie Widerstand geleistet werden kann. Bleck erzählt von Flugblattaktionen und Bürgerversammlungen und der Klage gegen das in Bau befindliche AKW Unterweser nördlich von Bremen. Und dass ein neues Atomkraftwerk gebaut werden soll. An der Unterelbe, in Brokdorf.

An der Uni konzentriert sich der politische Protest im Sommersemester 1976 auf die Verabschiedung des Hochschulrahmengesetzes (HRG) und seine regionale Ausformung, das Niedersächsische Hochschulgesetz (NHG). Die linken Hochschulgruppen befürchten Studienverschärfungen wie die Einführung von Regelstudienzeiten und strengere Prüfungsordnungen. Und sie kritisieren, dass Studenten nicht mehr wie bislang neben Professoren und akademischem Mittelbau gleichberechtigt in den Universitätsgremien mitbestimmen sollen.

Vor allem die Revis machen mächtig Druck gegen HRG und NHG. Sie organisieren Demos in Göttingen und Fahrten zu Demonstrationen in Hannover und einmal auch in Bonn. Revis hin oder her, wir demonstrieren und fahren mit. Laufen in der Hauptstadt unter roten Fahnen viele Kilometer durch weitgehend menschenleere Stadtviertel. Und rufen in Hannover: „Albrecht von der Leine – in die Leine – nicht alleine – Schmidt muss mit!" Albrecht heißt der niedersächsische Ministerpräsident, Schmidt ist der Bundeskanzler.

Die Studenten der Pädagogischen Hochschule sind in einen zweiwöchigen Streik getreten. Streik, das heißt: Der reguläre Vorlesungsbetrieb wird boykottiert. Das Ziel ist: Alle Prüfungsverschärfungen sollen rückgängig gemacht werden, alle Absolventen sollen die Möglichkeiten erhalten, sich für den Schuldienst zu bewerben.

Der PH-AStA und die Fachschaften organisieren zahlreiche alternative Veranstaltungen, richten Streikcafés ein, zwischendurch gibt es immer mal wieder eine Demo.

So auch bei der Eröffnung der Polnischen Kultur- und Hochschultage mit Bildungsminister Helmut Rohde (SPD) in der Aula der Universität. Mehrere hundert PH-Studenten protestieren mit Transparenten und Redebeiträgen gegen Studienverschärfungen, Lehrerarbeitslosigkeit, Hochschulrahmengesetz und Berufsverbote. Als Rohde die Aula verlässt, fliegen Farbbeutel, Rohde wird von einem getroffen.

Seit Ende April streiken auch die Studenten am Psychologischen Institut der Universität gegen eine sie bevormundende Diplomarbeitsregelung. Das Seminargebäude bleibt für Monate besetzt, statt ins KAZ oder in den T-Keller marschieren wir abends oft auf drei, vier Bier zu den „Psychos" rüber. Der KSB Göttingen, Zelle Psychologie, fertigt die 64-seitige Broschüre „Die Gesundheitsversorgung dient nicht den Interessen der Sozialversicherten" und lässt davon tausend Exemplare drucken und kostenlos verteilen.

Am 9. Mai wird Ulrike Meinhof mit einem aus Handtuchstreifen geknoteten Strick um den Hals erhängt in ihrer Zelle im Gefängnis Stuttgart-Stammheim gefunden. Suizid, sagen Anstaltsleitung, Politiker und Medien. Wahrscheinlich Mord, so bewerten wir das abends in der Kneipe. Ulrike Meinhof ist im Juni 1972 verhaftet worden. Nach einer ersten Verurteilung im November 1974 zu acht Jahren Knast ist sie zum Zeitpunkt ihres Todes Mitangeklagte im großen RAF-Prozess in Stammheim.

In Westberlin und Frankfurt kommt es zu Straßenschlachten, Demonstranten gehen teilweise mit Molotow-Cocktails gegen die Polizei vor, mehrere Menschen werden schwer verletzt. In Paris und Rom gibt es wegen der „Staatsverbrechen an Ulrike" Anschläge auf westdeutsche Firmenniederlassungen und Reisebüros. In Göttingen bleibt es ruhig.

Viele Kirchengemeinden weigern sich, eine Grabstelle für die Beerdigung zur Verfügung zu stellen, nur die Gemeinde des Dreifaltigkeitsfriedhofes III in Berlin-Mariendorf nicht. Dort wird Ulrike Meinhof am 15. Mai beigesetzt. Bei der Beerdigung demonstrieren etwa 4.000 Menschen gegen „Staatsterrorimus", auch einige Bekannte aus Göttingen sind hingefahren. Der Theologe Helmut Gollwitzer hält die Trauerrede. Der Verleger Klaus Wagenbach sagt, Ulrike Meinhof sei an den „deutschen Verhältnissen" zugrunde gegangen. Das Grab liegt in einem Bereich des Friedhofes, der geschlossen werden soll. In Hamm und Wuppertal gibt es weitere Bombenanschläge.

★ ★ ★

31. Mai 1976

Liebe Anne,
die RAF ist immer noch Thema, und bleibt es wohl auch. Ganz ehrlich, mir ist die RAF suspekt. Die RAF hat oder artikuliert keine Vision von einer anderen, besseren Gesellschaft. Die Sprache in ihren Kommuniqués finde ich verquast, rau und zynisch. Und die gesellschaftlichen Verhältnisse sind trotz aller Kritik bei weitem nicht so, dass das Totschießen von Menschen zu rechtfertigen wäre.
Auf etwas mehr Sympathie bei uns, also bei den Leuten, mit denen ich abends meistens in der Kneipe bin, stößt die Bewegung 2. Juni. High sein, frei sein, ein bisschen Terror kann dabei sein – das klingt irgendwie besser, fröhlicher. Gegen Banküberfälle haben wir eigentlich auch nicht allzu viel einzuwenden, sofern keine Menschen zu Schaden kommen. Du weißt ja, was Brecht dazu gesagt hat: Was ist ein Einbruch in eine Bank gegen die Gründung einer Bank?
Obwohl einen richtigen Banküberfall ja noch keiner von uns erlebt hat, und vielleicht ist es doch nicht so lustig, wenn man dicht daneben steht. Aber das traut man sich nicht zu sagen, wenn die großen Kämpfer, die schon Ende der Sechziger mit dabei waren und über alles Bescheid wissen, neben einem in der Kneipe sitzen.
Viele Grüße, M.

★ ★ ★

17. Juni 1976

Lieber Tom,
es ist erst Mitte Juni und doch schon sehr warm. Wir sind schon mehrmals nachts über den Zaun des Freibades im Stadtteil Grone geklettert, sind nackt vom Fünfer gesprungen und haben lange im Wasser geplanscht. Haben auf dem Rasen lauwarmes Bier getrunken, ein bisschen gekifft und geknutscht. Wir haben natürlich jeden Moment damit gerechnet, dass die Bullen kommen, sind sie aber nicht

Es sind auch andere Leute nachts im Freibad, die wir nicht kennen. Jugendliche. Und witzig, bei denen passiert genau dasselbe wie früher bei uns: Da gibt es Jungs, die sich ziemlich aufführen, die überhaupt keine Rücksicht nehmen, die die Mädchen ins Becken schubsen, nass spritzen und untertauchen. Und es gibt Jungs, die ganz zurückhaltend sind und sich mit den Mädchen unterhalten.

Und was glaubst du, mit wem die Mädchen hinterher knutschen? Genau, mit den Mackern. Die dürfen zur Belohnung knutschen.

Das Leben ist nicht gerecht, finde ich.
Schöne Grüße, M.

Am 27. Juni, seinem Geburtstag, hängt Max am Radio. In Tel Aviv entführt ein palästinensisches Kommando gemeinsam mit Mitgliedern der Revolutionären Zellen (RZ) eine Passagiermaschine der Air France nach Entebbe in Uganda. Sie fordern die Freilassung von 53 politischen Gefangenen verschiedener Nationalitäten, darunter auch Mitglieder der RAF und der Bewegung 2. Juni. Eine israelische Eliteeinheit stürmt das Flugzeug, alle Geiselnehmer und drei Geiseln werden getötet.

Dann eröffnen ugandische Soldaten des pro-palästinensischen Regimes von Idi Amin das Feuer auf die israelischen Einsatzkräfte. Dabei werden 45 ugandische Soldaten sowie der israelische Oberst Netanjahu getötet und der wesentliche Teil der in Entebbe stationierten ugandischen Luftwaffe funktionsuntüchtig gemacht. Am folgenden Tag wird eine bei der Geiselnahme verletzte 79-jährige Israelin in einem Krankenhaus in Kampala aus Rache von ugandischen Soldaten ermordet.

Liebe Anne, endlich mal Post von dir, danke!
Du hast nach meiner Wohnsituation gefragt: Ich habe Ende April ein Zimmer
gefunden, zur Untermiete bei Frau Andresen in der Leibnizstraße. Teilmöbliert,
das Bad und die Küche waren mitzubenutzen, für 200 Mark. Frau Andresen
ist verwitwet oder geschieden oder vielleicht auch immer mannlos gewesen,
und sie ist äußerst pedantisch. Bei Zahncremespritzern im Waschbecken oder
einem Haar in der Dusche hat sie mir immer Moralpredigten gehalten.

Es war ziemlich scheiße da, ich habe es gerade mal zwei Monate aus-
gehalten. Und das auch nur, weil ich gleich an einem der ersten Volkskun-
de-Tage die ebenfalls frisch immatrikulierte, rothaarige Hamburgerin Tina
kennenlernt gelernt habe, in deren Zimmer ich seitdem einen großen Teil
der Nächte verbringe. Trotzdem bin ich im Juni bei Frau Andresen ausge-
zogen und mit einem weiteren ehemaligen Schulfreund, der aus Rotenburg
nach Göttingen nachgerückt ist, in eine Zweizimmer-Wohnung im Ortsteil
Geismar eingezogen. Geismar liegt ein paar Kilometer von der Innenstadt
und von der Uni entfernt, aber es ist hier hundertmal besser als das Zimmer
bei Frau Andresen.

Zum Studieren kann ich noch gar nicht viel erzählen, denn ich komme
kaum dazu und habe die meisten Lehrveranstaltungen bislang geschwänzt.
Es liegt immer was viel Wichtigeres an, zum Beispiel eine Demo oder eine
politische Veranstaltung oder mit Tina auf dem See rudern. Nur zu einem
Seminar in Politik gehe ich regelmäßig, es heißt „Grundprobleme kapitalis-
tischer Produktionsweise", eine Art Einführung in die marxistische Theorie,
super-interessant, ich habe mir „Das Kapital" gekauft und ziehe es mir Stück
für Stein 'rein.

Am Volkskunde-Institut bin ich jedenfalls so gut wie gar nicht, das Leben –
vor allem das politische Leben – spielt sich auf dem Campus ab oder in der
Zentralmensa, wo wir meistens auch Mittag essen.

Um ein Mittagessen zu bekommen, muss man sich zuerst an einem Auto-
maten im Tiefgeschoss eine Essensmarke ziehen. Man kann wählen zwischen
dem (preisgünstigsten) Stammessen 1 und dem Stammessen 2, den Wahl-
essen 1-3 sowie meistens einem (ebenfalls äußerst preisgünstigen) Eintopf.

Wir, also alle, mit denen ich hier politisch, privat oder über das Studium –
das sind vor allem die Kommilitonen aus der „Grundprobleme"-Übung – zu

tun habe, essen immer „Stamm 1" für 1,20 Mark oder „Stamm 2" für 1,50 Mark (die Preise sollen angeblich bald angehoben werden beziehungsweise „angepasst", wie das Studentenwerk sich auszudrücken beliebt). Einerseits, weil wir sparen müssen oder wollen (das günstigste Wahl-Essen kostet nämlich bereits 2,50 Mark). Zweitens aber auch und vor allem, weil der Wahlessen-Bereich hauptsächlich von Studenten der rechten Fakultäten besucht wird, also den Juristinnen und Juristen und den „Wiwis" – das sind die Wirtschaftwissenschaftler, die dann meistens auch noch Betriebswirtschaft studieren und nicht etwa Volkswirtschaft, was bei marxistischer Ausrichtung ja noch zu akzeptieren wäre. Denen, also den Juristen und „Wiwis", wollen wir schließlich nicht beim Essen gegenüber sitzen.

Man will mit gleich oder zumindest ähnlich Gesinnten am Tisch sitzen, und man will die zahlreichen Flugblätter studieren, die einem an der Mensa-Treppe in die Hand gedrückt werden, vor allem an der Treppe zum Stammessen-Bereich. Fast jede politische Gruppe verteilt an fast jedem Tag ein neues Flugblatt, beschimpft darin meist kräftig die anderen politischen Gruppen, die darauf natürlich wieder mit neuen Beschimpfungen reagieren müssen.

Anne, wenn du mich mal besuchen kommst, wie du angedeutet hast, zeige ich dir das alles vor Ort. Freue mich jetzt schon darauf. M.

Am 7. Juli brechen Inge Viett, Gabriele Rollnick, Monika Berberich und Juliane Plambeck aus dem Frauenknast im Berliner Bezirk Tiergarten aus. Es ist ihnen gelungen, zwei Aufseherinnen zu überwältigen und zu fesseln und aus dem Gebäude zu entkommen. Die vier gehören zur Bewegung 2. Juni.

Mitte Juli tröpfeln Nachrichten aus Italien herein. In einem Chemiewerk in Seveso bei Mailand hat es eine Explosion gegeben, bei der eine große Menge hochgiftiges Dioxon freigesetzt wird. Tagelang schwebt die tödliche Wolke über dem Ort und seinen rund 8.000 Einwohnern. Es vergehen zehn Tage, bis die Firmenleitung über die von dem Giftgas ausgehenden Gefahren informiert. Die Schutzmaßnahmen für die Bevölkerung laufen dadurch viel zu spät an.

Mehr als 200 Menschen kommen mit Verätzungen und akuten Vergiftungserscheinungen ins Krankenhaus. Ein Gebiet von mehr als 300 Hektar, in dem rund 5.000 Menschen leben, wird verseucht. Tiere verenden auf den vergifteten Weiden. Für die Region um Seveso wird Katastrophenalarm ausgelöst, ein besonders stark verseuchtes Gebiet von 115 Hektar in der Umgebung der Chemiefabrik zur Sperrzone erklärt.

Opfer der Dioxin-Vergiftung müssen mit dauerhaften Organschäden rechnen. Bei ungeborenen Kindern sind schwere Missbildungen zu erwarten, so dass viele schwangere Frauen Abtreibungen vornehmen lassen. Wegen der Verseuchung des Bodens müssen viele landwirtschaftliche Betriebe schließen. Tausende Tiere werden notgeschlachtet und die Kadaver verbrannt.

Eine Woche nach dem Unfall beginnen die Arbeiter in der Fabrik einen wilden Streik. Der öffentliche Druck wächst. Die Behörden müssen reagieren und schließen das Werk. An der wegen der Semesterferien ziemlich verwaisten Uni kommentiert lediglich der KBW mit einem Flugblatt die Ereignisse in Seveso. Demnach ist das Unglück die unweigerliche Folge davon, dass der Bourgeoisie und nicht der Arbeiterklasse die Produktionsmittel gehören. Man kann das natürlich so sehen.

Max und Tina fahren im Sommer nach Irland, zwei Freunde aus der alten Heimat kommen auch mit. Die Reise verläuft nicht rund, es gibt Spannungen. Aber auch schöne, intensive Momente: Angeln im Meer, Sonnenuntergänge an der Westküste, Besäufnisse mit Guinness in Dorfkneipen. Beim abendlichen Singen im Pub müssen wir auch mehrmals ran – und blamieren uns ziemlich.

Auf Initiative von RAF-Verteidiger Otto Schily konstituiert sich im August eine internationale Untersuchungskommission, die den Tod von Ulrike Meinhof untersuchen will. Sie prüft die Obduktions- und Ermittlungsberichte, findet darin Widersprüche etwa zur Länge des Stricks und folgert daraus, ein Suizid sei nicht bewiesen. Möglich sei, dass man Ulrike Meinhof erwürgt und dann aufgehängt habe.

Bundeskanzler Helmut Schmidt kommt Ende August nach Göttingen, er hält eine Wahlkampfrede vor der Stadthalle. Es gibt eine Riesendemo, fast 8.000 Leute sind dabei, vor allem die Revis haben mächtig mobilisiert. Klar, denn von den Berufsverboten sind vor allem DKP-Leute betroffen. Die Sprechchöre und Trillerpfeifen übertönen Schmidts Rede, er ist trotz einer riesigen Lautsprecheranlage kaum zu verstehen.

Der Große Steuermann steuert nicht mehr, Mao Zedong ist am 9. September gestorben. Die KPD-Zeitung „Rote Fahne" berichtet über – angebliche oder tatsächliche – Trauerfeiern in zahllosen Orten, Betrieben und Gewerkschaftsgliederungen der BRD. Auch in den Bremer Werften, im Hamburger Hafen und in Hannover sei heftig und intensiv um Mao getrauert worden.

Nach acht Seiten Trauer-Berichterstattung folgt der Artikel „Das Wahlprogramm des KBW – Versöhnung mit dem Revisionismus". Die KPD erklärt, „daß der KBW objektiv eine Zutreiberrolle für den modernen Revisionismus ausübt". Sein Wahlprogramm diene dazu, „unter dem Aushängeschild des Kampfes gegen die eigene imperialistische Bourgeoisie die Scheidelinie zwischen Marxismus-Leninismus und Revisionismus zu verwischen".

Die Bundesregierung veröffentlicht Zahlen zum Linksextremismus. Demnach existierten 1975 insgesamt 105 orthodox-kommunistische und prokommunistische Organisationen mit 119.000 Mitgliedern. 64 maoistische Organisationen mit 15.000 Mitgliedern. Zehn trotzkistische Organisationen mit 1.200 Mitgliedern. 26 anarchistische Organisationen mit 500 Mitgliedern. 74 sonstige Organisationen der „Neuen Linken" mit 4.500 Mitgliedern. Insgesamt also 279 linksextreme Organisationen mit 140.200 Mitgliedern.

Und dann kommt Brokdorf. Der Bau des Atomkraftwerks beginnt am 26. Oktober buchstäblich bei Nacht und Nebel. Werkschutz und Polizei zäunen den Bauplatz am Elbdeich mit NATO-Draht ein, Scheinwerfermasten, Wasserwerfer und schweres Gerät werden auf das Gelände gebracht, eine Funkstation aufgebaut, ein mehrere Meter breiter Wassergraben angelegt.

Den Widerstand gegen das geplante Atomkraftwerk haben bis dahin vor allem Menschen aus der Region getragen. Anwohner, Landwirte, Fischer, Hausfrauen, Lehrer. Fachliche, rechtliche und politische Unterstützung haben sie aus Hamburg und einigen anderen norddeutschen Städten erhalten. Immer mehr Menschen organisieren sich in der Bürgerinitiative Umweltschutz Unterelbe (BUU). Sie sammeln Unterschriften, bringen ihre Einwände beim atomrechtlichen Erörterungstermin vor. Der künftige Betreiber, die Nordwestdeutsche Kraftwerke AG (NWK) und die schleswig-holsteinische Landesregierung sagen, ohne Atomkraftwerke gäbe es bald nicht mehr genug Strom.

Am 30. Oktober, einem Samstag, demonstrieren 4.000 Menschen am Deich. Einigen Hundert gelingt es, den Zaun an drei Stellen zu durchtrennen und mit Seilen wegzuziehen, Holzbohlen und alte Teppiche über den Graben und den Stacheldraht zu legen und auf das Baugelände vorzudringen. Die Polizei versprüht Tränengas und setzt Wasserwerfer ein, trotzdem bleibt ein Teil des Bauplatzes bis in den Abend besetzt. Auch die meisten anderen Demonstranten bleiben vor Ort, versuchen Suppe, heißen Tee und Strohballen zu den Besetzern zu bringen.

Polizisten reiten mit ihren Pferde in die Menge, können die AKW-Gegner aber zunächst nicht vertreiben. Am Abend drängen Beamte die Besetzer in einer Ecke des Platzes zusammen und umzäunen sie mit neuen NATO-Draht-Rollen. Die so Eingepferchten zünden Lagerfeuer an, singen Lieder. Spät in der Nacht räumen Polizisten die Menschen unter Hunde-, Schlagstock- und Tränengaseinsatz ab.

5. November 1976

Liebe Anne,
ich war am Wochenende bei meiner Mutter und Samstagabend bei Freunden in Rotenburg. Wir haben die Bilder von der Räumung in Brokdorf abends im Fernsehen gesehen, in der Spätausgabe der Tagesschau. Und wir haben sofort beschlossen, am nächsten Tag selber hinzufahren, nach Brokdorf.
Mal eben nach Brokdorf fahren, das ging aber gar nicht, wie sich am Sonntag herausgestellt hat. Die Polizei hatte das Dorf und den AKW-Bauplatz weiträumig abgesperrt, weil sie wieder mit Demonstrationen rechnete.

Es gab für diesen Tag aber nur den Aufruf zu einem Schweigemarsch. Wir mussten Johanns alten Mercedes in dem Dorf Wewelsfleth abstellen, weil wir nicht weiter kamen, und mehr als sechs Kilometer auf dem Elbedeich bis Brokdorf laufen.

Tausende Menschen waren auf dem Deich unterwegs. Nur diejenigen, die dort einen Wohnsitz nachweisen konnten, durften mit ihren Autos in das Sperrgebiet einfahren.

Anne, kein anderes Wort trifft es besser: Der Bauplatz ist tatsächlich eine Festung. Ein massiver Metallzaun ist rund um das Gelände hochgezogen worden, darauf und davor liegen dichte Rollen scharfkantiger Stacheldraht. Als äußere Barriere dient ein gefluteter Wassergraben. Drinnen, hinter dem Zaun, standen die Polizeihundertschaften mit Helmen und Schilden. Sie hatten Hunde und Wasserwerfer, und über dem Bauplatz knatterte die ganze Zeit ein Hubschrauber.

Es gab an dem Tag keine Kundgebung oder so, es war wirklich ein Schweigemarsch. Viele standen auf dem Deich und haben die ganze Zeit nur runtergeschaut auf den Bauplatz, andere sind drum herum gegangen und haben sich diese Festung von Nahem angesehen. Die Stimmung ist schwer zu beschreiben. Viele waren entsetzt, andere wütend, manche haben auch geweint. Ich selber habe gedacht, ist es wirklich nur ein planierter Platz, ein entstehendes Kraftwerk, das da so geschützt wird? Und dass man auf jeden Fall dagegen was machen muss.

Solidarische Grüße, M.

Flugblätter, die für den 13. November zu einer neuerlichen Großdemonstration in Brokdorf aufrufen, werden auch in Göttingen an der Uni verteilt. Nach Brokdorf fährt Max aber wieder mit den Rotenburgern. Wieder ist alles weiträumig abgesperrt. 30.000 oder mehr Leute lassen die Busse und Autos an den Polizeisperren stehen, marschieren über Wiesen, Gräben und auf kleinen Wegen auf den Bauplatz zu. Tragen festes Ölzeug gegen Wasserwerfer, Halstücher, vereinzelt auch Schutzbrillen gegen Gas. Einige haben Helme aufgesetzt, auch dicke Seile und Wurfanker werden mitgeschleppt. Die BUU hat einen Verkehrs-, einen Sanitäts- und einen Ermittlungsausschuss eingerichtet. Es soll auch eine Demo-Leitung geben, von ihr ist den ganzen Tag lang aber nichts zu sehen und zu hören.

Polizei, Bundesgrenzschutz und der Werkschutz haben noch mehr aufgerüstet. Der Zaun ist weiter verstärkt worden, fünf oder sechs Helikopter kreisen über dem Deich. Die Besetzung des Platzes gelingt nicht, natürlich nicht. Was gelingt: Einige Breschen in den Zaun zu schlagen, an ein paar Stellen den Nato-Draht wegzuziehen, provisorische Brücken über den Wassergraben zu legen. Die Wasserwerfer sind im Dauereinsatz. Gas wird dem Wasser beigemischt und aus Hubschraubern abgeworfen. Augen tränen, kaum etwas ist zu sehen.

Mitten im Getümmel erzählen Freunde aus Bremen, dass sie schon vor Wochen in der Scheune von Bauer Adi Reimers Holzbretter eingelagert haben, um damit bei der Demo Stege über den Wassergraben zu legen. Als die Bremer früh am Morgen bei Reimers auftauchten, teilte der ihnen mit, dass das Holz doch schon abgeholt worden sei. Leute aus der KPD waren schneller und hatten sich der Bretter bemächtigt.

Derweil montieren entschlossene Demonstranten Teile der Leitplanken von der Straße ab, die am Bauplatz vorbeiführt. Sie starten einen neuen Versuch, auf das Gelände vorzudringen, werden aber wieder von der Polizei zurückgeschlagen. Die Wasserkanonen verspritzen noch mehr Wasser, noch mehr Tränengas. CS-Gas ist das, sagen Demo-Sanitäter, die in dem Getümmel hin und herlaufen, Zitronensaft auf Tücher träufeln und Verletzten die Augen spülen.

Von unserer Seite fliegen Erdklumpen, Bretter und Steine über den Zaun. Polizisten werfen Steine zurück. Ganz vorne kämpfen gut ausgerüstete Leute von KPD und KPD/ML, auch Pastoren mit Talaren stehen in den ersten Reihen. Plötzlich ertönt ein Gesang aus dem Geschrei. Kaum zu erkennen im Dunst und der einsetzenden Dämmerung, haben sich drei-, vier-, fünfhundert Menschen auf dem Deich um ein großes Transparent versammelt. Sie singen. „Wehrt euch, leistet Widerstand, gegen das Atomkraftwerk im Land. Schließt euch fest zusammen, schließt euch fest zusammen!".

Als es dunkel wird, versucht die BUU Hamburg den Rückzug zu organisieren. Doch die Aufrufe über Megafone, Ketten zu bilden, verhallen teilweise. Die Polizei setzt nach. Treibt Flüchtende mit Hunden und Knüppeln vor sich her. Noch mehr Tränengas wird aus Hubschraubern abgeworfen, AKW-Gegner versuchen, die Helikopter mit Leuchtraketen auf Distanz zu halten. 500 verletzte Demonstranten bilanziert die BUU.

Auf dem Rückweg hören wir im Autoradio, dass die DDR Wolf Biermann ausgebürgert hat. Der Geruch der Tränengas-Schwaden wabert noch Tage über der Wilster Marsch.

18. November 1976

Mensch, Tom, das war wirklich heftig in Brokdorf. Du hast ja inzwischen gehört und gelesen, was da los gewesen ist.

Brokdorf war für mich eine Mischung aus Angst und Wut, aber da war noch mehr. Ein Gefühl von Stärke, von Gemeinsamkeit. Solidarität trifft es vielleicht ganz gut. Wir waren viele, und wir wollten dasselbe.

Ich wurde, wie viele andere auch, angesteckt und mitgerissen von der Stimmung, von der Militanz, habe geschrien und selber Lehmklumpen auf die Bullen geworfen, es war eine emotionale Ausnahmesituation, ob das politisch sinnvoll war, spielte in dem Moment gar keine Rolle.

Die Nächte danach haben wir viel diskutiert. Gewaltfreiheit ja oder nein, Gewalt gegen Sachen ja, gegen Menschen aber nicht, Gewalt als taktisches Mittel. Aber die Atmosphäre vom Bauzaun, die konnten wir nicht mehr einfangen.

Ciao, M.

Göttingen 05 spielt in der 2. Bundesliga Nord. Max und seine Freunde gehen ein paar Mal ins Stadion, wir sehen das 9:0 gegen Wolfsburg, ein ziemliches Spektakel, das 3:1 gegen Fortuna Köln und die 0:1-Niederlage gegen Wacker Berlin. Es sind nicht viele Zuschauer gekommen, es gibt viel Genörgel, die Stimmung ist auch bei den Siegen bescheiden. Göttingen, so viel steht für uns schnell fest, ist keine Fußball-Stadt.

An der Uni spitzen sich die Konflikte um das Hochschulrahmengesetz (HRG) zu. Bei einer studentischen Vollversammlung votiert die große Mehrheit von fast 2.000 Anwesenden für einen aktiven Vorlesungsboykott vom 14. bis 18. Dezember. Aktiv soll heißen, wir bleiben nicht einfach zu Hause, sondern stoppen den regulären Uni-Betrieb und setzen eigene Veranstaltungen dagegen.

Unsere Forderungen sind: Rücknahme des HRG-Entwurfes, höhere BAföG-Zuschüsse, weg mit den Berufsverboten. Der Ring Christlich-Demokratischer Studenten (RCDS) ist natürlich gegen einen Streik, kommt auf der Vollversammlung aber kaum zu Wort. Rainer O., Karl und andere KB-Leute halten äußerst schwungvolle Reden, der Saal tobt vor Begeisterung. Vorn am Podium, wo die großen Cracks versammelt sind, kauert auch Jürgen Trittin. In die ohnehin gute Stimmung platzt die Nachricht, dass sich die PH dem Streik anschließt.

19. Dezember 1976

Liebe Anne,
es ist wirklich ein aktiver Streik geworden. Im Zentralen Hörsaalgebäude (ZHG) und im Verfügungsgebäude (VG) sind die meisten Lehrveranstaltungen ausgefallen. Wir haben die Türen der Hörsäle mit Ketten verschlossen oder die Eingänge blockiert. Manchmal waren die RCDSler und Burschenschaftler schon vorher da. Sie haben dann vor den Räumen Gassen gebildet, durch welche die Professoren hineingelangen sollten. Sie drängelten und wir drängelten, wir schoben und sie schoben, manchmal setzte es auch Tritte, die Stimmung war einfach großartig.
In den Streikcafés wurden Brote geschmiert und Wandzeitungen geschrieben, die auf unsere eigenen, selbst organisierten Veranstaltungen hinwiesen oder auf das Kulturprogramm. Der Dichter Erich Fried ist aus London gekommen, er hat aus seinen Gedichten vorgelesen und seine Solidarität mit uns bekundet. Abends traten die Drei Tornados auf und auch der linke Sänger Tommi mit seinen Liedern „Schlaraffenland" und „Es tut sich was" – wie die anderen Stücke hießen, weiß ich nicht mehr, auch nicht, ob er wirklich Tommi heißt oder anders. Bis in den Morgen haben wir im ZHG zur Musik von Ton, Steine, Scherben und den Stones und den Doors getanzt. Die Uni gehörte uns, und bald gehört uns auch die Welt, ganz bestimmt.
Mach's gut Anne, viele Grüße, M.

Es ist nicht nur während des Streiks und rund um die Brokdorf-Demos: Max kommt weiterhin gar nicht zum Studieren und besucht kaum eine Lehrveranstaltung. Dabei sind die in Volkskunde angebotenen Seminare teilweise nicht einmal uninteressant – sie behandeln Bräuche, Märchen, Sagen oder Okkultismus –, aber doch verzichtbar. Vor allem, wenn es anderes, viel Wichtigeres zu tun gibt: Flugblätter schreiben, den „Arbeiterkampf" lesen, in der Uni-Caféteria nach dem Rechten sehen, im Mensabereich flippern und kickern, andere Kommilitonen treffen, die ebenfalls keine Zeit haben, ihre Vorlesungen zu besuchen.

All das und noch viel mehr muss natürlich in den Nächten nach- und vorbesprochen werden. Viele Kneipen habe eine sehr späte, manche gar keine Sperrstunde. Wir hängen im KAZ ab oder im Theaterkeller, seltener mal im Nörgelbuff oder im anderen Kellerclub Blue Note, wo es Bowle aus Altbier und Erdbeeren gibt. Die letzten Biere nehmen wir oft in der Disco, im Omega in der Mauerstraße oder im Podium im Rosdorfer Weg.

Die Politisierung geht rasend schnell, und es ist wie ein Rausch. Wir fühlen uns stark, wir werden gewinnen, nach den AKW-Bauplätzen machen wir noch ganz andere Dinge zur Wiese. Polizisten sind Bullen, alte Nazis sind immer noch in Amt und Würden oder laufen zumindest frei herum, die Dritte Welt wird ausgepresst, das Kapital hat die Macht, die Regierung ist sein Handlanger. Berufsverbote, Terroristen- und Sympathisantenhatz, die BRD erfährt eine schleichende Faschisierung – findet zumindest der KB. Im „Kursbuch" und in der „konkret" wird – viel zu theoretisch und abgehoben, wie wir finden – diskutiert, ob sich die BRD im prä- oder im post-faschistischen Stadium befindet.

Aus mehreren Initiativen, unter anderem der Gewaltfreien Aktion, einer Gruppe um den Maler Heinz Müller-Jung sowie linken Studenten, destilliert sich Ende des Jahres 1976 der Göttinger Arbeitskreis gegen Atomenergie heraus. Schon zu den ersten Versammlungen im Dezember kommen mehr als hundert Leute. Wir diskutieren und verabschieden ein Statut und eine politische Plattform. Der Bau und der Betrieb von Atomkraftwerken werden bekämpft, wo auch immer. Kein AKW in Brokdorf und auch nicht anderswo. Der Bauplatz muss wieder zur Wiese werden.

Im Arbeitskreis organisieren sich immer mehr Arbeitsgruppen. Max schließt sich erst mal der Kulturgruppe an, die mit Straßentheater, simuliertem Katastrophenalarm, „Die-in's" (die damals noch nicht so heißen) und anderen Aktionen in der Innenstadt auf das Thema aufmerksam machen will. Wir sind bald 25 Leute. Zwei Musiker aus der Folk-Band „Hurleputzer" stoßen dazu. Und auch Heiner, den ich im „Grundproble-me"-Seminar kennengelernt und mit dem ich mich angefreundet habe.

In einem Haus in der Burgstraße, das auch die Kneipe APEX beherbergt, mietet der Arbeitskreis ein kleines Büro an. Es wird durch den boomenden Verkauf von Anti-AKW-Aufklebern und -Stickern, Büchern und Broschüren finanziert. Mehrmals in der Woche bauen wir in der Fußgängerzone und in der Mensa einen Infotisch auf. Zu erwerben ist dort auch ein Nachdruck des Katastrophenschutzplans für das AKW Fessenheim im Elsass. Mutige Menschen haben den als streng vertraulich gekennzeichneten Plan aus einer Amtsstube mitgehen lassen und ihn den badisch-el-sässischen Bürgerinitiativen zugespielt. Die Lektüre macht klar, dass die Schutzmaßnahmen bei einem AKW-Unfall viel zu spät greifen und völlig unzureichend sind.

Im Versammlungsraum über der Kneipe, findet jeden Mittwoch der Koordinationsausschuss (KOA) statt. Eigentlich als Treffen der Arbeitsgruppen-Vertreter konzipiert, wird der KOA schnell zum Gremium, in dem die politischen Entscheidungen getroffen werden. Unterstützen wir diese oder jene Demo? Welche Forderungen sind richtig? Kann es Bündnisse mit konservativen Umweltschützern geben? Eine Zeit lang tagt zudem noch ein „Interner KOA", quasi ein Geheimzirkel, zu dem wirklich nur die allererste Garde Zugang hat.

1977

16. Februar 1977

Liebe Anne,

auch im neuen Jahr geht es an der Uni turbulent zu. Anfang Januar haben Studenten den Abbruch einer öffentlichen Sitzung des Fachbereichsrates der Wirtschaftswissenschaftlichen Fakultät zum Thema Prüfungsordnung erzwungen. Die Mitglieder des Fachbereichsrates verlegten die nunmehr geschlossene Sitzung in das Kuratoriumsgebäude in der Theaterstraße. 500 Studenten folgten ihnen in einer Demonstration. Einige sind von außen aufs Vordach geklettert, dann durch die Fenster in den Sitzungsraum rein und haben die Wände mit Farbe besprüht.

Irgendjemand von der Uni-Leitung hat dann die Polizei gerufen. Die war auch prompt zur Stelle und nahm nach Rangeleien mehrere Dutzend Menschen fest. Gegen elf von ihnen strengt die Staatsanwaltschaft nun Ermittlungsverfahren wegen Landfriedensbruchs ein. Mitte Februar haben in der Innenstadt 2.000 Studenten gegen diese Verfahren demonstriert, wir waren natürlich mit auf der Straße.

Zwischenzeitlich haben mehrere hundert Studenten ein leer stehendes Haus im Kreuzbergring besetzt. Eine Vorhut hatte zuvor die zum Teil schon zerstörten Wasser- und Stromleitungen in Stand gesetzt. Die Straße soll vierspurig ausgebaut, mehrere Gebäude sollen deshalb abgerissen werden. Gleich am ersten Abend der Besetzung wurde eine Soli-Party mit Schmalzbroten und Bier improvisiert, auch da durften wir nicht fehlen.

Schade, dass du nicht hier sein kannst. Solidarische Grüße und eine Umarmung, M.

Die erste Ausgabe der Frauen-Zeitschrift „Emma" ist erschienen. Sie liegt in vielen Wohngemeinschaften herum, auch in der Mensa und in der Uni-Cafeteria lesen oder blättern Frauen und einige Männer darin. Auf dem Titelblatt wird ein Text von Alice Schwarzer über Männerjustiz angekündigt. Dazu: „Romy Schneider: Ich bin es leid zu lügen!", „Hausfrauen und ihre arbeitslosen Männer" und „Vietnam – Moderne Amazonen".

Kein Frieden in Brokdorf. Gleich nach der Demonstration am 13. November hat die BUU zu einer weiteren Großkundgebung am Bauplatz für den 19. Februar aufgerufen. Die Vorbereitungen dafür laufen ungeachtet eines kurz vor Weihnachten vom Verwaltungsgericht Schleswig verfügten Baustopps weiter. „Richtersprüche machen Atomkraftwerke auch nicht sicherer", schreiben wir auf Flugblätter und Plakate.

Wird der Baustopp vom Oberverwaltungsgericht bis zur Demo aufgehoben, soll der Bauplatz besetzt werden. „Nicht die Polizei, sondern wir müssen versuchen, die Straßen in einem Umkreis von 500-1000 m zu sperren bzw. für den Nachschub der Polizei unpassierbar zu machen", schreibt die BUU in einem Flugblatt, das wir auch in Göttingen verteilen.

Und weiter: „Der Zaun muß durchbrochen werden, und zwar auf einer großen Breite. Gitter können gleich als Brückenmaterial benutzt werden. (…) Brückenköpfe und Zufahrtstraßen müssen mit Barrikaden versehen werden. Mit Spaten kann man Gräben zuschaufeln und Tränengaspatronen unschädlich machen. (…) Wir sollten in möglichst breiter Front auf den Platz gehen (…) Zuerst müssen die Brückenköpfe geschützt werden. (…) Wir sollten versuchen, die Maschinen zu besetzen, aber nicht zu zerstören, da wir sie als Pfand oder für den eigenen Gebrauch nutzen können. Wir lassen die Polizei ruhig abziehen, leisten aber gegen jeden Angriff gewaltfrei Widerstand. Nach einer Kundgebung wird begonnen, den Platz wieder in eine Wiese zu verwandeln."

Zum Aufwärmen protestieren am 22. Januar in Hamburg schon mal 8.000 Leute gegen das AKW. Die Polizei treibt die bis dahin völlig friedliche Demonstration in den Hauptbahnhof. Dort treffen im Minutentakt überfüllte S-Bahnen mit Fußball-Fans vom Volkspark-Stadion ein, von denen sich viele freudig an den Auseinandersetzungen mit den Beamten beteiligen – davon erfahren wir in Göttingen allerdings erst ein paar Tage später.

Die Anti-AKW-Bewegung wird zur Massenbewegung. An den Atomstandorten und in vielen Städten entstehen Initiativen. An Schulen und Universitäten, in Kirchengemeinden und Gewerkschaften, bei der Landjugend und den Pfadfindern gründen sich Arbeitskreise gegen Atomenergie. In Hamburg wächst die BUU auf weit mehr als tausend Aktive an, die in Dutzenden Stadtteilgruppen organisiert sind. Ähnlich großen Zulauf verzeichnet die

Bremer Bürgerinitiative gegen Atomanlagen (BBA), wo kurz nach der Gründung bereits 40 Stadtteilgruppen aktiv sind.

Auch die K-Gruppen entdecken die Anti-AKW-Bewegung als Rekrutierungsfeld. Sie hatten sich zunächst schwer damit getan, die Bewegung klassenkämpferisch korrekt einzuordnen. In den Augen vieler organisierter Linker waren Umweltschützer und AKW-Gegner bis dahin revolutionär irrelevant oder sogar reaktionär, bestenfalls fortschrittsfeindliche und bürgerliche Natur-Romantiker, denen es nur um ihre individuellen Vorlieben wie eine intakte Natur gehe.

Der marxistische Philosoph Ernst Bloch hatte 1947 in seinem Hauptwerk „Prinzip Hoffnung" ein irdisches Paradies durch Atomkraft prophezeit. Die Atomenergie schaffe „aus Wüste Fruchtland, aus Eis Frühling. Einige hundert Pfund Uranium und Thorium würden ausreichen, die Sahara und die Wüste Gobi verschwinden zu lassen, Sibirien und Nordkanada, Grönland und die Antarktis zur Riviera zu verwandeln. Sie würden ausreichen, um der Menschheit die Energie, die sonst in Millionen von Arbeitsstunden gewonnen werden musste, in schmalen Büchsen, höchstkonzentriert, zum Gebrauch fertig darzubieten."

Nun strömen die meistens redegewandten Vertreter der K-Gruppen also in die Bürgerinitiativen hinein und versuchen, den Protest gegen Atomkraft auch gegen Staat und Kapital zu wenden. Es kommt, na klar, zu Konflikten. KBW und KPD machen sich dabei durch ihr Bekenntnis zum Bau und Betrieb von Atomkraftwerken in der Volksrepublik China unbeliebt. Die Revis von DKP und MSB Spartakus diskreditieren sich, weil sie Kernkraftwerke in Volkshand befürworten, so wie angeblich in der DDR und der Sowjetunion.

Auf der anderen Seite mischen traditionelle Umweltverbände sowie völkisch angehauchte Organisationen wie der Weltbund zum Schutz des Lebens (WSL) in der Anti-AKW-Bewegung mit. Der WSL hat in der BRD und Österreich mehrere tausend Mitglieder, unter ihnen ist anfangs auch Robert Jungk. Schwer aktiv ist in Norddeutschland vor allem WSL-Vizepräsident Ernst-Otto Cohrs, der in Max' Heimatstadt Rotenburg einen Samenhandel betreibt. Viele Jahre später wird ihn ein Gericht wegen Leugnung des Holocaust und Volksverhetzung verurteilen.

* * *

Viele Politiker und Medien hetzen in den Wochen vor der Brokdorf-Demonstration in bislang nicht gekannter Weise gegen die Anti-AKW-Bewegung. Bundeskanzler Schmidt und Schleswig-Holsteins Ministerpräsident Gerhard Stoltenberg (CDU) beschimpfen die AKW-Gegner im Fernsehen als Chaoten und Gewalttäter, warnen eindringlich vor einer Fahrt nach Brokdorf. In der „BILD am Sonntag" polemisiert Peter Boenisch, die Radikalen suchten eine Märtyrerin, die „Jungfrau von Brokdorf", um damit in der Öffentlichkeit zu punkten.

Die Hetze und die internen Spannungen bleiben nicht ohne Wirkung und führen zur Spaltung: Der eher bürgerliche Bundesverband Bürgerinitiativen Umweltschutz (BBU), ein Teil der schleswig-holsteinischen Initiativen, die Revis und Teile der SPD samt Jusos und Falken schwenken um auf eine Kundgebung in Itzehoe. Die meisten Anti-AKW-Initiativen aus der Region um Brokdorf und aus den Städten, die K-Gruppen und die unorganisierten Linken halten an der Kundgebung am Bauplatz fest.

Da das Verwaltungsgericht Schleswig den Baustopp kurz vor der Demo noch einmal verlängert, halten viele Gruppen den Versuch einer Bauplatzbesetzung zum gegenwärtigen Zeitpunkt nicht für sinnvoll. Es geht nun in erster Linie darum, eine Demo am Baugelände durchzusetzen. Der Göttinger Arbeitskreis gegen Atomenergie mobilisiert natürlich auch nach Brokdorf. Dass die Demonstration verboten ist, hält uns nicht ab, im Gegenteil.

23. Februar 1977

Lieber Tom,
nach Brokdorf bin ich wieder mit Johann und in dessen altem Benz gefahren. Wir sind nachts in Rotenburg los und zunächst zum Hamburger Heiligengeistfeld, das war der Sammelpunkt für die Buskonvois. In einem der Göttinger Busse habe ich Tina sitzen sehen. Ich hatte ein schlechtes Gewissen, denn ich hatte sie zum Mitkommen überredet, bin dann aber selbst aber nicht mit den Göttingern gefahren.
Es war noch stockdunkel, als sich der Konvoi Richtung Wilster in Bewegung gesetzt hat, es waren Hunderte Busse, eine unglaublich lange Schlange. In Wilster sollte die Auftaktkundgebung stattfinden. Im Autoradio haben wir eine der legendären Telefonzellen-Reportagen des NDR-Journalisten Ortwin

Löwa gehört. Er berichtete live über das riesige Polizeiaufgebot, das rund um Brokdorf zusammengezogen worden war. Tausende Einsatzkräfte, Pferdestaffeln, Hubschrauber, gepanzerte Räumfahrzeuge. Uns war ziemlich mulmig.

Als der Verkehr wieder einmal stockte, sind wir ausgestiegen. Es war inzwischen hell, die Schlange der Busse vor und hinter uns nahm kein Ende. Viele Fahrzeuge waren mit Transparenten geschmückt, aus den Fenstern wehten die gelben Fahnen mit der roten Anti-Atom-Sonne, manchmal mit, manchmal ohne geballte Faust. Dabei verflog unsere Angst, wir fühlten uns stark, der Bauplatz musste wieder zur Wiese werden. Heute oder später.

Auf dem Marktplatz in Wilster mussten wir ewig lange warten. Es waren immer noch zahlreiche Busse unterwegs, so hat jedenfalls die auf dem großen Lautsprecherwagen hockende Demo-Leitung begründet, warum es nicht losging. Wir standen – zufällig – hinter einem der Materialfahrzeuge des KBW. Die Ladefläche des Transporters war vollbepackt mit Seilen, Wurfankern, Spaten und anderem Werkzeug.

Die KBWler wurden dann auch langsam unruhig. Als durchgesagt wurde, dass bis auf den Lautsprecherwagen keine Fahrzeuge im Demozug mit nach Brokdorf rollen sollten, witterten sie Verrat. „Wollen wir zum Bauplatz, brauchen wir die Autos“, haben sie vor und neben uns immer wieder skandiert. Der KBW hatte es an diesem Tag ganz klar auf eine militärische Konfrontation mit der Polizei abgesehen und sah seine Felle davonschwimmen.

Endlich, endlich ging es dann los. Ein langer Zug formierte sich, wir waren Zehntausende und marschierten untergehakt Arm in Arm aus dem Ort. Es war wirklich schweinekalt, die allermeisten Leute hatten dickes Ölzeug an, viele auch Motorradhelme und -brillen. In der Luft flatterten Dutzende Aluminium-Drachen im Wind, um die Helikopter der Polizei auf Abstand zu halten und ihren Funkverkehr zu stören. Einige Leute sangen, der KBW hat ungeachtet der anderslautenden Order der Demonstrationsleitung seine Materialwagen mit geschoben.

Ich weiß nicht mehr genau, wie lange und bis wohin genau wir gelaufen sind. Irgendwo auf einem kleinen Sträßchen mitten in der Marsch stockte der Zug jedenfalls. Hinter einer Barriere aus quergestellten Lastwagen und Containern hatte sich die Polizei verschanzt. Die Sperre schien nicht mal unüberwindlich. Doch die Demo-Leitung – angeblich war es ein spontaner Entschluss – erklärte an dieser Stelle den Marsch auf Brokdorf für beendet und das Ziel der Demonstration für erreicht.

Es sei vorrangig darum gegangen, die Aktion gegen Verbot und Kriminalisierungsdruck durchzusetzen, uns den Ort dafür nicht vorschreiben zu lassen, sondern selbst zu bestimmen. So oder so ähnlich lautete die Begründung. Die war natürlich nachgeschoben, doch ganz ehrlich: Ich war erleichtert, und Johann ging es genauso. Diese Schlacht hätten wir garantiert verloren.

Der KBW war aber empört und wollte weiterziehen zum Bauplatz. Doch sie kamen nicht durch, denn Leute vom KB und der KPD und andere Demonstranten haben dichte Ketten gebildet. Danach hat der KBW den KB und die von ihm wegen des Namens ihrer Parteizeitung „Gruppe Rote Fahne" genannte KPD als Zurückweichler, Feiglinge und Renegaten beschimpft.

Auf dem Rückweg nach Wilster hat uns dann jemand erzählt, dass etwa tausend „Gewaltfreie" am selben Tag den Bauplatz für das Atomkraftwerk Grohnde besetzt haben. Die wenigen Polizisten vor Ort sind mit Blumen und Luftschlangen beworfen und von der Aktion offenbar völlig überrascht worden. Nach zwei Stunden haben sich die AKW-Gegner aber freiwillig zurückgezogen.

Soweit der Bericht. Mach's gut, Tom. M.

Eine oder zwei Wochen nach der Brokdorf-Demo rauscht die Polizei mit einem Großaufgebot von mehreren hundert Beamten in Göttingen an. Unter ihrem Schutz beginnen Bagger mit dem Abriss von drei Häusern im Reitstallviertel. An der Polizeikette kommt es zu Scharmützeln, in einem der Häuser leisten Besetzer heftigen Widerstand gegen die Räumung. Am Nachmittag folgen mehr als tausend Menschen einem Aufruf der Bewohnerinitiative Nördliche Innenstadt zu einer Demonstration.

Am 22. Februar 1977 hat Niedersachsens Ministerpräsident Ernst Albrecht (CDU) Gorleben im Kreis Lüchow-Dannenberg als Standort für ein „Nukleares Entsorgungszentrum" benannt. Ein riesiger Atomkomplex soll da im Wald entstehen, zwölf Quadratkilometer groß, mit Wiederaufarbeitungsanlage, End-, Zwischen- und Eingangslager, einer Verpackungsfabrik und weiteren Anlagen. Das dafür vorgesehene Gelände ist 1975 bei einem – bis heute nicht aufgeklärten – großen Feuer abgebrannt und wertlos geworden.

Der unterirdische Salzstock ist geologisch bestenfalls dritte Wahl. Doch in dem dünn besiedelten, strukturschwachen Landkreis, wo die Leute seit Jahrzehnten mit großer Mehrheit die CDU wählen und der sich im Ernstfall leicht absperren lässt, würden sie schon nichts gegen die Atomanlagen haben – so jedenfalls das Kalkül. Außerdem will Albrecht, wie es der frühere leitende Geologe des Bundeslandes, Gerd Lüttig, bezeugt, mit seiner Entscheidung „die Ostzonalen ärgern. Denn die haben ihr Endlager Morsleben ja auch dicht an der deutsch-deutschen Grenze gebaut."

Die Bürgerinitiative Umweltschutz Lüchow-Dannenberg, die schon seit zwei Jahren weitgehend unbeachtet gegen ein zeitweise geplantes Atomkraftwerk im Dörfchen Langendorf kämpft, ruft bundesweit zum Protest. Am 12. März sollen alle nach Gorleben kommen und gegen Albrechts Vorhaben demonstrieren.

Im Arbeitskreis diskutieren wir über die Einladung. Und entscheiden uns, nicht nach Gorleben zu fahren. Jedenfalls nicht in größerem Rahmen, mit angemieteten Bussen oder in einem Autokonvoi. Wir haben anderes zu tun in diesen turbulenten Tagen. Denn nur eine Woche später, am 19. März, wollen wir den inzwischen stark gesicherten Bauplatz in Grohnde besetzen.

Gorleben, finden wir, kann warten. Da gibt es ja noch nicht einmal einen richtigen Zaun, gegen den es sich lohnt anzurennen. Einen Zaun um einen Bauplatz jedenfalls, Zäune auf den Wiesen gibt es da ja schon.

Gorleben ist irgendwie noch weit weg. Und der Protest dort ist bürgerlich. Zwar ist kaum einer von uns bis dahin jemand dort gewesen, im Wendland, aber so genau muss man das ja auch gar nicht wissen. Die Lage und den Widerstand im Wendland einschätzen, das kann man auch in Göttingen am Kneipentisch.

Bürgerlich, das ist für uns ein Schimpfwort. Bürgerlich heißt: nicht radikal, nicht links. Bürgerlich, das riecht irgendwie nach Kompromiss, nach faulem Kompromiss sogar. Wir? Wir sind natürlich nicht bürgerlich, wir sind links und radikal, jedenfalls fühlen wir uns so. Nach Brokdorf und Grohnde zu fahren, das ist radikal. Aber Gorleben?

Der „Spiegel" deckt den Lauschangriff gegen den atomkraftkritischen Wissenschaftler Klaus Traube auf. Seine Telefone wurden mit Hilfe von Wanzen abgehört. Das Bundesinnenministerium rechtfertigt die Aktion mit dem Hinweis, gegen Traube habe der Verdacht auf Kontaktaufnahme zu einer terroristischen Vereinigung bestanden. Springer-Blätter legen nach: Er habe RAF-Terroristen womöglich den Zugang zu einem AKW ermöglichen wollen. Herhalten müssen für diesen grotesken Verdacht die Kontakte einer mit Traube befreundeten Rechtsanwältin, die auch mutmaßliche RAF-Mitglieder vertreten soll.

Traube kommt von der Gegenseite – und ist deshalb für uns gewissermaßen ein Kronzeuge. Er arbeitete zunächst in den USA für die Atomwirtschaft, dann als Direktor des Fachgebiets Kernreaktoren der AEG, schließlich war er als geschäftsführender Direktor der Kraftwerke-Union-Tochter Interatom für die Entwicklung und den Bau des „Schnellen Brüters" in Kalkar maßgeblich verantwortlich.

Dabei erkannte er, dass und warum die Atomanlagen immer teurer werden und ihre Risiken unverantwortbar sind. Auch der Bericht des Club of Rome „Grenzen des Wachstums" prägt ihn stark. Traube wechselte die Seiten, 1976 wurde ihm von der Interatom gekündigt. In seinem Buch „Billiger Atomstrom?" hält er ein Plädoyer für das Energiesparen. Doch Energieeffizienz ist für ihn immer mit dem Traum vom guten Leben verbunden, nicht mit Askese.

Wir glauben natürlich, dass die Atomlobby in die Abhöraffäre verstrickt ist. Verstrickt sein muss, anders kann es gar nicht sein. Und wir ergänzen abends beim Bier im KAZ das ohnehin schon gruselige Bild vom „Atomstaat" um weitere düstere Facetten.

Peter und DK haben die Gegebenheiten in Grohnde erkundet und erstatten bei einer gemeinsamen Mobilisierungsveranstaltung von Arbeitskreis und KB in der Uni Bericht. Das gesamte Baugelände ist von einem massiven Zaun umgeben, dessen einzelne Elemente durch T-Träger aus Metall verbunden sind. Obendrauf liegen mehrere Rollen NATO-Draht. Peter malt mit Kreide eine Skizze der Befestigungen auf die Tafel im Hörsaal. Dicke Seile werden nicht reichen, um den Zaun einzureißen. Da müssen wir auch mit Schweißbrennern ran.

Der Bauplatz soll von zwei Seiten angegangen werden. Der Nord-Zug mit den Gruppen aus Hamburg, Bremen, Hannover, Bielefeld und so weiter wird über Kirchohsen kommen. Die Göttinger und Kasseler nehmen den Weg von Süden her über das Dorf Grohnde. Beide Züge sollen sich auf der Weser-abgewandten Seite des Areals vereinigen. Unser Beschluss lautet: Wir lassen uns bei der Anreise nicht kontrollieren. Polizeisperren werden umgangen oder abgeräumt. Ist das nicht möglich, blockieren wir die Straßen und Schienen in der Gegend.

Die Demonstrationsleitung, in der auch Leute aus Göttingen sitzen, erklärt am Vorabend des 19. März: Das Hauptziel der Kundgebung ist, die Forderung „Kein AKW in Grohnde" praktisch umzusetzen. Deshalb ist es die Aufgabe der Demoleitung, die Besetzung des Baugeländes zu koordinieren. Beschlüsse vor Ort werden durch optische und akustische Signale übermittelt. Von Handys war noch keine Rede.

Die vom rechts-konservativen Weltbund zum Schutz des Lebens (WSL) beeinflusste Bürgerinitiative Weserbergland hat ihre ursprüngliche Anmeldung für den Demonstrationszug zum Baugelände abgesagt. Sie ruft jetzt nur noch zu einer Kundgebung an der Kirchohsener Zuckerfabrik auf: „Vereinzelt ist gewaltsames Vorgehen angekündigt worden gegen die KZ-ähnliche Anlage, die offensichtlich von der Landesregierung mit allen Mitteln verteidigt werden soll. Dabei können unkalkulierbare Situationen entstehen, die wir vermeiden wollen."

In Göttingen kritisieren wir die Entscheidung des WSL scharf, wir schimpfen laut über diese Spalter, doch im Nachhinein erscheint die Absage nachvollziehbar. Denn die Demonstration eskaliert tatsächlich, beide Seiten, also AKW-Gegner und Polizei, wenden in einem bisher nicht gekannten Maß Gewalt an. Hunderte Menschen werden verletzt, eine nie genau bekannt gegebene Anzahl von Demonstranten wird festgenommen, es entsteht enormer Sachschaden. „Militärische Präzision und kriminelle Energie demonstrierten die Atomkraftgegner, die der Polizei am Bauplatz Grohnde das bisher blutigste Gefecht lieferten", steht eine Woche später im „Spiegel".

28. März 1977

Lieber Tom,
langsam komme ich mir wie dein persönlicher Kriegsberichterstatter vor. Andererseits kann ich, wenn ich alles aufschreibe, die Ereignisse selbst noch mal ganz gut rekapitulieren. Warum also nicht als Brief an dich?

Also, ich bin – wieder mit Johann, seiner Freundin Annegret und dem als Demogefährt inzwischen vertrauten Benz – ganz früh am Morgen nach Kirchohsen gefahren. Wir wollten da auf den Bus-Konvoi des Nord-Zuges warten. Durch den Ort wuselten schon andere angereiste Gruppen, einige wollten zur WSL-Kundgebung an der Zuckerfabrik, andere nur mal gucken, es war alles noch ziemlich entspannt. Am Ortsausgang Richtung AKW-Baugelände hatte die Polizei aber eine Sperre aufgebaut: zwei quer gestellte LKW, einige Mannschaftswagen, drum herum 100 bis 150 Polizisten. Es sollten keine Fahrzeuge zum Bauplatz durchgelassen werden, erklärte uns ein ganz netter Beamter.

Der Nord-Zug kam mit einiger Verspätung an, 15.000 AKW-Gegner sind in dichten Ketten in Kirchohsen regelrecht eingerückt. Vor allem die Gruppen aus Hamburg, Hannover und Bielefeld waren nach Busbesatzungen bestens organisiert. „H 1", „HH 3" oder BI 5", stand auf Pappschildern, die an langen Stangen befestigt waren und wie Standarten aus der Menge ragten. Zumindest im vorderen Teil des Zuges hatten fast alle Helme auf dem Kopf, Taucheroder Schwimmbrillen vor der Stirn oder Gasmasken umgeschnallt. Etliche Leute trugen Schutzschilde aus Holz oder Plastik, Knüppel, Haken, Walkie-Talkies.

Wir haben an der Polizeisperre gewartet und wollten uns da einreihen. Deshalb haben wir alles genau mitbekommen. Vor der Polizeisperre stoppte die Demo, aber nur kurz. Angesichts der fortgeschrittenen Zeit solle die „Bauplatzbesichtigung" vorgezogen werden, erklärte die Demo-Leitung über ihren Lautsprecherwagen. Die Polizei solle die Straße freigeben und unsere Fahrzeuge durchlassen, also mehrere Lautsprecherwagen, Materialwagen, einen Sani-Bus und so weiter.

Die Bullen haben sich natürlich nicht gerührt, also kam vom Demo-Lautsprecherwagen, der ziemlich weit vorne stand, eine zweite und dritte Aufforderung. Wieder keine Reaktion bei den Bullen, dann wurden Leute, die mit anpacken wollten, nach vorne beordert. Hunderte gut ausgerüstete Demonstranten kamen nach vorne und gingen gegen die Polizei vor, es gab nur einen kurzen Schlagabtausch, die Bullen waren in der Situation aber hoffnungslos unterlegen und haben nur kurz Widerstand geleistet. In Windeseile waren auch die beiden Lastwagen mit starken Seilen zur Seite gezogen. Der Weg war frei. Ich habe dir zwei Seiten aus dem jüngsten „Arbeiterkampf" kopiert und beigelegt. Da steht unter anderem drin, dass das Abräumen der Sperre

„ein in dieser Dimension sicherlich bisher einmaliger Fall in der Geschichte der BRD" war.

Mir selbst war das eine Nummer zu heftig, deshalb hatte ich mich, als die militanten AKW-Gegner die Sperre auseinandernahmen, in eine kleine Seitenstraße verkrümelt. Danach habe ich Johann und Annegret nicht mehr wieder gefunden und auch keine anderen Bekannten gesehen, also schloss ich mich den durch die jetzt beiseite geräumte Sperre strömenden Leuten an.

Links und rechts standen ein paar zur Seite geschobene Mannschafts-wagen, dahinter versteckte sich ängstlich eine Einheit ganz junger Polizisten mit bleichen Gesichtern hinter ihren Schildern, die taten mir in dem Moment fast ein bisschen leid.

Am Baugelände war die angekündigte „Besichtigung" schon in vollem Gange, als ich dort ankam. Aus Werkstattwagen wurden schwere Bolzen-schneider, Eisensägen und Trennschleifer ausgeladen. Am äußeren Zaun hatten entschlossene Leute schon die ersten Rollen NATO-Draht durchtrennt und an mehreren Stellen Wurfanker mit langen Tauen befestigt. Hunderte zogen daran, ich habe dann auch bei einem Seil mit angepackt, die ersten Segmente brachen aus dem Zaun. Weiter hinten, wo auch der Süd-Zug inzwi-schen das Gelände erreicht hatte, machten sich andere Leute mit Schneid-brennern und Eisensägen am Zaun zu schaffen.

Wohl aufgrund der Brokdorf-Erfahrungen hatte die Polizei nur einen Teil ihrer Beamten auf dem Gelände konzentriert. Sie stießen mit langen Stangen auf die am Zaun werkelnden Demonstranten, versprühten die Chemische Keule, warfen Tränengasgranaten, auch Wasserwerfer waren im Einsatz. Von außen flogen Farbbeutel, Matschklumpen und Steine auf die Polizisten. Die Hauptwasserleitung zum Baugelände wurde mit Spitzhacken zerstört, das habe ich selbst allerdings nicht mitbekommen. Später hieß es ja, die Polizei habe nur noch für eine viertel Stunde genug Vorräte für ihre Wasserwerfer gehabt.

Dann starteten die Bullen durch die inzwischen in den Zaun geschlagene Bresche einen Ausfall, sie konnten aber zunächst zurückgeschlagen werden. Zahlreiche Demonstranten und Beamte wurden verletzt. Dann griffen die in Reserve gehaltenen Einheiten ein. Hundertschaften zu Fuß und zu Pferde haben uns in südlicher Richtung vom Zaun weg getrieben, immer wieder preschten die berittenen Bullen in die sich zurückziehende Menge.

Die Lautsprecherwagen aus Detmold und der KPD/ML wurden erbittert *verteidigt, auch der große Lautsprecherwagen der Demo-Leitung konnte den vorrückenden Polizeiketten unter heftigem Wasserwerferbeschuss gerade noch entkommen. Zwei PKW mussten aber zurücklassen werden, weil die Fahrer noch am Zaun waren und die Schlüssel in der Tasche hatten. Die Demo-Leitung hatte zu dem Zeitpunkt offensichtlich den Überblick verloren, sie konnte den Schutz der Demonstration nicht mehr organisieren und blies schließlich zum Rückzug nach Grohnde.*

Auch der Verkehrsausschuss war abgetaucht, die Busse des Nord-Zuges konnten nicht wie geplant nach Grohnde geholt werden. Die angestrebte geschlossene Rückreise klappte deshalb nicht. Viele liefen in der einsetzenden Dämmerung in kleinen Gruppen und auf verschiedenen Wegen zu Fuß nach Kirchohsen. Ich bin noch einmal am Bauplatz vorbeigekommen, dort hatten bereits die Reparaturarbeiten am Zaun begonnen. In Kirchohsen habe ich auch Johann und Annegret wieder getroffen. Die Rückfahrt verlief ziemlich schweigsam. Wir waren echt fertig.

Soweit der Bericht aus Grohnde. Beste Grüße, auch an die anderen, M.

Auf dem Rückweg von Grohnde im Autoradio – oder ist es erst abends im Fernsehen? – hören wir Ministerpräsident Albrecht, der den Hauptschuldigen schon ausgemacht hat: Der KBW war's, eine „kriminelle Vereinigung", die schleunigst verboten gehöre. Ob nicht vielleicht auch KB, KPD, KPD/ML und viele, viele nicht in K-Gruppen organisierte AKW-Gegner in Grohnde beteiligt waren, lässt Albrecht beiseite, für ihn ist der KBW „zweifellos die am besten organisierte Kraft".

Ein Freund aus Göttingen ist, weil ihm die Sache von vornherein zu heiß erschien, nicht mitgefahren nach Grohnde. Er war stattdessen beim Heimspiel von 05. Und erzählt nun, dass es in der Halbzeitpause eine Durchsage gegeben hat. Alle Polizeibeamten, die dienstlich oder privat im Stadion waren, sollten sich wegen eines „Noteinsatzes" in Grohnde umgehend bei ihren Einheiten melden.

In den folgenden Tagen basteln wir in Göttingen gemeinsam mit AKW-Gegnern aus Hameln und Kassel an einer Dokumentation zu den Ereignissen in Grohnde. Augenzeugenberichte, Fotos, Stellungnahmen von Demo-Leitung und Verkehrsausschuss müssen beschafft, die Berichte in den Zeitungen, des NDR und der Polizeifunk müssen ausgewertet werden. Und vor allem: wir selbst müssen bewerten, was passiert ist.

Es gibt durchaus Kritik, Fragen, Zweifel. Wir wollten den Zaun einreißen und den Bauplatz zur Wiese machen. Das haben wir nicht geschafft. Es ist klar geworden, dass wir bei paramilitärischen Massenaktionen gegen die Staatsmacht den Kürzeren ziehen. Viele AKW-Gegner wurden verletzt, verhaftet, müssen womöglich in den Knast und ruinieren ihre berufliche Zukunft.

Was wir stattdessen schafften, ohne es zu wollen: Wir haben – vielleicht, wahrscheinlich? – den örtlichen Widerstand überrannt. Sicher, auch Gruppen aus der Region haben zu der Demo aufgerufen, aber nahezu alle, die ausgerüstet waren und am Zaun kämpften, kamen von auswärts.

Wie den Protest in Gorleben hatten wir auch den örtlichen Widerstand in und um Grohnde in die Schublade bürgerlich gesteckt. Haben wir den platt gemacht mit der Demonstration, nach der wir wieder verschwanden in die Städte, in unsere Vollversammlungen und an unsere Kneipentische? Und wenn es so war – dürfen und müssen wir das auch schreiben in unserer schönen Grohnde-Dokumentation?

Die Spontis sind in Göttingen schon Ende 1976 auf den Plan getreten, vor allem an der Uni, und zwar in Gestalt der „Bewegung undogmatischer Frühling" (BUF). Sie stehen für eine Art fröhlichen Anarchismus, lehnen Zwänge, Dogmen und starre Strukturen in der politischen Arbeit und im privaten Leben ab, sofern sie diese Bereiche überhaupt trennen. Nicht jammern und picheln, sondern hämmern und sicheln – solch ein Zeug dichten sie, und es steht auch auf einigen ihrer Flugblätter.

Das spricht offenbar viele an: Die BUF holt Anfang 1977 bei den Wahlen zum Studentenparlament eine Menge Stimmen und stellt nun gemeinsam mit der vom KB dominierten „Sozialistischen Bündnisliste" den AStA.

In der BUF engagiert sich auch der Autor des berühmt gewordenen „Buback-Nachrufs", der Germanistik- und Volkskunde-Student – Max hat ihn im Volkskunde-Institut allerdings kein einziges Mal zu Gesicht bekommen – Klaus Hülbrock. Der mit „Ein Göttinger Mescalero" unterzeichnete Text erscheint Ende April in der AStA-Zeitung „Göttinger Nachrichten" („GN").

Generalbundesanwalt Siegfried Buback ist am 7. April auf der Fahrt in sein Büro im Bundesgerichtshof von einem RAF-Kommando ermordet worden. Von einem Motorrad aus hat der Attentäter mit einer Maschinenpistole in den Dienstwagen gefeuert. Der Fahrer Wolfgang Goebel wird ebenfalls getötet. Der Justizbeamte Georg Wurster erleidet lebensgefährliche Verletzungen, er stirbt am 13. April.

Hülbrock beschreibt im „Nachruf" zunächst seine spontanen Empfindungen nach Bubacks Tod. „Meine unmittelbare Reaktion, meine ‚Betroffenheit' nach dem Abschuß von Buback ist schnell geschildert: Ich konnte und wollte (und will) eine klammheimliche Freude nicht verhehlen. Ich habe diesen Typ oft hetzen hören. Ich weiß, daß er bei der Verfolgung, Kriminalisierung, Folterung von Linken eine herausragende Rolle spielte."

In der Folge distanziert sich Hülbrock allerdings von einer „unabhängig von der jeweiligen ‚politischen Konjunktur'" – also ohne Rücksichtnahme auf die öffentliche Meinung – ausgeübten Gewaltanwendung: „Diese Überlegungen alleine haben ausgereicht, ein inneres Händereiben zu stoppen." Und: „Wir alle müssen davon runterkommen, die Unterdrücker des Volkes stellvertretend für das Volk zu hassen." Auch konstatiert der „Mescalero" eine für Einzelne zu große Verantwortung, zu entscheiden, welche Zielpersonen „geeignete Opfer" seien. Und er fordert schließlich, dass sich die Terroristen gegenüber dem von ihnen bekämpften System nicht nur im Ziel, sondern auch in den Mitteln positiv abheben müssten und dass deshalb ein neuer Militanzbegriff zu entwickeln sei:

„Unser Zweck, eine Gesellschaft ohne Terror und Gewalt (wenn auch nicht ohne Aggression und Militanz), (…) dieser Zweck heiligt eben nicht jedes Mittel, sondern nur manches. Unser Weg zum Sozialismus (wegen mir: Anarchie) kann nicht mit Leichen gepflastert werden. (…) Einen Begriff und eine Praxis zu entfalten von Gewalt/Militanz, die fröhlich sind und den Segen der beteiligten Massen haben, das ist (zum praktischen Ende gewendet) unsere Tagesaufgabe."

Der „Buback-Nachruf" sorgt weit über Göttingen hinaus für einen Aufschrei. Die meisten Medien zitieren und kritisieren den Abschnitt über die „klammheimliche Freude" und verschweigen, dass sich Klaus Hülbrock zumindest partiell von Gewalt distanziert.

ASten und Organisationen in anderen Städten sowie 48 Hochschullehrer veröffentlichen den Text ebenfalls. Sie verlangen „eine öffentliche Diskussion des gesamten Artikels": „Dieser Nachruf hat heftige Reaktionen ausgelöst: seine Verbreitung wird von Justiz und Polizeiorganen sowie von Hochschulleitungen verfolgt; in den Massenmedien, auch in den bürgerlich-liberalen Zeitungen, wird dieser Nachruf als Ausgeburt ‚kranker Gehirne' und als Musterbeispiel für ‚blanken Faschismus' („Frankfurter Rundschau") deklariert. Der vollständige Text wird nirgends veröffentlicht; im Gegenteil, die zentrale Intention des Artikels – seine Absage an Gewaltanwendung – wird unterschlagen."

Wenige Tage nach dem Erscheinen des „Buback-Nachrufs" stellt der Göttinger RCDS Strafantrag gegen die AStA-Verantwortlichen, der Präsident des Niedersächsischen Landtages, Heinz Müller (CDU), und Bundesjustizminister Jochen Vogel (SPD) schließen sich der Anzeige an.

Die Göttinger Justizbehörden leiten Ermittlungsverfahren ein, sie richten sich zunächst gegen vier Verantwortliche des AStA und der „Göttinger Nachrichten". Uni-Rektor Hans-Jürgen Beug verfügt am 3. Mai: Der AStA darf die betreffende „GN"-Ausgabe nicht mehr verbreiten, die verantwortlichen Referenten sollen die Druckkosten aus eigener Tasche zahlen. Das politische Mandat, also der Anspruch, sich auch zu allgemeinpolitischen Fragen zu äußern, wird dem AStA untersagt. Werde die Anordnung nicht umgesetzt, droht die Amtsenthebung des AStA. Die Geschäfte könnte dann ein Staatskommissar weiterführen.

Bundesweit laufen in der Sache insgesamt Ermittlungsverfahren gegen rund 140 Beschuldigte. Die meisten enden mit Freisprüchen oder Verurteilungen zu geringen Geldstrafen. In Augsburg wird ein Mann, der den „Nachruf" verteilt hat, zu sechs Monaten Gefängnis ohne Bewährung verurteilt. Der Hannoveraner Professor Peter Brückner wird vom Dienst suspendiert, weil er den kommentierten Nachdruck mit herausgegeben hat. Nach gerichtlicher Überprüfung wird die Suspendierung 1981, also vier Jahre später, aufgehoben.

Andreas, einer der Oberen beim Göttinger KBW, bringt einen eigenen Buback-Nachruf zu Papier, das heißt in die „Kommunistische Volkszeitung". Mit demselben Tenor wie Hülbrock, aber einer brutaleren Wortwahl. Unter dem Titel „Buback erschossen, Gründe gibt's genug, aber was nützt das schon?" heißt es:

„Gründe, einen Staatsanwalt, einen Richter, einen Regierungspräsidenten oder Polizeipräsidenten zu erschießen, ach herrje, Gründe gäb's genug und auch gute. (…) Buback ist jetzt erschossen. Aber die Brüder wachsen nach. Das weiß jeder. Diejenigen, die sich die Mühe gemacht haben, den Buback zu erschießen, sie hätten geradesogut auf eine Papierscheibe schießen können. Die wird auch immer neu wieder aufgezogen. Der Mist, auf dem diese Volksunterdrücker nachwachsen, ist der Mehrwert, den die Kapitalisten aus den Arbeitern herauspressen. Von diesem Mehrwert kann die Kapitalistenklasse immer Existenzen einkaufen, die den staatlichen Unterdrückungsapparat bilden."

Andreas wird im Dezember 1977 wegen Volksverhetzung angeklagt und zu einem halben Jahr Knast ohne Bewährung verurteilt.

Der KBW neigt ohnehin zu abenteuerlichen, unbesonnenen und taktisch äußerst unklugen Aktionen: 1973 der angekündigte Sturm auf das Bonner Rathaus anlässlich des BRD-Besuches des südvietnamesischen Nguyễn Văn Thiệuv. Am 19. Februar das – zu ihrem Glück verhinderte – Vorhaben von einigen hundert KBW-Mitgliedern, in Brokdorf gegen eine gewaltige Polizeiübermacht anzurennen. In Göttingen nahezu zeitgleich die Erklärung der ohnehin schon von Berufsverbot bedrohten wissenschaftlichen Assistenten und KBW-Mitglieder Ingo Puder und Norbert Roske. Sie befürworteten darin einen gewaltsamen Umsturz in Westdeutschland, was dann natürlich ihre Suspendierung und Vernichtung ihrer beruflichen Existenz zur Folge hat.

Wir fragen uns beim Bier: Hatten die KBW'ler jeweils den Auftrag, so zu handeln? Oder ticken die einfach so? Geschah das auf ihre eigene Initiative? Da wir keine Einblicke in KBW-Interna haben, bleibt die Frage unbeantwortet.

* * *

Liebe Anne,

das Buback- und Mescalero-Thema überlagert hier nach wie vor alles. Für den 11. Mai hatte der AStA zu einer Uni-Vollversammlung eingeladen. Einziges Thema: Diskussion und Beschlussfassung über einen Streik, mit dem auf die Drohungen des Rektors reagiert werden soll. Der größte Hörsaal 011 platzte buchstäblich aus allen Nähten, die VV wurde deshalb kurzerhand auf den Campus verlegt. Die AStA-Leute haben in Windeseile eine provisorische Lautsprecheranlage aufgebaut, die Sonne schien, rund 4.000 Studentinnen und Studenten hatten sich draußen versammelt – es war die bis dahin größte Vollversammlung in der Geschichte der Hochschule.

Erster am Mikrofon war Jens vom KB und vom AStA. Er argumentierte, dass der AStA schon formell keine Äußerungen zurücknehmen kann, die er gar nicht getätigt hat. Davon abgesehen, werde man weder Selbstzensur noch Distanzierung üben und keinen Millimeter zurückweichen. Nimmt der Rektor seine Drohungen nicht zurück, werde gestreikt. Jubel und stürmischer Beifall von der vom Mikrofon aus gesehen rechten Seite, wo sich die Linken beim Theologicum und beim „Oec" versammelt hatten.

Der Redner des RCDS sprach sich, na klar, gegen einen Streik aus. Der AStA habe sich mit der Verteidigung des „Buback-Nachrufs" isoliert. Nun wurde links geklatscht und gepfiffen, wo die Rechten vorm Seminargebäude der Juristischen Fakultät standen.

Ein paar Leute redeten danach noch, Andreas vom KSB, noch jemand vom KB, ein Juso, aber eine richtige Diskussion war das nicht, und sie war auch nicht nötig, denn jeder hier war ohnehin mit einer fertigen Meinung gekommen. Karl, einer der „GN"-Verantwortlichen, beantragte dann auch folgerichtig bald Schluss der Debatte und eine Abstimmung über eine vorbereitete Resolution: Gegen Einmischung von Staat und Rektorat in die Angelegenheiten der Studentenschaft. Sofortige Rücknahme der Drohungen gegen den AStA. Streik bis zum kommenden Montag, dann sollte eine weitere Uni-VV entscheiden, wie es weitergeht.

Dann gab es – ebenfalls erstmalig in der Uni-Geschichte – einen veritablen Hammelsprung: Alle, die dafür waren, dass gestreikt wird, sollten auf die rechte Seite des Campus gehen beziehungsweise dort bleiben, so hat Karl das Procedere erläutert. Wer gegen den Streik war, sollte sich nach links zum

Juridicum begeben. Kurzes Gewusel auf dem Campus, kurzes Getuschel am Mikro, dann wieder Karl: „Ich möchte feststellen", sagte er und an diese Worte kann ich mich noch ganz genau erinnern, „dass die übergroße Mehrheit für den Streik gestimmt hat."

Der RCDS und die Leute vom ebenfalls ziemlich rechten Sozial-Liberalen Hochschulbund (SLH) verkrümelten sich schnell. Viele andere blieben noch stehen und überlegten, was denn jetzt genau zu tun ist, verschwanden schließlich in ihren Seminaren und Instituten, wo Vollversammlungen der verschiedenen Fachschaften anberaumt worden waren. In den Fluren und Vorlesungsräumen und auch draußen auf dem Campus wurden Wandzeitungen gepinselt, im „VG", dem Verfügungsgebäude, eröffnete ein erstes Streik-Café. Der „Zentrale Streikrat" konstituierte sich im Hörsaal 007.

Ich bin mit ein paar Leuten vom Arbeitskreis gegen Atomenergie in die Cafeteria, wo wir überlegt haben, ob wir während des Streiks einen Film über die Grohnde-Demonstration zeigen oder eine andere Veranstaltung machen wollen. Bin gespannt, wie der Streik läuft, irgendwie habe ich kein so gutes Gefühl wie im Dezember.

Liebe Grüße, M.

Der erste Streiktag ist ein Donnerstag. Im ZHG werden gleich morgens mehrere Lehrveranstaltungen „aktiv bestreikt", also die Eingänge zu den Räumen blockiert: Eine Statistik-Veranstaltung ist betroffen, auch eine Jura-Vorlesung. Max steht mit anderen im Gedränge vor einem Hörsaal, in dem eine Vorlesung in Volkswirtschaft stattfinden soll.

Ein paar KB-Leute versuchen, mit studierwilligen Kommilitonen zu diskutieren. Die RCDSler, die schon im Saal sind, skandieren: „Vorlesung … Vorlesung …" und: „AStA raus!". Professor Hans-Joachim Jarchow greift sich ein Megafon und macht einen aus seiner Sicht wohl salomonischen Vorschlag: Wer streiken wolle, könne dies gerne tun, aber bitte draußen, außerhalb des Hörsaal, wer seine Vorlesung hören wolle, solle dies auch tun dürfen. Höhnisches Gelächter, Geschrei, Geschubse.

Jemand kommt angelaufen und fordert Verstärkung an. Am Eingang des Juridicums, nicht nur in diesen Tagen ein Hort der Reaktion, gibt es Gerangel. Professoren, Studenten, auch Burschenschafter blockieren dort die Eingänge und lassen nur Leute durch, die eine Seminarkarte haben.

Linke aus anderen Fachbereichen wollen aber rein, um auch dort Lehrveranstaltungen zu verhindern oder umzufunktionieren. Angeblich sammelt der RCDS auch Unterschriften gegen den Streik, ein Ergebnis wird aber nie bekannt gegeben.

Zweiter Streiktag. Im ZHG ist es ziemlich leer. An vielen Fachbereichen sieht es ähnlich mau aus. Ganz offensichtlich sind viele derjenigen, die für den Streik gestimmt haben, zu Hause geblieben. Die Stimmung ist eher angestrengt. Kein Vergleich zum Dezember-Streik, als wir mit dem damals schon gehbehinderten Dichter Erich Fried per Polonaise singend und Parolen rufend durch das ZHG zogen und beim Politrock der „Druckknöpfe" und einer Göttinger Band, deren Name mir entfallen ist, die Nächte zu Tagen machten.

Etwas lebhafter wird es an diesem Freitag nur noch einmal, als sich Niedersachsens Wissenschaftsminister Eduard „Ede" Pestel (CDU) auf dem Campus blicken lässt. Es gibt einen mächtigen Auflauf, der Minister sagt den mitgereisten Reportern irgendwas in die Mikrofone, dann entschwindet er in einer Traube ihn schützender RCDS-Leute zu Gesprächen mit der Uni-Leitung.

Die Uni-VV am Montag – auch sie findet draußen statt – ist mit knapp 2.000 Leuten deutlich schlechter besucht als die in der Vorwoche. Mehrere Rednerinnen und Redner aus linken Gruppen üben Kritik an der politischen Stoßrichtung und der schlechten Vorbereitung des Streiks. Es war ein Streik, ohne dass gestreikt wurde, sagt Bruno vom Arbeitskreis gegen Atomenergie. Die Versammlung beschließt, den Streik auszusetzen.

An einem frühen Morgen Ende Mai durchsuchen Staatsanwaltschaft und Polizei im Zusammenhang mit den „Buback-Nachruf"-Verfahren mit richterlichem Beschluss das Göttinger AStA-Gebäude, zwei Druckereien, das KBW-Büro, den linken „Buchladen Rote Straße" und rund ein Dutzend Wohnungen von Beschuldigten.

Karl vom KB ist einer der Betroffenen. Seine Wohnung wird durchsucht, als er nicht zu Hause ist. Die Bullen haben dabei ein gewaltiges Chaos angerichtet, erzählt Karl später. Sie haben seinen Schreibtisch, die Regale, Archive, Ordner und auch private Korrespondenz durchwühlt.

Schränke aufgebrochen. Adressbuch und Kalender und andere Unterlagen mitgehen lassen.

Auf dem Campus versammeln sich schon kurze Zeit nach den Razzien Hunderte Leute. Nach einer Kundgebung zieht eine Demo zum Marktplatz, zur Staatsanwaltschaft und zum Rektorat. „Beug, wir lassen uns nicht beugen", schreien wir.

Einen Tag später sind schon mehr als 3.000 Studenten auf der Straße. Aus Hamburg, Hannover, Bremen, Dortmund, Marburg und anderen Städten sind kurzfristig Unterstützer angereist.

Doch danach versandet der Protest. Aber nur in dieser Angelegenheit. Es gibt schließlich noch anderes zu tun.

Und was machte Klaus Hülbrock?

Der meldet sich erst im Dezember 1979 wieder zu Wort. Anonym, in einem Beitrag für das „Kursbuch".

Er schreibt von einem „Rumpelstilzchen-Vergnügen, das darin bestand, unerkannt zu bleiben und zugleich aus nächster Nähe all jene Prozeduren zu betrachten, die nacheinander aus mir ein armes theoriefeindliches Würstchen, einen Feigling, einen Terrorsympathisanten machten, der vielleicht schon morgen zum Schießeisen greifen könnte, um seiner mühsam zurückgehaltenen Mordlust endlich nachzugeben; oder das bedauernswerte Opfer einer vaterarmen Erziehung in einem bürgerlichen Elternhaus; oder Statthalter einer ganz anderen Absicht, die darauf aus ist, die Arbeiterbewegung zu knebeln und das Grundgesetz einzuschränken; (…) all das war ich nun mal nicht (…) war während jener Zeit braver Insasse einer Schlafsiedlung, der niemandem unangenehm auffiel, war biederer Hundeliebhaber und Waldgänger, verzweifelter Schuldner vieler Gläubiger, Sammler und Händler von Trödel und Nippes, Skatspieler, Fernseher, durch und durch mitten drin und nicht alternativ, eingesessen und gut genährt und Mitglied eines politischen Männerstammtisches, der seine windigen Zelte an einer starken Neigung zur Trunksucht aufgeschlagen hatte (…) und all das ist weder besonders lustig noch besonders subversiv, aber auch nicht zum Heulen."

2001 outet sich Hülbrock in der „taz" als der „Göttinger Mescalero". Er weist darauf hin, dass er 1999 einen Brief an Michael Buback, den Sohn des ermordeten Generalbundesanwalts, geschrieben und zum Ausdruck gebracht hat, dass ihm seine Worte von 1977 „heute weh tun". Michael Buback, Professor in Göttingen, äußert sich 2007 so dazu: „Ich habe es als Erleichterung empfunden, als sich der Verfasser mehr als zwei Jahrzehnte später in einem Brief an mich offenbarte. Dies habe ich ihm auch geschrieben, wobei mir das Abfassen des Briefes nicht leicht fiel und ich es mir gewünscht hätte, dass weniger klangvolle Anreden als ‚Sehr geehrter Herr H.' nutzbar gewesen wären."

Buback hin oder her, irgendwann nervt das Thema, und wir widmen uns wieder ganz dem Widerstand gegen Atomanlagen. Am Ostersonntag fahren wir, einige Leute aus dem Göttinger Arbeitskreis, nach Grohnde. Zwei Familien aus dem Dorf, die am 19. März die Demo-Sanitäter beherbergt hatten, bekommen dicke Blumensträuße überreicht. Am Bauplatz beteiligen sich fast 1.000 Menschen an einem Protest-Fest. Die örtlichen Initiativen – sie sind also trotz der militanten Demo am 19. März weiter aktiv – haben Infostände aufgebaut, verkaufen Anti-AKW-Ostereier und lassen Luftballons steigen.

Der Zaun ist inzwischen wieder befestigt und durch Stahlplatten sogar noch weiter verstärkt worden, davor haben Beschäftigte des künftigen Betreibers PreussenElektra einen mehrere Meter breiten und tiefen Graben ausgehoben. Später blockieren wir noch ein bisschen eine Straße, aber insgesamt bleibt der Tag schön friedlich.

Mitte Mai, erste Bundeskonferenz der Anti-AKW-Bewegung in Hannover. Mehr als 250 Initiativen sind vertreten, unter den Delegierten sind etliche Leute aus den K-Gruppen. Der Kongress beschäftigt sich vor allem mit Geschäftsordnungsfragen: Wer darf abstimmen, sollen Stimmkarten ausgegeben werden, sollen überhaupt Beschlüsse gefasst werden? Und verabschiedet eine Vielzahl von Anträgen und Resolutionen, die aber allesamt keine Auswirkungen auf die praktische Arbeit vor Ort haben werden. Der eigentlich angestrebte Erfahrungsaustausch und die Diskussion über die Demos in Brokdorf und Grohnde bleiben auf der Strecke.

Hallo Tom,
nur ganz kurz. Ich bin jetzt anerkannter Kriegsdienstverweigerer. Die Verhandlung in Stade war ziemlich kurz, es gab nur wenige Nachfragen. Ingrid, die ich als Zeugin benannt hatte und die mitgekommen war, wurde gar nicht befragt.

Ich hatte meine Verweigerung schriftlich ja vor allem taktisch begründet, nämlich mit der in Brokdorf erlebten Gewalt. Dort sei mir klar geworden, dass ich niemals selbst Gewalt würde anwenden können. Dass ich das geschrieben und bei der Verhandlung auch noch mündlich betont habe, war offenbar glaubhaft.

Ciao, M.

Ende Mai 1977 wird in der BRD die Gewissensprüfung für Wehrdienstverweigerer abgeschafft.

Auch zu Pfingsten wollen wir nach Grohnde. Ein dreitägiges Camp soll den AKW-Standort im Gespräch halten, der Diskussion und Planung weiterer Aktionen dienen, natürlich wollen wir uns auch unterhalten lassen und feiern. Die Vorbereitungstreffen sind etwas nervig, weil Gemeinde- oder Kreisverwaltung eine Zusage für den ausgeguckten Zeltplatz wieder zurückziehen und wir auf eine private Wiese ausweichen müssen. Solidarische Einwohner stellen Strom, Wasser und Toiletten zur Verfügung.

500 Leute sind am Pfingstsamstag angereist, es ist allerbestes Wetter, das Camp wird eine runde Sache. Es gibt Vorträge des Bremer Atomphysikers Jens Scheer zu den Gefahren radioaktiver Niedrigstrahlung und von Gästen aus Italien, die über die Auswirkungen des Chemieunfalls in Seveso berichten. Wir verteilen vor der Grohnder Kirche symbolisch Atommüll und an der Weserfähre Flugblätter an Pfingstausflügler.

Dazu reichlich Polit-Kultur: Wir sehen den im Vorjahr entstandenen Film „Lieber heute aktiv als morgen radioaktiv", Theatergruppen führen Anti-AKW-Sketche vor, Liedermacher aus der Region treten auf und am Sonntagabend die Hamburger Band „Druckknöpfe" – sie müssen ihr Lied „Kein KKW in Brokdorf" gleich mehrmals als Zugabe spielen, so begeistert sind die Leute.

Auch das Baugelände wird wieder inspiziert: In den wenigen Wochen seit der März-Demo ist der Rohbau des künftigen Reaktorgebäudes schon mehrere Meter in die Höhe gewachsen. Der äußere Schutzzaun ist nun mit blassgrüner Farbe überzogen, sage keiner, die PreussenElektra habe es nicht so mit Landschaftsgestaltung. Beim Abschluss-Frühschoppen am Montagmorgen verabschieden wir noch eine Solidaritätsadresse für den Göttinger AStA, der ja auch wegen seiner Aufrufe zu den Demos in Brokdorf und Grohnde so unter Druck steht.

Nachts, am Feuer, diskutieren wir über Gewalt und Widerstand. Intensiv, aber – natürlich – ohne uns zu einigen. Einige sagen es so:

Gewalt ist erlaubt und wird auch moralisch legitimiert, wenn sie vom Staat ausgeübt wird. Polizisten und Soldaten müssen Gewalt ausüben, wenn ihnen das befohlen wird. Viele Polizisten, das haben wir an den AKW-Bauplätzen und bei anderen Demos erlebt, machen das sogar gern: Gewalt ausüben.

Wir dagegen, die für eine gewaltlose Gesellschaft eintreten, werden kritisiert und kriminalisiert, wenn wir an Gewalt nur denken – obwohl wir sie, wenn überhaupt, ja für nichts anderes einsetzen wollen als den Zustand der Gewaltlosigkeit zu erreichen. Den Zustand des „ewigen Friedens", wie Kant ihn genannt hat.

Deshalb kann Gewalt niemals unser Ziel sein. Aber sie kann Mittel der Wahl sein, wenn nur mit ihrer Hilfe Gewaltlosigkeit zu erreichen ist. Andererseits wird auch jeder Angriffskrieg damit gerechtfertigt, man wolle danach ja wieder Frieden. Und wer entscheidet, ob es auch andere Möglichkeiten des Widerstandes gibt? In Nicaragua oder anderen Ländern der Dritten Welt, in denen das Volk unterdrückt und terrorisiert wird, ist die Sache klar. Aber in der BRD? In der Anti-AKW-Bewegung?

Das AKW Grohnde, sollte es gebaut werden und Strom und Atommüll produzieren, liegt 60 Kilometer Luftlinie von Göttingen entfernt. Bei einem schweren Unfall und Westwind würde die Stadt wohl evakuiert. Widerstand ist deshalb notwendig. Passiver Protest, Happenings, Liedersingen und Fasten werden das AKW nicht verhindern. Aber sollen wir deshalb gleich den Ministerpräsidenten erschießen? Doch wohl nicht.

Im sogenannten Grundstudium, also den ersten vier bis sechs Semestern, ist die Teilnahme an einer Exkursion verpflichtend. Sie führt in den Pfingstferien ausgerechnet nach Rotenburg, wo Max zur Schule gegangen ist. Mit dem Institut für Heimatforschung hat die Göttinger Volkskunde dort eine Dependance.

Thema der Exkursion ist unter anderem das Leseverhalten im Volke: Wir haben dazu einen Fragebogen vorbereitet, den wir an der Schule verteilen. An einem Vormittag wollen wir in der großen Pause die Schülerbücherei inspizieren und schauen, ob sie genutzt wird. Kurz vor der Pause, wir sind da noch in einer Klasse, ertönt der Gong. Die Sekretärin sagt durch, dass heute Studenten in der Schule sind und gleich in die Bücherei kommen. Die Schulleitung bitte daher um rege Nutzung der Bibliothek.

Kurz bevor die einwöchige Exkursion zu Ende ist, kommt eine Schülerin in die Jugendherberge gelaufen, in der wir untergebracht sind. Sie hatte auf dem Fragebogen angegeben, dass bei ihr zu Hause etwa 300 Bücher im Regal stehen. Nun ist der Vater eingeschritten. Er hat das Mädchen beauftragt, die Zahl zu korrigieren. Es stünden nicht 300, sondern mindestens 500 Bände im häuslichen Wohnzimmer.

21. Juni 1977

Liebe Anne,
der Göttinger AStA hat nach wie vor alle Hände voll damit zu tun, die Angriffe auf die verfasste Studentenschaft abzuwehren, und kann sich um kaum was anderes kümmern. Mitte Juni haben hier 6.000 Studenten von fast allen niedersächsischen Unis und Fachhochschulen gegen die Repressionen von Uni-Leitung und Staatsanwaltschaft und für das politische Mandat demonstriert. Bis auf einige Farbeierwürfe auf das Rektorat und einige Rangeleien mit der Polizei blieb es aber entspannt.
Derweil führt der KBW mutterseelenallein einen aussichtslosen Kampf gegen Fahrpreiserhöhungen in den Stadtbussen. Über eine Woche hinweg haben einige Dutzend KBW-Mitglieder täglich die Abfahrt von Bussen blockiert und haben deren Frontscheiben mit roter Farbe bemalt, bis die Polizei kam und sie weggeräumt hat. Einmal ist die Aktion in einer kleinen, aber

heftigen Straßenschlacht kulminiert. Auch dabei wurden die KBWler alleine gelassen. Eigentlich schade.
  Lieben Gruß, M.

Inzwischen sind die beiden ersten Ausgaben der Zeitung „Atom Express" erschienen. Anfang des Jahres hatte sich im Arbeitskreis eine Redaktionsgruppe zusammengefunden. Themen sind, neben Berichten aus Grohnde und von anderen Atom-Standorten, alternative Energien und eine Serie über gesundheitliche Gefahren durch Atomkraftwerke. Zudem werden Auszüge aus dem bereits erwähnten Katastrophenschutzplan für das AKW Fessenheim im Elsass abgedruckt, der AKW-Gegner in die Hände gefallen ist.
  Der „Atom Express" wird in der Folgezeit zur größten und einflussreichsten Publikation in der Anti-AKW-Bewegung.

Wir stehen an einem Sonntagabend im Juni mal wieder vor dem KAZ herum beziehungsweise sitzen auf den Hauben der parkenden Autos, trinken Bier und planen die Revolution. Irgendwann kommt Unruhe auf, besonders gut informierte Leute vom Arbeitskreis haben erfahren, dass noch in der Nacht das für die Kühltürme vorgesehene Gelände in Grohnde besetzt werden soll. Wir kippen den letzten halben Liter runter, verabreden einen Treffpunkt für sechs Uhr morgens und gehen nach Hause, um zu packen und die Autos klarzumachen.
  Wir sind nicht die ersten in Grohnde. Bereits am Sonntag haben 30 AKW-Gegner aus Hameln und Hannover das Gelände in Beschlag genommen. Als wir ankommen, sind die ersten Bauwerke aus Holz bereits in der Mache: Ein Freundschaftshaus als Treffpunkt und Versammlungsort, eine Küche, Plumpsklos, ein Infogebäude als Anlaufstelle. Auch ein Brunnen ist im Bau, an einem Kinderspielplatz wird ebenfalls schon gewerkelt.
  Bis zum Nachmittag sind 500 Leute auf dem Platz. Wir weihen das Freundschaftshaus mit einem Plenum ein. Wir freuen uns über erste Material- und Lebensmittelspenden von Einheimischen. Und besprechen, wie es weitergehen soll mit dem Anti-Atom-Dorf und welche Funktion es haben kann im Widerstand gegen das Atomkraftwerk Grohnde. Abends

sitzen wir lange am Feuer, quatschen, jemand spielt Gitarre, es gibt keinen Alkohol. Die Nacht im Zelt ist sehr kurz.

Am nächsten Tag lernt Max Jana kennen, die damals in Bielefeld wohnt und mit ihrem gelben Käfer nach Grohnde gekommen ist. Mit dem VW fahren sie „Streife", also ein bisschen in der Gegend herum, und gucken, ob die Polizei irgendwelche Anstalten für einen größeren Einsatz macht. Alles ist aber ruhig, deshalb gehen sie im Nachbarort ins Freibad, schwimmen und kaufen sich am Kiosk ganz viele Süßigkeiten.

★ ★ ★

26. Juni 1977

Hallo Tom,
es gibt so etwas wie eine Stammbesetzung im Anti-Atom-Dorf, ungefähr 80 bis 100 Leute sind immer dort. An den Wochenenden wird es voller, aus Göttingen fahren wir meistens freitags und bleiben bis zum Sonntag oder Montag. Außer AKW-Gegnern aus den umliegenden Städten kommen manchmal auch Besucher mit dem Rad oder dem Auto vorbei, die einfach nur mal schauen wollen. Eine Gruppe bietet den Gästen Führungen durch das Dorf an, es erscheinen auch drei oder vier Ausgaben einer Besetzer-Zeitung namens „Anti-Atom-Dorf-Kurier".

Immer noch wird gehämmert und gesägt, immer mehr „feste" Häuser entstehen. Ein Windrad pumpt Wasser aus der Erde, es gibt inzwischen einen Gemüsegarten, eine Dusche, Kaninchenkäfige sowie Ställe für Hühner und das Dorfschwein „Genscher". Neulich haben wir hier eine veritable Hochzeit gefeiert, die Braut im weißen Kleid, mit Blumenschmuck, Kuchen, Live-Musik und allem Drum und Dran. Die Feier endete mit einem großen Tau-zieh-Wettbewerb auf der Nachbarwiese.

Einigen ist das natürlich zu wenig politische Aktion. Nachts rütteln sie deshalb ein bisschen am nahen AKW-Bauzaun und bemalen die Straße mit Parolen. Die Beschädigung von Baufahrzeugen und die farbliche Umwidmung des PreussenElektra-Besuchergebäudes in „Lügenzentrum" stoßen bei anderen im Dorf auf Kritik. Solche Aktionen schreckten die Bevölkerung ab, wird argumentiert. Nachprüfen lassen sich solche Einwände auf die Schnelle nicht. Auf den allabendlichen Versammlungen gibt es immer wieder Streit über die Gewaltfrage.

Kurz nach Beginn der Besetzung hat das Verwaltungsgericht Hannover übrigens der Klage einer Chemiefirma aus der Region stattgegeben und einen Baustopp für das AKW angeordnet. Er soll aber erst im Herbst in Kraft treten. Wir geißeln den Richterspruch natürlich als „Manöver", das den Widerstand spalten und schwächen soll. Und wir sind sicher, dass das Oberverwaltungsgericht schon bald das Urteil der Vorinstanz kassieren wird.

Das auf die Schnelle. Lass es dir gut gehen, M.

Rund 200 beim Bau des AKW Grohnde Beschäftigte haben einen Brief unterschrieben und an Gewerkschafter und niedersächsische Politiker geschickt: Es könne „doch wohl nicht im Sinne eines Rechtsstaates sein, wenn eine Horde arbeitsscheuer und verkommener Menschen, die sich Naturschützer nennen und angeblich in Bürgerinitiativen tätig sind, unschuldige Menschen verprügeln, blutig schlagen, Bretter mit eingeschlagenen Nägeln auf die Straße legen und die Reifen von Fahrzeugen durchschneiden."

Am Bauzaun hängt jetzt ein Transparent. „Räumt das Molukkerdorf in die Weser", steht darauf. Und im nahen Emmerthal gründet sich eine „Bürgerwehr", die auf Flugzetteln fragt, wie es denn angehen könne, dass jemand fremdes Eigentum besetzen und ohne Genehmigung der Behörden Zeltlager errichten darf. Solchem „Chaos" müsse ein Ende bereitet werden.

Ende Juni erhalten drei AKW-Gegner, die bei den Auseinandersetzungen am 19. März festgenommen wurden, Anklageschriften wegen schweren Landfriedensbruchs, schwerer Körperverletzung und Widerstandes zugestellt. Gegen die Beschuldigten soll vor einer Großen Strafkammer des Landgerichts Hannover verhandelt werden, was harte Urteile befürchten lässt. Insgesamt werden in den folgenden Monaten gegen mehrere Dutzend Grohnde-Demonstranten Verfahren eröffnet. Die Solidaritätsarbeit und der Kampf gegen Kriminalisierung absorbieren von nun an viele Kräfte.

Buback und Grohnde, das sind auch Themen bei einer Bundesdelegiertenkonferenz der Jusos in der Aula der Göttinger Pädagogischen Hochschule.

Es sprechen unter anderem Gerhard Schröder, Juso-Chef in Niedersachsen, und der Bundesvorsitzende Klaus-Uwe Benneter.

Benneter hängt der Stamokap-Therie an. Der These also, nach der Staat und die nur noch aus dünn maskierten Monopolen bestehende Wirtschaft zu einem einzigen Herrschaftsinstrument unter Führung einer Finanzoligarchie verschmelzen. Diese Phase, die Endphase des Kapitalismus, sei gegenwärtig erreicht.

Wir wollen uns das mal anhören, gelangen auch ohne Probleme in den Saal. Benneter sagt aber nichts zum Stamokap, wir ziehen deshalb bald wieder ab.

★ ★ ★

Sommer und Herbst 1977 sind: turbulent.

Im Mai ist Max' Vater gestorben. Suizid.

Er war nicht Mitglied der Kirche. Max' Mutter und Teile der Familie organisieren trotzdem eine kirchliche Trauerfeier in Bremen. Max boykottiert die Feier, er fährt stattdessen bei der vom Vater ausdrücklich gewünschten Seebestattung mit. Außer Max und zwei Mann Besatzung ist noch K. mit an Bord, eine alte Segelfreundin und wohl auch Geliebte des Alten.

Aus dem Schiffstagebuch der „Silence", 5. Juli 1977: 10.55, Schiff legt in Norddeich ab. 12.35, pass. Dovetief (zwischen Juist und Norderney). Leicht bewegte See und nördliche Dünung. 13.35, beide Motoren stop und abgestellt. 13.40, die Urne wird auf Position 53° 53' Nord und 7° 12' Ost versenkt. (Nicht im Tagebuch: Butterkuchen und Kaffee werden verzehrt). 15.12, pass. Dovetief, 15.50 pass. Busetief. 16.55, Schiff in Norddeich an der Pier, Ende der Reise.

★ ★ ★

29. Juni 1977

Liebe Anne,
ich bin umgezogen, in eine Wohngemeinschaft mit anderen Volkskunde-Stu-
denten. Unter ihnen ist auch ein veritabler Revi aus dem MSB Spartakus. Er
war, als wir nach dem Einzug das erste Mal zusammen frühstückten, noch ganz
beseelt vom Pressefest der DKP-Zeitung „UZ" Anfang Juli in Recklinghausen,

mit Auftritten von Wader, Hüsch, Degenhardt, Süverkrüp, Floh de Cologne,
insgesamt sollen bis zu einer halben Millionen Menschen dort gewesen sein.
In der WG unter uns im Erdgeschoss wohnen ebenfalls Revis. Sie sind aber
ganz nett. Ich hoffe, dass es gut geht.
Viele Grüße, M.

Am 30. Juli erschießt die RAF den Vorstandssprecher der Dresdner Bank
Jürgen Ponto. Susanne Albrecht – eine Schwester von Pontos Patenkind –,
Brigitte Mohnhaupt und Christian Klar wollten den Bankmanager eigent-
lich entführen, um Lösegeld zu erpressen oder gefangene Genossen aus dem
Knast zu holen. Es kommt zu einem Handgemenge. Ponto wird durch meh-
rere Schüsse lebensgefährlich verletzt und stirbt nach ein paar Stunden im
Krankenhaus.
Wir erfahren davon in Frankreich. Auf dem Weg nach Malville.

Auf dem Gebiet der kleinen südfranzösischen Gemeinde an der Rhone soll
ein Schneller Brüter gebaut werden, „Superphénix" genannt, der größte
Brüter der Welt. Die Schnellen Brüter, das haben wir uns angelesen, arbeiten
mit schnellen, ungebremsten Neutronen und Plutonium als Spaltstoff. Im
Brutmantel aus Uran entsteht während des Betriebs neues Plutonium in Waf-
fenqualität. Was die Atomlobby von einer unerschöpflichen Energiequelle
phantasieren lässt, aus Sicht kritischer Wissenschaftler, die wir uns natürlich
zu eigen machen, aber ein besonderes Unfallrisiko birgt, nämlich eine außer
Kontrolle geratende, lawinenartige Kettenreaktion, einer Atombombe ähnlich.
Ein Bündnis französischer Umweltgruppen und linker Organisationen
hat für das letzte Juli-Wochenende zu einer internationalen Demonstration
aufgerufen. Etliche Leute aus Göttingen wollen hinfahren.
Max fährt mit Jana, sie machen ein oder zwei Nächte Station bei ihren
Eltern in Staufen. Die Mutter kriegt fast einen Zusammenbruch, als sie
Glasmurmeln in Janas Auto entdeckt. Sie – die Mutter – denkt, wir wollen
damit auf die Polizei schießen.
Janas Vater, ein kluger Wissenschaftler, will beim Frühstück wissen,
welche Position Max im Positivismusstreit einnähme, sollte dieser noch

andauern oder neu aufbrechen. Adornos Position, sagt Max aufs Gerate-wohl. Das ist ein Fehler. Denn der Vater möchte nun richtig in eine Dis-kussion des Themas einsteigen, Max aber weiß so gut wie nichts darüber und muss das sehr schnell auch zugeben. „Und Sie studieren an einer Phi-losophischen Fakultät", sagt der Vater. Nichts weiter.

Abends folgt ein weiteres Desaster: Im Restaurant soll Max einen Wein aussuchen, davon hat er als Biertrinker aber erst recht keine Ahnung, er muss passen und den Auftrag an den Vater zurückgeben.

★ ★ ★

Die Nacht zum 30. Juli verbringen wir auf einer abschüssigen Wiese bei Morestel, rund 15 Kilometer von Malville entfernt. Sie ist Anlaufstelle und provisorischer Zeltplatz für die AKW-Gegner aus der BRD.

In den Tagen zuvor haben französische Medien und Kommunalpolitiker massiv gegen das Camp gehetzt, Morestel drohe ein zweites Mal von Deut-schen besetzt zu werden – wir hören davon aber erst nach unserer Ankunft. Es gibt praktisch keine Kommunikation zu den Organisatoren der Demo und zu den anderen Camps. Immerhin treffen wir hier die Freunde vom Göttinger Arbeitskreis, insgesamt sind vielleicht tausend AKW-Gegner auf dem Platz, außer Deutschen auch Leute aus den Niederlanden und einige wenige Franzosen.

Obwohl der Besitzer des Grundstücks, ein Landwirt, nach langem Hin und Her und trotz großen Drucks der Behörden die Erlaubnis zum Zelten gegeben hat, kommt am frühen Morgen die Polizei. Es hat fast die ganze Nacht geregnet. Mehrere Hundertschaften Gendarmerie ziehen auf und besetzen wie in einem Militärmanöver zunächst die etwas höher liegenden Stellen des Areals.

Die Bullen sind mit Gewehren ausgerüstet, auf die Läufe sind Kartu-schen mit Tränengas aufgeschraubt. Die Oberbullen brüllen irgendwelche Befehle, wir stolpern aus den Zelten, werden eingekesselt, mit Gewehr-kolben wieder auseinander getrieben, erneut zusammengepfercht wie Schafe. Es setzt Stöße, Tritte, Schläge. Die Polizisten reißen Zelte nieder, demolieren einige Autos und lassen bei anderen die Luft aus den Reifen, werfen beschlagnahmte Helme, Werkzeug, Benzinkanister auf einen Haufen – später wird das all das der Presse als Arsenal von Angriffswaffen präsentiert. Dann Ausweiskontrollen, auch Rucksäcke werden inspiziert, der Inhalt oft einfach auf den auf den Boden gekippt. Niemand wehrt sich, wir haben eine Scheiß-Angst.

Nach ein paar Stunden ziehen die Beamten ab. Einige Leute bauen ihre Zelte wieder auf, die meisten verlassen den Platz. Fahren in andere Camps oder, wie wir, auf den offiziellen Campingplatz am Ortseingang von Morestel. Es regnet ununterbrochen, Schlafsäcke und Zelte sind nass, einige laufen voll Wasser, wir schlafen auch in dieser Nacht kaum.

★ ★ ★

31. Juli. Völlig übermüdet, fahren wir am Morgen mit den Autos nach Courtenay, zu einem der Sammelpunkte für die Demo. Die Situation ist ziemlich unübersichtlich, es gibt keinen Info-Punkt, keinen Lautsprecherwagen, keine erkennbare Organisation, alles versinkt in Nässe und Dreck.

Irgendwann setzt sich der bunte Haufen in Marsch. Eltern in Sandalen und dünnen Regenjacken schieben Kinderwagen durch den Schlamm, mit Helmen und Gasmasken ausgerüstete Mitglieder oder Anhänger der linken französische Organisation OCT formieren sich zu Ketten, Anarchisten stopfen sich fertig gemixte Molotow-Cocktails in die Taschen ihrer Lederjacken. Wir kommen an einem Hof vorbei, der Bauer steht draußen und fertigt mit seiner Axt auf Wunsch Knüppel für die Demonstranten an.

Stundenlang laufen wir über kleine Sträßchen und Wege, über Hügel, an Feldern und Wäldern vorbei. An einem Hang oberhalb des Dörfchens Faverge, wo eigentlich die verschiedenen Demo-Züge aufeinander treffen sollen, geht es nicht mehr weiter. Unten im Tal hat die Bürgerkriegspolizei CRS Sperren errichtet. Eine Brücke ist mit schweren Fahrzeugen blockiert, drum herum stehen mehrere Hundertschaften.

Ohne dass es einen erkennbaren Versuch gegeben hat, die Barriere zu durchbrechen, beginnen die Bullen mit dem Abschießen von Tränengasgranaten. Die Behälter knallen heftig beim Aufplatzen, in wenigen Minuten ist das ganze Tal eingenebelt. Mehrmals befürchtet Max, blind zu werden oder zu ersticken, er rennt in ein Maisfeld, um dem Beschuss und dem Tränengas zu entgehen, verliert dabei Jana und die Göttinger Leute.

Einige Gruppen versuchen sich neu zu organisieren, sie wollen die Sperre links umgehen, werden aber schnell zurückgetrieben. Weil immer weiter mit Tränengas gefeuert wird, bricht Chaos aus, viele fliehen in die Felder rechts von der Straße. Wir müssen Zäune niederreißen und die Saat zertrampeln, um zu entkommen und wieder halbwegs frische Luft atmen zu können. Die Polizei schießt nun auch mit Sprenggranaten, die große Löcher in die Erde reißen, Fontänen aus Dreck und Erde spritzen hoch, wenn die Granaten einschlagen.

In einem Hohlweg ist eine Barrikade aus Holzpaletten und spitzen Pfählen aufgetürmt worden, von dort bewerfen einige Demonstranten die CRS-Polizisten mit Steinen, können damit aber nicht viel ausrichten. Im Geschrei und Tränengasnebel Gerüchte, dass einem Demonstranten der Fuß und einem anderen die Hand abgerissen wurde – beides erweist sich später als wahr. Eine andere Granate explodiert vor der Brust des französischen Physiklehrers Vital Michalon und verletzt ihn tödlich, das erfahren wir aber erst am Abend. Ein Polizist verliert durch ein zu früh explodiertes Geschoss ebenfalls eine Hand.

Der Horror ist aber noch lange nicht zu Ende. Durchnässt, erschöpft und niedergeschlagen haben wir gerade den Campingplatz am Ortseingang von Morestel erreicht, als wir von der Durchfahrtsstraße lauten Krach hören. Wir laufen hin: Links und rechts von der Straße stehen die CRS-Bullen Spalier. Mit den Kolben ihrer Gewehre schlagen sie auf die Scheiben der Autos ein, die ein deutsches Kennzeichen oder einen Anti-AKW-Aufkleber haben. Glas splittert, die Polizisten zerren die Insassen aus den Wagen, schlagen und treten sie zu Boden. In Panik versuchen einige Fahrer zu wenden, die Polizisten rennen hinterher, schreien, prügeln, es ist ein richtiger Rachefeldzug.

Wir haben große Angst, dass die Polizei auch auf den Campingplatz kommt, bauen einige Zelte ab und zwischen den Caravans französischer Urlauber wieder auf. Bei jedem Geräusch kommt neue Unruhe auf. Als Max irgendwann aufs Klo muss, streift Tim vom Arbeitskreis um das Waschhäuschen. Er sucht noch Leute, sagt er, die was gegen die weiter in Morestel wütenden Bullen machen wollen. Ist der wahnsinnig?

Festgenommene erzählen später, dass sie auf der Wache misshandelt wurden: Schläge, Schlafentzug, stundenlanges Stehen. Eine Woche nach der Demo werden ein Dutzend Demonstranten in Schnellverfahren abgeurteilt, die meisten zu Haftstrafen, einige erhalten zusätzlich ein lebenslanges Einreiseverbot nach Frankreich.

Jana und Max hängen noch ein paar Tage Urlaub in der Nähe von Avignon dran. Während sie in einem Bach baden, wird der gelbe Käfer aufgebrochen, mit dem sie unterwegs sind. Papiere, Schecks, alles wird geklaut. Scheiße. Jetzt müssen sie ohne Ausweise über die Grenze.

Auf dem Rückweg machen sie in Heiteren im Elsass Station. Dort haben AKW-Gegner an einem gesprengten Strommast den Sommer über ein Hüttendorf errichtet. Einige Nächte zuvor ist das Camp offenbar von bezahlten Gangstern des französischen Atomkonzerns EDF überfallen und das Freundschaftshaus in Brand gesetzt worden. „Von uns einer brannte am lebendigen Leib. Ein Zufall, dass der noch Leben ist", singt Walter Moßmann in seiner „Ballade von Heiteren". An der Grenze wird der Wagen ohne Kontrollen durchgewunken.

Am 23. August räumen 1.500 Polizisten das Anti-Atom-Dorf Grohnde.

Am 5. September entführt die RAF den Arbeitgeberpräsidenten und Ex-Nazi Hanns Martin Schleyer.

Am 15. September wird der Göttinger AStA suspendiert und ein Staatskommissar eingesetzt.

Am 24. September demonstrieren 80.000 AKW-Gegner gegen den Bau des Schnellen Brüters in Kalkar.

Während all das passiert, ist Max in Irland unterwegs. Zuerst zwei Wochen mit Jana. Sie saugen sich beim Folk-Festival Fleadh Cheoil in dem Städtchen Ennis mit irischer Musik voll, treffen dort auch einen Freund aus dem Arbeitskreis. Anfang September fährt Jana zurück.

Und dann rollen Regina und Ingrid mit dem R4 von Max in Rosslare Harbour von der Fähre. Max holt sie ab, zu dritt verbringen sie vier schöne Wochen vor allem in Westirland. Regina ist die Jugendfreundin von Max. Kurz bevor er nach Göttingen ging, haben sie sich getrennt. Und nun, während der Reise, kommen sie wieder zusammen.

„Clannad" heißt eine der gerade angesagten irischen Folkgruppen. Die Band besteht aus den Brüdern Ciarán und Pól Brennan, ihrer wunderschönen Schwester Moya, der Sängerin und Harfenistin, sowie den beiden Onkeln Noel und Pádraig Duggan.

Vater Leo Brennan betreibt in Gweedore ein Pub, Leo's Tavern. Max, Ingrid und Regina zelten in der Nähe und fahren eines Abends dorthin. Hinterher ist ihnen das peinlich: Sie fragen den alten Leo, ob nicht zufällig Clannad gerade zu Hause ist. Tatsächlich kommt die Gruppe an diesem Abend müde von einer Tournee zurück und hat bestimmt Besseres zu tun, als die Fragen deutscher Touristen zu beantworten. Trotzdem kommt Pól für ein paar Minuten zum Plaudern an den Tisch.

Von dem, was sich inzwischen zu Hause und in der Welt getan hat, lässt Max sich hinterher haarklein berichten. Über den großen Kalkar-Einsatz der Polizei standen allerdings auch ein paar Zeilen in der „Irish Times".

Das Anti-Atom-Dorf in Grohnde ist an einem Dienstagmorgen geräumt worden. Am Vorabend setzten Leute aus Hameln die telefonische Alarmkette der Bürgerinitiativen in Gang, in der Nacht versammelten sich bis zu 1.000 AKW-Gegner im Dorf. Als viele von ihnen zur Arbeit oder zur Schule müssen, kommt die Polizei – mit Wasserwerfern, Räumfahrzeugen und Gefängnisbussen.

Die Beamten umstellen das Dorf, verlesen die Begründung für die Räumung – Gefahr für die öffentliche Sicherheit und Ordnung, Zelten ohne Erlaubnis, Errichten von baulichen Anlagen ohne Erlaubnis – sowie als Clou eine Rechtsmittelbelehrung, wonach die Betroffenen beim Amtsgericht Hannover aufschiebende Wirkung gegen die sofortige Vollziehbarkeit der Räumung beantragen könnten.

Die Besetzer haben eine Stunde Zeit, das Dorf zu verlassen. Sie packen eilig Zelte, Zubehör und Lebensmittel zusammen. Obwohl sie keinen Widerstand leisten, schlagen Polizisten immer wieder auf Hände und Rücken ein. Alle AKW-Gegner müssen ihre Personalien angeben, viele werden auch erkennungsdienstlich behandelt. Außerhalb der Absperrungen, müssen sie mit ansehen, wie Bulldozer die Hütten einreißen und die Überreste zusammenschieben.

Die Schleyer-Entführung in Köln läuft äußerst brutal ab. Am späten Nachmittag stoppt das aus vier oder fünf Leuten bestehende RAF-Kommando Schleyers Wagen durch einen auf die Fahrbahn geschobenen Kinderwagen. Die Täter eröffnen sofort aus Maschinenpistolen das Feuer auf die zwei Fahrzeuge, töten drei Leibwächter und den Chauffeur und entführen Schleyer.

Die Entführer fordern die Freilassung von elf mutmaßlichen RAF-Mitgliedern aus dem Knast. Wenige Stunden nach dem Anschlag werden die in Stammheim einsitzenden Andreas Baader, Gudrun Ensslin und Jan-Carl Raspe in Einzelhaft genommen. Der Haftrichter verbietet ihnen Radio, Fernsehen und Zeitungen. Unter anderem diese drei sollen mit der Entführung freigepresst werden.

In Göttingen wird in der Woche darauf ein Flugblatt mit der Überschrift „Schleyer – Kein Nachruf" verteilt, unterzeichnet ist es mit „Mescalero". Darin heißt es: „Wir haben die Tatmeldung in einer Gastwirtschaft empfangen und wir haben keinen Anlass gesehen, aufzustehen und unsere Positionen zu verändern. Dem Buback-‚Nachruf' ist also in seinen wesentlichen Aussagen nichts hinzuzufügen."

Staatsanwaltschaft und Polizei durchsuchen die Räume des AStA der Universität und mehrere Wohnungen. Auf Anordnung von Landeswissenschaftsminister Pestel suspendiert Rektor Beug den AStA wegen angeblicher Mitwirkung an der Herausgabe des Flugblattes und weiterer vermeintlicher Rechtsverstöße. Ein Staatskommissar wird mit der Wahrnehmung der Geschäfte beauftragt. Bei einer Demo gibt es Rangeleien mit der Polizei, Farbeier und -beutel fliegen gegen Uni-Gebäude. Die Stimmung war ziemlich angespannt, erzählen die Freunde, die dabei waren.

Die Staatsmacht probt, nein: probiert den Bürgerkrieg gegen die Anti-AKW-Bewegung. Nur 50.000 Demonstranten erreichen am späten Nachmittag des 24. September die Wiese von Bauer Josef Maas in Kalkar. Alle anderen hat die Polizei vorher aufgehalten. Aber auch diejenigen, die durchkommen, müssen sich auf der Anreise mehrfach kontrollieren lassen. Teilweise durchsuchen Polizisten und Bundesgrenzschützer mit Maschinenpistolen im Anschlag die Busse, beschlagnahmen Helme, Handtaschen, Lebensmittel und Wasserflaschen. Durchsuchen in der Region um Kalkar und im Ruhrgebiet auch unzählige Häuser, Garagen und Autos – die Dortmunder Band Cochise beschreibt und besingt die Razzien in dem Stück „Kannst du das mit anseh'n". Auf offener Strecke zwingen Hubschrauber einen Personenzug zum Halten. Französische Demonstranten werden auf niederländischem Gebiet von deutschen Spezialeinheiten gestoppt. Am Baugelände sind weitere Tausende Beamte zusammengezogen worden. An eine Besetzung des Platzes ist nicht einmal zu denken.

Bei der Auswertung der Demo im Koordinationsausschuss des Arbeitskreises und im KAZ quatscht Max mit, als wäre er in Kalkar dabei gewesen: Mit Bauplatzbesetzungen ist es auf absehbare Zeit vorbei, mit der Aufrüstung des Staates können wir nicht mithalten, wollen es auch nicht. Und stattdessen?

Stattdessen propagieren und organisieren einige aus dem Arbeitskreis den Stromzahlungsboykott. Wer mitmacht, soll so lange zehn Prozent seiner Stromrechnung einbehalten beziehungsweise auf ein Sperrkonto überweisen, wie der regionale Versorger EAM weiter Atomstrom bezieht.

Andere wollen lieber darüber diskutieren, ob die Anti-AKW-Bewegung bei Wahlen kandidieren soll. Im Kreis Hameln, in dem auch Grohnde liegt, hat die Wählerinitiative „Atomkraft? Nein danke!" ihre Kandidatur zu den Kommunalwahlen in Niedersachsen im Oktober bekanntgegeben. Sie kommt auf 2,7 Prozent der Stimmen und einen Sitz im Kreistag. In Hamburg machen einige BUU-Stadtteilgruppen den Vorschlag, zu den Bürgerschaftswahlen 1978 mit einer alternativen Liste anzutreten.

Wieder andere sagen, dass man sich jetzt vor allem mit der Kriminalisierung beschäftigen muss. Es gibt immer mehr Anklagen und Prozesse gegen Atomkraftgegner. Wir fahren nach Hameln zu einer Demo gegen die Grohnde-Prozesse. Drei Tage später soll vor dem dortigen Amtsgericht das Verfahren gegen eine AKW-Gegnerin aus Bremen beginnen. Wir blockieren mit 500 oder 600 Leuten die Zugänge zum Gericht, die Verhandlung wird abgesagt.

Gegen Jens Scheer, Anti-Atom-Professor und KPD-Mitglied aus Bremen, hat ein Bremer Gericht Haus- und Berufsverbot an der dortigen Uni verhängt. Gleichzeitig wird er in einem anderen Verfahren zu sechs Monaten Gefängnis auf Bewährung verurteilt, weil er schon 1973 gewaltsam gegen Mitglieder des RCDS vorgegangen sein soll. Wegen Jens' vermeintlicher Rädelsführerschaft in Brokdorf bereitet die Staatsanwaltschaft eine weitere Anklage vor.

Und dann gibt es einige, die waren schon in Gorleben. Sie erzählen von der wunderschönen Landschaft im Wendland, den urigen Rundlingsdörfern und den originellen Protestaktionen der Bauern gegen das geplante „Nukleare Entsorgungszentrum". Anfang Oktober haben Landwirte vor dem Infobus der Deutschen Gesellschaft zur Wiederaufarbeitung von Kernbrennstoffen (DWK) ein Fuder Mist abgekippt. Wir vernehmen es mit leuchtenden Augen.

Wir sind aufgewühlt, bedrückt, verunsichert von den Ereignissen in diesem „Deutschen Herbst". Der CSU-Bundestagsabgeordnete Walter Becher fordert nach der Schleyer-Entführung die Wiedereinführung der Todesstrafe für Terroristen. Nach einer angeblich repräsentativen Meinungsumfrage befürworten dies auch zwei Drittel der Bevölkerung.

Der Göttinger CDU-Bundestagsabgeordnete Hans-Hugo Klein regt an, für einen gewissen Personenkreis die Grundrechte zu suspendieren. Sollten die nächsten sechs bis zwölf Monate keine durchschlagenden Erfolge im Kampf gegen den Terrorismus zeitigen, dann seien gegenwärtige Überlegungen zur Wiedereinführung der Todesstrafe „nur noch kleine Mätzchen" im Vergleich zu dem, was dann auf die Bundesrepublik zukomme, hat Klein bei einer Parteiveranstaltung gesagt.

Wohin wird das führen?

Die größte Fahndungsaktion in der Geschichte der BRD – wir sagen, wie die Revis, BRD und nicht Bundesrepublik oder gar Westdeutschland – ist angelaufen. Fast alle Freunde und Bekannten, die in diesen Wochen mit dem Auto unterwegs sind, geraten in Polizeikontrollen. Erzählen von übernervösen Beamten, die ihre Maschinenwaffen dabei auf das Fahrzeug und die Insassen richten. Und von ihrer Angst, eine falsche Bewegung zu machen.

Max wird in Rotenburg gestoppt, als er alleine im R4 unterwegs ist. Die Kontrolle läuft so ab, wie die anderen es geschildert haben, trotzdem bleibt er noch ruhig, während die Beamten ihn abtasten und das Auto durchsuchen. Erst als er weiterfahren darf, schlottern ihm die Knie. Er muss rechts ran fahren, Pause machen und erst mal zwei oder drei Zigaretten rauchen.

★ ★ ★

80 linke Wissenschaftler, Künstler und Theologen veröffentlichen einen Aufruf an die RAF. Darin bezeichnen sie die Schleyer-Entführer als „außerordentliche Gefahr für die Linke". Durch deren „brutales Vorgehen" werde der Staat dazu gebracht, „als Reaktion demokratische Freiheitsrechte einzuschränken". Zu den Unterzeichnern zählen Wolfgang Abendroth, Ossip K. Flechtheim und Gerhard Zwerenz.

Am 13. Oktober entführen vier Palästinenser eines Kommandos „Martyr Halimeh" die von Mallorca kommende Lufthansa-Maschine „Landshut". Sie wird zum Abdrehen gezwungen und landet zunächst in Rom. Die Entführer fordern die Freilassung von „Kampfgenossen, die in der Bundesrepublik und in der Türkei inhaftiert sind", unter ihnen auch Mitglieder der RAF.

Drei Tage später erschießt das Kommando in Aden den Flugkapitän.

In der Nacht zum 18. Oktober stürmt die Elitetruppe des Bundesgrenzschutzes – GSG 9 – das inzwischen in Mogadishu stehende Flugzeug und befreit die Geiseln. Am selben Tag werden Andreas Baader, Gudrun Ensslin und Jan-Carl Raspe in ihren Zellen in Stuttgart tot aufgefunden. „Wir glauben nicht an Selbstmord", titelt der „Arbeiterkampf". Max weiß nicht, was er glaubt.

Die RAF erschießt Schleyer. Und erklärt dazu: „Wir haben nach 43 Tagen Hans Martin Schleyers klägliche und korrupte Existenz beendet. Herr Schmidt, der in seinem Machtkalkül von Anfang an mit Schleyers Tod spekulierte, kann ihn in der Rue Charles Péguy in Mülhausen in einem grünen Audi 100 mit Bad Homburger Kennzeichen abholen. Für unseren Schmerz und unsere Wut über die Massaker von Mogadischu und Stammheim ist sein Tod bedeutungslos."

★ ★ ★

Mehrere Vertrauensanwälte der RAF-Gefangenen, unter ihnen Otto Schily, stellen auf einer Pressekonferenz in Bonn Überlegungen an, ob nicht die bisher bekanntgewordenen Informationen den Schluss zuließen, dass der Tod der Häftlinge auf Gewaltanwendung zurückgeführt werden müsse.

Schily erklärt, er halte es für vorstellbar, dass es Apparate gebe, die aus ganz eiskalten Überlegungen heraus solche Taten vollbringen.

Daniel Cohn-Bendit sagt bei einer Veranstaltung in Frankfurt, er sei sicher, dass die Bundesregierung sich den Tag ihres größten Triumphes (die Befreiung der Lufthansa-Boeing „Landshut") nicht durch Morde in Stammheim habe verderben wollen, weshalb es sich doch mit Sicherheit um Selbstmorde handle. Nach seinen Äußerungen wird Cohn-Bendit von RAF-Sympathisanten verprügelt.

Mal was ganz anderes als RAF und Anti-AKW: Ende Oktober empfängt die Stadt Göttingen im Rathaus drei Gäste aus der Sowjetunion, die auf Einladung des DKP-Ratsherrn Reinhard Neubauer im Rahmen einer Informationsreise aus Anlass des 60. Jahrestages der Oktoberrevolution die Stadt Göttingen besuchen. Es handelt sich um den stellvertretenden Vorsitzenden des Ministerrates der russischen Föderation, W. I. Worotnikow, den zweiten Sekretär beim Gebietskomitee der KP in Jaroslawl, W. I. Popow, sowie Professor Dr. W. D. Jeshow von der Internationalen Abteilung des ZK der KPdSU. Die Göttinger Revis vom MSB sind ganz aus dem Häuschen.

Der seines Amtes enthobene AStA und die Konferenz Niedersächsischer Studentenschaften haben zu einer Großdemonstration in Göttingen aufgerufen. Mehr als 6.000 Menschen ziehen am 9. November durch die Stadt. Es geht mal wieder gegen fast alles: gegen die Suspendierung der gewählten Studentenvertretung und des linken Hannover Psychologie-Professors Peter Brückner, gegen HRG und NHG, gegen das Kapital sowieso.

Ab Ende Dezember wird an der Uni und an der PH erneut gestreikt. Der Verband Deutscher Studentenschaften (VDS), in dem die Revi-ASten die Mehrheit stellen, hat zu einem bundesweiten Vorlesungsboykott gegen das HRG aufgerufen. Die linken Hochschulgruppen in Göttingen, vor allem die Sozialistische Bündnisliste und die BUF, unterstützen den Streik nur halbherzig beziehungsweise befassen sich vor allem mit der Abwehr der politischen und juristischen Angriffe infolge des „Buback-Nachrufs". Es kommt denn auch keine richtige Streikstimmung auf.

Göttinger Mieterinitiativen besetzen Mitte Dezember eines der letzten noch nicht abgerissenen Häuser im Reitstallviertel. Als die Bagger anrücken, bilden Demonstranten vor dem Gebäude Ketten. Ein Baggerführer erhält Order, auf das Haus zuzufahren. Der lässt sich das nicht zweimal sagen und beschleunigt sein Fahrzeug sogar noch. Buchstäblich in letzter Sekunde können sich die Haus-Beschützer durch Sprünge zur Seite retten.

In Niedersachsen konstituiert sich Ende des Jahres die „Grüne Liste Umweltschutz". Sie versteht sich als Dachverband von lokalen Wählerbündnissen. Ihr erklärtes Ziel ist eine Kandidatur zu den Landtagsahlen im Juni 1978. Wir müssen uns demnächst ernsthaft mit der Sache befassen. Es reicht nicht aus, in der Kneipe „Würden Wahlen etwas verändern, wären sie verboten" zu konstatieren und eine weitere Runde zu bestellen.

Zu Weihnachten bringt die BBA das „Bremer Liederbuch für AKW-Gegner" heraus. Das kleine gelbe Büchlein kostet fünf Mark, erlebt in den folgenden Jahren zahlreiche Auflagen mit insgesamt 40.000 Stück und entwickelt sich auch auf unserem Büchertisch zum Bestseller.

Ein paar Tage vor Weihnachten sitzen Regina und Max im Café, trinken Tee und freuen sich, dass sie wieder zusammen sind. Zumindest Max freut sich. Ein älterer Herr, der sich im Dunstkreis des Arbeitskreises gegen Atomenergie bewegt, setzt sich zu ihnen. Er erzählt, wie einsam er ist, und dass er sich wahrscheinlich an Heiligabend in einer Kirche das Leben nehmen wird. Darauf wissen Max und Regina nichts zu sagen. So sprachlos sind sie sonst ja nicht.

1978

„Angeklagt sind wenige, gemeint sind wir alle". Unter dieses Motto stellen wir die Solidaritätsarbeit zu den Grohnde-Prozessen. Sie absorbiert immer mehr Zeit und Energie: Unterstützung der Angeklagten bei der Vorbereitung der Verfahren und im Gericht, Öffentlichkeitsarbeit, Geld sammeln, irgendwie politisch Druck aufbauen. Unter den Angeklagten ist auch ein Göttinger KBWler, der am 19. März 1977 beim Durchbrechen der Polizeisperre in Kirchohsen festgenommen worden ist. Das hatte damals niemand mitbekommen.

Nach einem bundesweiten Aktionstag Mitte Januar – die Beteiligung ist in großen Städten wie Bremen, Hamburg und auch bei uns in Göttingen ganz gut, sonst eher mau – fordern am 25. Februar 8.000 AKW-Gegner in Hannover die Einstellung der Verfahren. Die Demo ist laut und bunt, bei der Abschlusskundgebung auf dem Klagesmarkt sprechen mehrere Grohnde-Angeklagte und ihre Rechtsanwälte.

Ein paar hundert Meter entfernt nimmt die Polizei einen AKW-Gegner fest, der Parolen an eine Hauswand gesprüht hat. Mehrere hundert Leute rennen dorthin und werfen Farbbeutel, Flaschen und Steine auf einen Mannschaftswagen. Max wirft zum ersten Mal selbst einen Stein. Aber nur einen ziemlich kleinen, und nicht sehr weit.

Die Polizei greift nun ihrerseits die Demonstranten an, knüppelt, versprüht Tränengas. Ein Beamter, der mit seinem Motorrad in die Menge fährt, wird von seiner Maschine gestoßen, der Polizist zieht seine Pistole, wird aber von Kollegen beruhigt. Das Motorrad geht kurz darauf in Flammen auf. Die Situation eskaliert aber nicht weiter, auch weil die Demo-Leitung alle aufruft, wieder auf den Klagesmarkt zu kommen.

Die ersten Grohnde-Prozesse vor dem Landgericht Hannover enden mit hohen Haftstrafen. Es verurteilt drei AKW-Gegner zu 22, 12 und 11 Monaten ohne Bewährung. Der KBWler aus Göttingen wird von einem anderen Gericht verknackt, er muss für ein Jahr in den Knast.

Die Westberliner Sponti-Szene hat alle unorganisierten Linken für Ende Januar zum „TUNIX"-Treffen eingeladen, und zwar so: „Uns langt's jetzt hier! Der Winter ist uns zu trist, der Frühling zu verseucht und im Sommer ersticken wir hier. Uns stinkt schon lange der Mief aus den Amtsstuben, den Reaktoren und Fabriken, von den Stadtautobahnen. Die Maulkörbe schmecken uns nicht mehr und auch nicht mehr die plastikverschnürte Wurst. Das Bier ist uns zu schal und auch die spießige Moral. Wir woll'n nicht mehr immer dieselbe Arbeit tun, immer die gleichen Gesichter zieh'n. Sie haben uns genug kommandiert, die Gedanken kontrolliert, die Ideen, die Wohnung, die Pässe, die Fresse poliert. Wir lassen uns nicht mehr einmachen und kleinmachen und gleichmachen. Wir hauen alle ab! ... zum Strand von Tunix."

Die BUF-Truppe aus Göttingen reist nahezu komplett an, Max fährt mit ein paar Bekannten ebenfalls nach Berlin. Als Sponti fühlt er sich zwar nicht, er verortet sich irgendwo zwischen KB und basisdemokratisch, mit diffusen Sympathien für den Anarchismus. Aber das TUNIX-Treffen, hofft er, wird wohl eine lustige Veranstaltung.

Der Kongress findet an der Technischen Universität (TU) statt, das heißt, eigentlich ist es gar kein richtiger Kongress, eher ein linker Basar mit einer ungeheuren Vielzahl von Veranstaltungen, Aktionen, Ausstellungen, Projekten. Die Anarchisten wollen über die Revolution diskutieren, die im Gesicht bemalten Stadtindianer über ihre Kommunen berichten, Feministinnen über Wege zum Feminismus nachsinnen, manche Leute wollen auch einfach nur kiffen, tanzen, feiern, vögeln, selbst gebackenes Früchtebrot verkaufen oder selbst gebastelte Sonnenkollektoren vorführen. Das Hauptgebäude der TU ist ein Matratzenlager, überall und zwischen stehen Bücher- und Infostände, abends spielen die Bands Teller Bunte Knete und Mobiles Einsatzkommando.

Natürlich gibt es auch eine bunte, zünftige Demo. Wir ziehen zuerst zum Frauenknast in der Lehrter Straße, einige Leute werfen Farbeier gegen die Mauern, beim Gerichtsgebäude in Moabit und beim Amerikahaus fliegen Steine. Die Bullen versuchen nach dem bewährten Berliner „Leberwurst"-Prinzip von 1967/68 – „In der Mitte hineinstechen und nach beiden Seiten ausdrücken" – den Zug zu trennen. Das klappt dieses Mal aber nicht. Die in die Demo hinein knüppelnden Einheiten werden von einem heftigen Steinhagel empfangen und müssen sich wieder zurückziehen, der Zug kann sich wieder vereinen.

Der Lautsprecherwagen schleift eine große Deutschland-Fahne hinter sich her und durch den Dreck. Am Kurfürstendamm wird sie vor den Augen von Polizisten und Passanten in Brand gesteckt. Die Demo jubelt.

Die K-Gruppen halten nicht viel von der Sache. In der „Kommunistischen Volkszeitung" des KBW steht am 30. Januar wenig analytisch: „Kann man sich Öderes vorstellen als dieses TUNIX? (...) TUNIX ist nicht nur öde, sondern die ganze alte Scheiße...". Und die „Kommunistische Hochschulzeitung" bemängelt: „Auf TUNIX ist – von Seiten der Veranstalter – vom Streik der Hafenarbeiter nicht die Rede. Denn das paßt ihnen nicht. Zeigt es doch, daß etwas zu erreichen ist, wenn man sich unverbrüchlich einig ist."

Und die Revis? Denen ist „Tunix" natürlich viel zu alternativ. Die Sozialistische Einheitspartei Westberlins (SEW), Ableger der DKP, schreibt in ihrem Blatt „Die Wahrheit": „Für eine Veranstaltung dieser Größenordnung war die Stimmung friedlich und aggressionslos. Aber, sagt Brecht, wir, die wir der Freundlichkeit den Weg bereiten wollten, konnten selber nicht freundlich sein. Die Pinochets und Somozas schlägt man nicht mit Freundlichkeit und alternativen Lebensformen. (...) Unser gemeinsamer Gegner ist hochorganisiert. Sollten wir die stärkste Waffe, die diejenigen haben, denen der Kapitalismus ihre Perspektive einschnürt, leichtfertig aus der Hand geben – die Organisation?"

Zurück in Göttingen, liest Max die Kritik von Wolfgang Kraushaar an der Alternativbewegung „Autonomie oder Getto?". Kraushaar, früher SDS, jetzt Verlagslektor, prangert den individualistischen Politikansatz der Spontis und von unorganisierten Linken an, der sich in der Organisierung des eigenen Lebenszusammenhangs erschöpfe. Dies aber rüttele nicht an den Widersprüchen der Klassengesellschaft, sondern manifestiere deren Erhalt. Statt gesellschaftlich zu intervenieren, werde eine Gegenökonomie propagiert, die Selbstausbeutung einschließe. An der Kritik ist natürlich was dran.

Anfang März fährt Max mit einem Kumpel vom Arbeitskreis nach Alemelo, Niederlande. Dort soll international gegen eine Urananreicherungsanlage demonstriert werden. Holländische Grenzbeamte filzen unser Auto, beschlagnahmen einen Klappspaten und ein Exemplar des „Atom Express". Es bleibt der einzige Aufreger. 45.000 Menschen ziehen durch die Stadt, Demonstranten und Polizei halten sich zurück.

10. März 1978

Lieber Tom,
am 6. März hat vor der Zweiten Großen Strafkammer des Landgerichtes Göttingen der Prozess gegen vier Studenten begonnen, die für die Veröffentlichung des „Buback-Nachrufs" im vergangenen Jahr verantwortlich gemacht werden. Zu Beginn des Verfahrens zu seiner Person befragt, hat Jens, einer der Angeklagten, zur „Tatzeit" AStA-Vorsitzender, erklärt, er studiere Rechtswissenschaften im sechsten Semester und habe das Berufsziel, Richter am Landgericht zu werden, mehr noch: Vorsitzender Richter am Landgericht. Die Zuschauer haben heftig und vergnügt geklatscht, das ließ der Vorsitzende Richter akkurat zu Protokoll nehmen. Ebenso akkurat bat Jens hinzufügen zu lassen, der Applaus sei „bei teilweise klammheimlicher Freude" erfolgt.
Das nur in Kürze, Grüße, M.

Am 5. April, nach sieben Verhandlungstagen, werden zwei Angeklagte freigesprochen. Verurteilt werden Karl vom KB und Hinrich von der BUF – er engagiert sich außerdem in der Gewaltfreien Aktion und der Evangelischen Studentengemeinde (ESG) – zu je 1.800 Mark Geldstrafe wegen Verunglimpfung des Staates in Tateinheit mit Verunglimpfung des Andenkens eines Verstorbenen.

„Deutschland im Herbst". Der Episodenfilm, an dem unter anderem Alexander Kluge, Volker Schlöndorff und Rainer Werner Fassbinder mitgewirkt haben, kommt ins Kino.

Die Rahmenhandlung spielt in der Woche nach dem 18. Oktober 1977, der Todesnacht von Stammheim. Gezeigt werden das Staatsbegräbnis für Schleyer, die Schweigeminuten am Fließband des Daimler-Benz-Werks in Stuttgart, Gespräche mit Arbeitern, die Beerdigung der toten RAF-Mitglieder. Andere Sequenzen dokumentieren die angespannte, fast hysterische Stimmung in der Bevölkerung.

Fassbinder interviewt seine Mutter. Und konfrontiert uns – wir gehen zweimal kurz hintereinander in den Film – rauchend, saufend, koksend und überwiegend nackt mit seiner quasi live festgehaltenen Schockreaktion auf das politische Geschehen.

Ein verletzter Mann klingelt an der Wohnungstür einer Pianistin und bittet um Hilfe. Man sieht viele Polizeiuniformen, eine Szene mit schwerbewaffneten Zollbeamten an einem Grenzübergang nach Frankreich, Ausschnitte aus einem Dokumentarfilm über ein Herbstmanöver der Bundeswehr 1977.

Die letzten Minuten des Films bestehen aus Bildern der Beerdigung und des Trauermarsches für Baader, Ensslin und Raspe, dazu wird das Lied „Here's to you, Nicola and Bart" gespielt, der Ode von Joan Baez an die zwei 1927 in den USA zum Tode verurteilten Anarchisten Nicola Sacco und Bartolomeo Vanzetti.

Schlöndorff, der wie die anderen Regisseure von der bürgerlichen Presse wegen des Films massiv kritisiert wird, sagt: „Nach so einer Arbeit mit diesem Film, nach den Erfahrungen, die man dabei macht, fragt man sich nicht mehr, warum gibt es sogenannte Terroristen, sondern wie kommt es, dass es nicht viel mehr gibt. Wie kommt es, daß nicht alle um sich schlagen."

Das von dem britischen Philosophen und Nobelpreisträger Bertrand Russell 1966 ins Leben gerufene 1. Russell-Tribunal untersuchte die Kriegsverbrechen der Yankees in Vietnam. In Göttingen machen sich vor allem der KB und das Sozialistische Büro (SB) für ein aktuelles Tribunal zu Menschenrechtsverletzungen und Repression in der BRD stark.

Das Tribunal, das Ende März in Frankfurt zusammenkommt und in dem als Juroren bekannte Menschen wie Ingeborg Drewitz, Helmut Gollwitzer und Martin Niemöller mitwirken, befasst sich vor allem mit dem sogenannten Radikalenerlass, also den Berufsverboten. Weil das SB und die Russell-Stiftung verhindern, dass Themen wie die Isolationshaft der RAF-Gefangenen und der Tod der RAF-Führung auf die Tagesordnung kommen, steigt der KB aus der Kampagne aus.

Da kommt mehr als nur klammheimliche Freude auf: Irgendwann Anfang April demontieren Unbekannte den Adler und die Widmungstafel des Kolonialkriegerdenkmals in Göttingen. Es war 1910 errichtet worden, mit der Inschrift: „Für Kaiser und Reich starben in Südwestafrika 1904-1906 (…)". Der bronzene Adler wurde 1913 hinzugefügt.

Anonyme Anrufer teilen dem „Göttinger Tageblatt" mit, dass sich das „kolonial-faschistische Denkmal", dieses „Symbol finstersten Kolonialismus und Ausbeutertums" nunmehr „in Gefangenschaft der Sachwalter der Unterdrückten und Entrechteten befinde".

Dieser Sprech deutet auf den KBW hin. Tatsächlich wird der Kopf des Adlers auf der 1. Mai-Veranstaltung des KBW versteigert, der Erlös soll an die Befreiungsbewegung Zimbabwe African National Union (ZANU) unter Führung Robert Mugabes gehen. Die meisten Bronzeteile des Vogels sollten eigentlich eingeschmolzen und das Metall für den Guss von „Befreiungsmedaillen" verwendet werden. Das scheitert aber an technischen Schwierigkeiten, weshalb die Stücke zunächst vergraben werden.

Die Debatten im Göttinger Stadtrat über den weiteren Umgang mit dem leeren Denkmalsockel führen zu dem Ergebnis, diesen ohne Adler, aber mit einer modifizierten Gedenktafel stehen zu lassen. Folgende Texttafel wird der erneuerten ursprünglichen Inschriftentafel hinzugefügt: „Der Bronzeadler und die Gedenkplatte sind am 7.4.1978 von Unbekannten gestohlen worden."

1999 gelangt der übrig gebliebene Kopf des Adlers nach Windhoek/Namibia, er wird dort an die Student-History-Society übergeben. 2004 und 2005 ist er in der Ausstellung „Namibia-Deutschland: Eine geteilte Geschichte" zu sehen, die in Köln und Berlin gezeigt wird.

2006 widmet das „Göttinger Antikolonialbündnis" das Denkmal in ein antikoloniales Mahnmal für die Opfer des deutschen Kolonialismus um. Auf einer Tafel steht: „Wir Göttingerinnen und Göttinger gedenken der Menschen, die von den deutschen Kolonialtruppen ermordet wurden". Die Stadt lässt die Tafel aber wieder entfernen und eine eigene, mit halbwegs kritischen Zusatzinformationen versehene Tafel wieder aufstellen.

2008 outet sich wiederum im „Göttinger Tageblatt" ein Mann, der 1978 beim Sturz des Kolonialdenkmals und der anschließenden Zerlegung der metallenen Adlerfigur beteiligt war. Die seinerzeit an verschiedenen Stellen im Reinhardswald westlich der Fulda vergrabenen Teile des Denkmalensembles können allerdings nicht wieder aufgefunden werden.

14. Mai 1978

Liebe Anne,

ja, wir waren im Frühjahr weg. In Italien. Rom, Florenz, Bologna. Es war eine denkwürdige Reise, die wir unternommen haben. Wir: Regina und ich. Heiner, den ich in der Übung „Grundprobleme kapitalistischer Produktionsweise II" kennengelernt und mit dem ich mich inzwischen angefreundet habe. Und Heiners Freund und Mitbewohner Ralf. Für die Tage in Rom ist Werner, der mit den beiden zusammen wohnt, noch dazu gestoßen.

Auf dem Hinweg machten wir einen Tag in der Nähe von Singen Station, wo Heiners Eltern wohnen. Mutschko, so nennt er seine Mutter, fuhr ganz groß auf: Abendessen, ein Imbiss zur Nacht, Frühstück, Zwischenmahlzeit, deftiges Mittagessen, zum Abschied noch Kaffee und Kuchen. Wir kamen gar nicht mehr vom Esstisch hoch. Die Fahrt im Nachtzug nach Rom diente der Freundschaftsanbahnung zu Ralf. Eine Flasche Apfelkorn half dabei.

In Rom und Florenz haben wir ein entspanntes Touristen-Programm absolviert. Ein bisschen Kultur, ein paar Sehenswürdigkeiten. Wir sind viel herumgelaufen und haben geschaut, was passiert und wer noch so herumläuft. In Tivoli besuchten wir Alba und Pina, die Heiner ein Jahr zuvor in Griechenland kennengelernt hatte.

Italien ist ja das Zentrum der undogmatischen, radikal-linken Bewegungen in Europa. Radio Alice, Lotta Continua, Autonoma Operaia, Indiani Metropolitani – die Namen machen schon vom Klang her gute Laune.

Bologna wiederum ist innerhalb Italiens das Zentrum dieser Bewegungen. Dutzende, wenn nicht hunderte besetzter Häuser soll es dort geben, hatten Heiner und Ralf vorher in Erfahrung gebracht. Einige davon wollten sie unbedingt aufsuchen, dabei haben sie es doch in Göttingen gar nicht so sehr mit Hausbesetzungen.

Wir liefen also abends von Kneipe zu Kneipe, von der Universität zu Jugendzentren und fragten nach „Case occupate". Die Leute wussten aber von nichts, verstanden uns nicht oder trauten uns nicht – was kein Wunder ist, denn im März haben die Roten Brigaden den früheren Ministerpräsidenten Aldo Moro entführt (und im Mai, nach unserer Rückkehr, ermordet). Jedenfalls gestaltete sich die Suche äußerst schwierig.

Irgendwann standen wir dann doch vor einem Gebäude, das angeblich besetzt und, soweit das im Dunkeln zu erkennen war, ziemlich abgewrackt

war. Es gab weder Licht noch Wasser. Im Erdgeschoss lagen ein paar Schlaf-
säcke, darauf zugedröhnte Leute, die schon wegen ihres Zustandes nicht
ansprechbar waren.

Ich bin in einen Haufen Scheiße getreten, gleich darauf noch mal und
hatte dann endgültig die Schnauze voll von besetzten Häusern in Bologna.
Mit Regina bin ich abgehauen, wir sind zum Bahnhof gegangen und haben
dort den Rest der Nacht ungemütlich auf einem Stapel Paletten verbracht.
Ralf und Heiner wollten aber nicht aufgeben, sie hielten die Nacht durch und
den Gestank aus.

Und dann hat uns auf dem Bahnhof noch jemand von den Anarchisten
aus Köln erzählt, die mit ihrem ollen VW-Bus auch in Bologna waren, um
die Stadtindianer zu besuchen. Sie fanden aber keine, irrten tagelang durch
die Stadt, und als sie zum Bulli zurückkamen, war der aufgebrochen und
alles daraus geklaut. Und irgendwo lag ein Zettel, sinngemäß bekritzelt mit
„Wir lieben keine Touristen, die Stadtindianer von Bologna", auf Italienisch
natürlich.

Witzig, oder? Liebe Grüße, M.

Mit den Volkskundlern zusammenwohnen, das passt irgendwie nicht. Sie
sind nette Leute, das ja, sie sind auch Linke, einer ist allerdings ein Revi.
Auch das Einkaufen und Putzen klappt. Aber all das, worüber Max abends
in der Kneipe mit den Freunden vom Arbeitskreis quatscht, spiegelt sich in
dieser Wohnkonstellation überhaupt nicht wider: Themen wie der Widerstand gegen Atomkraftwerke. Und ob die Spontis Recht haben mit ihren
Themen, Thesen und Begehrlichkeiten wie der Politisierung aller Lebens-
bereiche und des Alltags, der Aufhebung von Politik, Arbeit/Studium und
Privatheit, Denken und Handeln in ökologischen Zusammenhängen, kurz:
dem Wunsch, ein ganzheitliches Leben zu leben.

Dass es nicht hinhaut in der WG, liegt auch an Max. Er ist kaum zu
Hause, sondern tagsüber zum Flugblätter verteilen an der Uni oder bei
schönem Wetter am See, abends – wirklich so gut wie jeden Abend – mit
den Freunden in der Kneipe. Vorher gibt es meistens irgendeinen politischen Termin. Max übernachtet oft bei Regina.

Im Sommer zieht er in die Goetheallee, in die WG, in der damals schon
Ralf, Heiner, Werner und Ralfs Freundin – eine Französin – wohnen. Max

bezieht zwei kleine Zimmer nach hinten zum Hof raus, das Klo ist auf halber Treppe, Bad und Küche sind ganz oben. Wir frühstücken zusammen, wenns passt, gekocht wird nur selten, und wenn, dann entwickelt sich der Schmaus zu einem Gelage.

Einmal hat Werner von irgendwoher einen toten Hasen mitgebracht. Den schmoren wir, dazu gibt es Kartoffeln, Bier und Lambrusco aus der Zwei-Liter-Flasche. Wir legen die Doors auf und die Scherben, schmeißen die abgenagten Knochen hinter uns gegen die Wand und sind am Ende viel zu betrunken um noch aufzuräumen.

Werner ist auch ein hervorragender Dichter. Mein Lieblingsgedicht von ihm hängt auf dem Klo. Es handelt von einem toten Dackel, der auf dem Rost vor dem Eingang zu Karstadt liegt, also da, wo die warme Luft rauskommt.

★ ★ ★

15. Mai 1978

Hallo Anne,
du bist doch auch Irland-Liebhaberin. Dazu folgende Begebenheiten:
Ein paar Mal ist Brendan in unserer WG aufgetaucht, jeweils für einige Tage oder Wochen, dann war er wieder weg. Ralf hat ihn mal nachts in einer Kneipe – in der Disco Omega – aufgegabelt und angeschleppt. Brendan ist Ire, Nordire sogar. Er erzählt, dass er in der IRA war und nun von der britischen Polizei gesucht wird. Oder dass er aus der IRA desertiert ist und die nun ein Killerkommando auf ihn angesetzt hat. Jedenfalls muss er immer mal wieder untertauchen. Wenn wir genauer nachfragen, ist Brendan wenig auskunftsfreudig, aber egal, jemanden von der IRA beherbergen wir natürlich, gar keine Frage, wir kämpfen doch für dieselbe Sache. Weitgehend jedenfalls.
Brendan ist ein schmächtiger Kerl, aber er hat immer großen Hunger und vor allem gewaltigen Durst. Er bedient sich aus dem Kühlschrank, in die Haushaltskasse einzahlen oder selbst mal was einkaufen, das findet er wahrscheinlich spießig. Aber der bewaffnete Kampf gegen die britischen Imperialisten ist bestimmt kein Zuckerschlecken, da hat er bestimmt auch gelitten, da wollen wir uns wegen ein paar Broten und ein paar Kisten Bier mal nicht so haben.
Eines Abends spielt Clannad im Nörgelbuff, deren Musik und Sängerin ich immer noch ziemlich klasse finde. Ich also mit Brendan zum Konzert,

habe ihm natürlich den Eintritt bezahlt, und erzählte ihm, dass ich schon lange für die Sängerin Moya Brennan schwärme. In einer Konzertpause der Pause schiebt Brendan mich auf die in einer Ecke sitzende Band zu, stellt sich und mich vor und sagt Moya, dass ich sie gern kennenlernen möchte. Das war mir äußerst unangenehm, ich habe gestammelt, dass das so gar nicht stimmt, und wurde, glaube ich, ziemlich rot.

Brendan selbst mag übrigens auch Frauen. Er hat ein Techtelmechtel mit Ingrid angefangen, in deren Wohnung ich vor zweieinhalb Jahre meine ersten Nächte in Göttingen verbrachte.

Schöne Grüße, M.

Der Arbeitskreis gegen Atomenergie expandiert weiter, auch wirtschaftlich. Wir bauen fast jeden Werktag im Mensabereich und mehrmals in der Woche auf dem Marktplatz unseren Büchertisch auf. Es gibt immer mehr Literatur zum Thema, von Robert Jungks „Atomstaat" und Rolf Gössners „Der Apparat" lassen wir Raubdrucke fertigen. Auch die Anstecker und Aufkleber mit der gelben Sonne lassen wir inzwischen selbst produzieren zum Stückpreis von rund zehn Pfennigen. Am Büchertisch verkaufen wir sie für eine Mark, da bleibt schön was übrig für die Kasse. Aber wir haben ja auch hohe Ausgaben für Flugblätter, Demo-Utensilien, Benzin, das Anmieten von Bussen für Auswärts-Fahrten zu Demonstrationen. Der „Atom Express" hat im Sommer immerhin eine Auflage von 3.500 Stück erreicht und trägt sich finanziell mehr oder weniger selbst.

Wir fangen an, das Zeug auch an andere Bürgerinitiativen zu verschicken, die bekommen das natürlich viel günstiger als die Endverbraucher am Büchertisch, aber auch damit machen wir noch ein gutes Geschäft. Zugrunde liegt dem die, wie ich bis heute finde, geniale Idee des Brutto-Brutto-Tausches.

Die geht so: Wir liefern zum Beispiel dem linken Göttinger „Buchladen Rote Straße" hundert Aufkleber im Verkaufswert von hundert Mark und bekommen dafür zehn Bücher ebenfalls im Verkaufswert von hundert Mark.

Da uns die Produktion der Aufkleber, siehe oben, aber nur zehn Mark gekostet hat, haben wir die ganzen Bücher praktisch auch für insgesamt zehn Mark erhalten. Am Büchertisch nehmen wir den Ladenpreis, bei der Bestellung mehrerer Exemplare bekommen die Empfänger 30 Prozent

Rabatt. Leider hat sich der Brutto-Brutto-Tausch in der „großen" Ökonomie nicht richtig durchgesetzt, vielleicht gibt es doch einen Haken daran, aber ich finde ihn nicht. Und auch mein Freund Johann, mit dem ich damals nach Brokdorf und Grohnde gefahren bin und der später Wirtschaftswissenschaften studiert hat, hält das System für fehlerfrei. Theoretisch.

Zur niedersächsischen Landtagswahl im Juni tritt auch die NPD an. Zum Auftakt ihres Wahlkampfes will sie eine Kundgebung auf dem Göttinger Marktplatz veranstalten. Die Begründung der Stadt, den Nazi-Aufmarsch zu erlauben, wonach nämlich der NPD als nicht verbotener Partei das Recht auf Meinungs- und Versammlungsfreiheit zustehe, leuchtet uns nicht ein. Faschismus ist keine Meinung, sondern ein Verbrechen, finden wir.

Um das NPD-Mikrofon herum haben sich zwei oder drei Dutzend Nazi-Ordner postiert, sie tragen lange Holzlatten in den Händen. Mit mehreren Hundert anderen Gegendemonstranten versuchen wir, die Kundgebung zu verhindern. Es entwickeln sich heftige Prügeleien. Ganz vorne kämpft die Anarcho-Fraktion des Arbeitskreises mit, Max hält sich weiter hinten auf, schiebt und drängelt aber kräftig mit. Es gelingt schließlich, den Kundgebungsstand der Nazis umzukippen und die Lautsprecheranlage lahmzulegen. Kurz bevor wir die NPD ganz vertreiben können, greift die Polizei ein. Etliche Leute werden bei der Schlägerei verletzt.

Ein paar Wochen später wieder eine Kundgebung der NPD, dieses Mal vor der Stadthalle. Der Platz davor ist abgesperrt, Hunderte Polizisten schützen die Faschisten, die rund 2.000 Gegendemonstranten haben dieses Mal keine Chance, den Auftritt der Nazis zu verhindern. Deren Redner pöbeln über die „roten Ratten, die über den Eisernen Vorhang ins Minenfeld geworfen werden müssen". Es nervt, sich diese Scheiße anhören zu müssen und nichts dagegen machen zu können.

In Publizistik muss Max ein vierwöchiges Praktikum machen, das Institut vermittelt einen Platz beim „Göttinger Tageblatt". Eines Tages kommt der Kunstmaler Bettelmann in die Redaktion und will einen Leserbrief abgeben.

Der Kunstmaler Bettelmann haust mit Frau, etlichen Kindern und noch mehr Tieren auf einem ziemlich vermüllten Grundstück am Göttinger Wall, von seinem Zimmer in der Volkskunde-WG konnte Max das Areal gut einsehen. Tatsächlich liegt dort allerlei Gerümpel herum, die Verschläge für Hunde, Katzen und Ziegen sind aus Blech, Holz und Pappe zusammengehauen, und die Kinder sind nicht gerade gut gekleidet.

Des Öfteren fährt die Polizei vor, mahnt, schreibt Verwarnungen, stellt Ultimaten, nimmt irgendwann auch einige Kinder mit und bringt sie in ein Heim. Der Kunstmaler Bettelmann ist empört, protestiert mit selbst gepinselten Plakaten auf seinem Gelände und schreibt besagten Leserbrief.

„Tageblatt"-Redakteur J. nimmt den Umschlag im Empfang und sagt zu, sich zu kümmern. Der Kunstmaler Bettelmann ist zufrieden und zieht ab. Redakteur J. trägt den Umschlag mit spitzen Fingern durch die Redaktion zu seinem Platz und lässt ihn ungeöffnet in den Papierkorb segeln. Mit der anderen Hand hat er sich die Nase zugehalten. Keiner sagt was, Max auch nicht, aber immerhin lacht auch niemand.

Zur 1.-Mai-Demo des DGB in Göttingen kommen fast 5.000 Menschen. Unter anderem wegen des Pro-Atom-Kurses der Gewerkschaftsspitze und weil kein AKW-Gegner ans Mikro darf, fordern der Arbeitskreis, der KB und weitere Gruppen die Massen per Megafon dazu auf, nach dem gemeinsamen Marsch eine eigene Kundgebung abzuhalten. Immerhin fast die Hälfte der Leute zieht mit uns vom Marktplatz vor die Innenstadtkirche St. Jacobi.

Ich weiß nicht mehr warum, womöglich ist es Überlastung: Eine Großkundgebung der CDU zur Landtagswahl in der Göttinger Stadthalle lassen wir unbeachtet. Der KBW aber nicht. Er versucht, in die Halle zu gelangen und liefert sich, als das nicht gelingt, vor dem Gebäude eine hübsche Straßenschlacht mit CDU-Ordnern und der Polizei. Abends in der Kneipe ärgern wir uns ein bisschen, dass wir nicht doch dabei gewesen sind.

Beim Göttinger Kunstmarkt Mitte Juni mischt auch der Arbeitskreis mit. Die Kulturgruppe inszeniert mit Handwagen, bemalten Fässern und Megafon-Alarm mehrmals einen Atomunfall. Wir haben uns die Gesichter angemalt, weiße Schutzkleidung angezogen und Helme aufgesetzt und lassen uns, als die Sirene ertönt, auf die Straße fallen. Andere Leute verteilen Flugblätter.

Am 17. Juni will die NPD ihr „Deutschlandtreffen" in Frankfurt abhalten, der Römer soll „wieder deutsch und nationaldemokratisch werden". Drei- bis viertausend Nazis sind dem Aufruf der NPD gefolgt, doch sie gelangen nicht in die Innenstadt, sondern müssen nach einem kurzen Marsch durch Bornheim zurückkehren.

Wir sind mit vier oder fünf Autos nach Frankfurt gefahren. Und verpassen fast den Beginn der Demo, die schon mittags zum Römer zieht. Fast 10.000 Antifaschisten sind auf dem Platz, auf dem die NPD die Bühne für ihre Abschlusskundgebung aufgebaut hat. Polizeipräsident Müller (SPD) beschließt, den Römer mit Wasserwerfern und Knüppeleinsatz zu räumen. Tausende Menschen werden brutal in weggetrieben, viele unter Sperrgittern begraben und mit CS-Gas verletzt. Krankenwagen sind pausenlos im Einsatz.

An mehreren Stellen in der Innenstadt entwickeln sich heftige Auseinandersetzungen zwischen Antifaschisten und der Polizei. Wir verkrümeln uns in eine Kneipe. Weil wir uns hier nicht auskennen und die Nazis ihr Ziel nicht erreicht haben – so versichern wir es uns gegenseitig.

„Fußball ja, Folter ein". Parallel zur Weltmeisterschaft in Argentinien, das von einer brutalen Militärjunta beherrscht wird, richten der AStA und andere Initiativen auf dem Sportgelände der Universität ein Fußballturnier unter diesem Motto aus. Die Teams bestehen aus fünf Spielern und Spielerinnen, mindestens zwei Frauen müssen dabei sein. Leider finde ich die Liste mit den Teilnehmern nicht mehr, ich erinnere mich aber noch an „Partisan Brokdorf" und „Schwarz-roter Traumfußball". Andere Namen fangen, na klar, mit Torpedo oder Dynamo oder Vorwärts an.

Während die anderen Teams bei der Fußball-Weltmeisterschaft in Hotels logieren, bezieht der DFB-Tross in Argentinien ein hermetisch abgeschottetes Erholungsheim der argentinischen Luftwaffe. Vor den Toren patrouillieren argentinische Soldaten mit geschulterten Maschinenpistolen, drinnen beschützen Beamte der GSG-9 Spieler und Funktionäre.

Einer findet trotzdem Einlass: Hans-Ulrich Rudel, Idol alter wie junger Nazis, als einziger deutscher Soldat im Zweiten Weltkrieg mit dem Goldenen Eichenlaub mit Schwertern und Brillanten ausgezeichnet. Wie viele Nazi- und Kriegsverbrecher, hat er nach dem Zweiten Weltkrieg in Argentinien Unterschlupf gefunden. Im argentinischen Exil gründet Rudel ein NS-Hilfswerk. Das so genannte „Kameradenwerk" schickt Lebensmittelpakete an in Europa inhaftierte Nazi- und Kriegsverbrecher und übernimmt in einigen Fällen auch deren Anwaltskosten.

Im Jahr vor der WM ist Rudel als Starredner der rechtsradikalen DVU durch die BRD getourt. Während seiner Visite beim DFB in Argentinien erklärt er nun, er sei gekommen, um „alte Kameraden" zu besuchen. Daheim in Deutschland könne man „nicht mehr die Wahrheit sagen", weshalb er anschließend nach Südafrika gehen werde, „bevor das kommunistisch wird, wie die Bundesrepublik".

Als der Besuch publik wird, erklärt der DFB, Rudel sei als Gast der argentinischen Luftwaffe erschienen. DFB-Vizepräsident Otto Andres sagt: „Wir haben mit der Sache nichts zu tun. Den hat der Kommandant hier rein gelassen." DFB-Pressesprecher Wilfried Gerhardt liefert eine andere Version: Rudel sei als „persönlicher Bekannter" des Bundestrainers ins deutsche Quartier gekommen.

DFB-Präsident Hermann Neuberger geht in die Offensive: „Ich hoffe doch nicht, dass man ihm seine Kampffliegertätigkeit während des Zweiten Weltkriegs vorwerfen will." Die Kritik am Besuch des Nazis komme „einer Beleidigung aller deutschen Soldaten gleich". Applaus kassierte Neuberger dafür von der neonazistischen Presse. Die „Nationalzeitung" schreibt von einer „Ehrung der deutschen Nationalmannschaft durch Oberst Rudel". Die NPD-Postille „Deutsche Wochenzeitung" jubelt: „Schmähung Oberst Rudels zurückgewiesen. Mannhafte Haltung des Deutschen Fußballbundes."

Die WM-Spiele gucken wir abwechselnd bei uns oder in anderen Wohngemeinschaften. Die jeweiligen Gastgeber besorgen vorher zwei Kisten Bier, jeder bezahlt dann das, was er trinkt, Überschüsse werden an die Göttinger Chile-Initiative gespendet. Die BRD-Mannschaft als amtierender Weltmeister verliert zu unserer Freude im letzten Spiel der Zwischenrunde gegen Österreich und ist damit ausgeschieden. Wir sind trotz Militärdiktatur für Argentinien. Wegen des Trainers.

César Luis Menotti propagiert nämlich eine Philosophie des linken Fußballs, der sich nicht nur am Ergebnis, sondern vor allem an Schönheit, Ästhetik und Schnelligkeit orientiert. Menotti sagt: Beim Fußball der Linken geht es nicht einzig und allein ums Gewinnen. Sondern darum, besser zu werden, Freude zu empfinden und zu schenken. Um als Menschen zu wachsen.

Argentinien gewinnt das Turnier. Allerdings kommt die Mannschaft nur ins Finale, weil mindestens ein Spiel wohl massiv manipuliert wurde, nämlich das unglaubliche 6:0 gegen die bis dahin so starke Elf aus Peru. Ohne diesen hohen Sieg, der von der Militärjunta erkauft wurde, wären die Argentinier gar nicht ins Finale eingezogen. Schon in der Vorrunde hatten sie von fragwürdigen Schiedsrichterentscheidungen profitiert.

Aber egal: Dass Menotti nach dem Finale Jorge Rafael Videla den Handschlag verweigert, finden wir klasse. Allerdings steht das so nur in einigen Zeitungen, Fotos oder Filmaufnahmen davon gibt es nicht. In einem Interview sagt Menotti: „Meine Spieler haben die Diktatur der Taktik und den Terror der Systeme besiegt". Auch das werten wir als Kritik an der Militärjunta.

Die „Bunte Liste / Wehrt Euch" will bei den Hamburger Bürgerschaftswahlen am 4. Juni kandidieren. Sie ist eine von den BUU-Stadtteilgruppen, die eine Wahlteilnahme befürworten und größtenteils vom KB beeinflusst werden, aber auch von anderen Basisinitiativen gegründet worden ist. Nun tritt sie mit einer Erklärung an die Öffentlichkeit.

Auszug: „Wir haben festgestellt, daß sich die Atomkraftgegner in den Parteien nicht durchsetzen können. (…) Da haben wir beschlossen, selbst zu kandidieren. Denn wenn wir nicht wählen, müssen wir uns den Vorwurf zuziehen, daß wir nur meckern und nichts ändern."

Spitzenkandidat der Bunten Liste ist Holger Strohm, Autor des Anti-Atom-Bestsellers „Friedlich in die Katastrophe". Jahrzehnte später wird Strohm in die Kritik geraten, unter anderem, weil er einer NPD-nahen Zeitung ein Interview gibt und behauptet, viele Anti-AKW-Initiativen seien vom Verfassungsschutz und der Atomlobby unterwandert.

Die Bunte Liste erreicht bei der Wahl immerhin 3,5 Prozent sowie zwei Mandate auf Bezirksebene. Wegen interner Streitigkeiten und Spaltung wird sie nach der Wahl aber immer bedeutungsloser und geht schließlich 1981 im Hamburger Landesverband der Grün-Alternativen Liste (GAL) auf.

Auch in Göttingen forciert der KB die Diskussion über eine Wahlbeteiligung. Im Arbeitskreis, in dem auch mehrere KB-Leute mitmachen, gibt es drei Positionen: Wahlbeteiligung innerhalb eines links-bunten Bündnisses und mit einem Programm, das sich nicht auf die Forderung Atomausstieg beschränkt – das ist die KB-Linie. Oder: Kandidatur und Wahlkampf nur unter der Forderung „Sofortige Abschaltung aller Atomanlagen" – das schlägt eine Minderheit vor. Und, drittens, die grundsätzliche Ablehnung von Wahlen und Parlamenten – das vertritt eine Mehrheit.

Nach langen und teilweise sehr scharfen Diskussionen erklären wir schließlich anlässlich der ebenfalls am 4. Juni stattfindenden Landtagswahlen in viel zu langen Sätzen: „Wir meinen, es ist wichtiger, daß die Menschen an allen AKW-Standorten und anderswo praktisch in den Gruppen und Bürgerinitiativen mitarbeiten, anstatt ihre Interessen an eine Partei zu delegieren. (…) Wir müssen diejenigen, die kandidieren und erklären, dass sie damit die Anti-AKW-Bewegung unterstützen wollen, daraufhin überprüfen, ob sie ihre Kandidatur tatsächlich zur Unterstützung des selbständigen Kampfes nutzen oder ob sie einen Teil der AKW-Gegner an die Parlamente binden wollen und somit die Bewegung insgesamt schwächen wollen."

Im „Atom Express" ist unsere Position klarer: „Je höher die politische Ebene, desto bedeutender der Einfluss von Geld, Macht, Interessenverflechtung und Korruption, desto ausgeprägter die abgehobene, menschenverachtende Einstellung der am Entscheidungsverfahren beteiligten Personen. Jeder direkte Kontakt zur betroffene Bevölkerung geht verloren, Verantwortlichkeiten sind beliebig austauschbar, und die Macht wird völlig unkontrollierbar, weil die Kontrollinstanzen selbst an der Macht beteiligt sind."

Aufhalten lässt sich die Entwicklung hin zur Wahlbeteiligung und schließlich zur Entstehung der Grünen mit solchen klugen Sätzen natürlich nicht. Das Gründungsfieber prä-grüner und alternativer Wählervereinigungen wütet besonders extrem in Hessen. Von ursprünglich vier Listen bleiben dort nach monatelangem Hickhack zwei übrig, die den Einzug in den Landtag aber deutlich verpassen.

Wir dazu im „Atom Express": „Da ging es nicht mehr um AKW und Umweltverschmutzung, sondern darum, wer sich am besten von wem distanziert, und vor allem darum, ob nun Kommunisten oder Menschen, die dafür gehalten werden, auch Menschen sind oder nicht, ob sie sich auch vor AKW fürchten dürfen oder nicht. (…) Das Bild der Geschlossenheit der Anti-Atomkraft-Bewegung wurde durch diese Leute schwer angekratzt."

Nicht alle Wahlbeteiligungs-Kritiker belassen es beim Kommentieren, manche rufen auch zum Wahlboykott auf. Am Tag der Landtagswahlen in Niedersachsen verbrennen AKW-Gegner aus Hameln und Umgebung vor dem Bauplatz des AKW Grohnde ihre Wahlbenachrichtigungen.

Die Autonomen treten auf die politische Bühne. Zuerst in der Hamburger Anti-AKW-Bewegung, dort hat sich die BUU gespalten in ein vom KB dominiertes und in ein autonomes Plenum, mit dem auch Leute aus dem Göttinger Arbeitskreis sympathisieren.

Die Autonomen lehnen eine Wahlbeteiligung ebenso strikt ab wie Parlamentarismus überhaupt, ebenso den „demokratischen Zentralismus" der K-Gruppen. Ähnlich wie die im Niedergang begriffene Sponti-Bewegung – in Göttingen hat sich die BUF aufgelöst; die Nachfolge-Truppe WUF („Werdet unsere Freunde") ist nur noch ein blasser Abklatsch – kämpfen sie nicht für Ideologien, sondern, wie sie sagen, für ein selbstbestimmtes Leben in allen Bereichen.

In vielen Detailfragen unterschiedlicher Meinung, eint die Autonomen der Hass auf Staat, Kapital und Bullen, also „das ganze Schweinesystem", sowie die hohe Bereitschaft zu Militanz. Außer im Widerstand gegen AKW, mischen die Autonomen bald auch in den anderen sozialen Bewegungen mit.

Wir fahren jetzt häufiger nach Gorleben. Die Bürgerinitiative Umweltschutz Lüchow-Dannenberg – die „BI" – hat Spenden in Höhe von 800.000 Mark eingesammelt, um der DWK ein Grundstück wegzuschnappen.

Und veröffentlicht ein Widerstandskonzept in drei Stufen zu den bevorstehenden Erkundungsbohrungen für ein Atommüll-Endlager. Das Konzept sieht als ersten Schritt dezentrale Proteste, dann größere Demonstrationen und schließlich eine europaweite Kundgebung in Gorleben oder Hannover vor. Wir und andere Gruppen aus den Städten kritisieren die „Drei-Stufen-Rakete" allerdings als Versuch, von einer Großdemonstration in Gorleben direkt nach Bohrbeginn abzulenken.

Bei den Beratungen der Anti-AKW-Initiativen im Saal der „Trebeler Bauernstuben", den „Trebeler Treffen", kommt es immer wieder zum erbitterten Streit. Die BI sagt: Wir wollen die Menschen, die Bevölkerung des Wendlands, da abholen, wo sie stehen. Wir sagen: Das ist doch nur ein Vorwand, um nichts zu tun, nichts Radikales jedenfalls. Die BI argumentiert: Sind die Aktionsschritte zu schnell, kann das politische Lernen nicht reifen und wachsen. Wir wollen davon uns nichts wissen, das dauert uns zu lange. Wir setzen lieber auf die Propaganda der Tat. Und bereiten eigene Aktionen vor.

Die örtliche „Elbe-Jeetzel-Zeitung" zitiert unter der Überschrift „Linksextremisten rüsten zur Gorlebener Schlacht" aus einem Bericht des niedersächsischen Verfassungsschutzes. Demnach hätten besagte Extremisten aus westdeutschen Großstädten und Berlin im Wendland einen Zweitwohnsitz genommen, weil sie dort die „Entscheidungsschlacht" um die Kernenergie erwarteten:

„Nächstes Hauptaktionsfeld der für Gewaltanwendung plädierenden Organisationen dürfte das Gebiet um Gorleben sein. (…) In ihren Schriften sympathisieren solche Gruppen teilweise offen mit dem Terrorismus, geben diesem Gelegenheit zur Äußerung und übernehmen dessen diffamierende und gewaltbetonte Propagandasprache."

Regina und Max sind in den Sommerferien wieder für ein paar Wochen in Irland. Und dort bei der ersten größeren Demo gegen Atomkraft. Im Südosten der Insel, in Carnsore Point, soll ein AKW gebaut werden. Etwa 10.000 Leute protestieren Mitte August gegen die Anlage. Jeder und jede trägt einen Stein zum möglichen Bauplatz, schließlich ist, als die Kundgebung zu Ende geht, direkt am Meer ein mehrere Meter hohes Anti-Atom-Mahnmal entstanden.

Nicaragua rückt auch bei uns in den Focus. Am 22. August stürmt ein Kommando der Sandinistischen Befreiungsfront (FSLN) den Nationalpalast in Managua und nimmt Parlamentarier, Minister und mehrere Angehörige des Diktators Anastasio Somoza Debayle – insgesamt mehr als tausend Menschen – als Geiseln. Anführer des Kommandos ist Edén Pastora, der sich später bei den „Contras" verdingen wird. Es gelingt, 60 sandinistische Gefangene aus dem Gefängnis freizupressen.

Die Aktion ist ein Fanal. 400 Jugendliche nehmen Matagalpa ein, weitere Städte werden von den Sandinisten besetzt, können aber gegen die personelle und technische Übermacht der Nationalgarde nicht lange gehalten werden. Das Regime übt blutige Vergeltung: 5.000 Menschen werden getötet, Zehntausende verletzt, etliche verschwinden in den Kerkern und werden bestialisch gefoltert.

Die westdeutschen Medien berichten wenig und wenn, dann – na klar – parteiisch, also gegen die Sandinisten. Mehrere Solidaritätskomitees und das neu gegründete Informationsbüro Nicaragua versuchen mit den „Nicaragua-Nachrichten" und der Organisierung von Rundreisen sandinistischer Genossinnen und Genossen Gegenöffentlichkeit zu schaffen.

Wir finden die FSLN richtig klasse. Eine Guerillabewegung, wie sie im Buche steht, dem Kampf gegen Diktatur und Klerus und der nationalen Befreiung verpflichtet, mit charismatischen Anführern, einer anti-imperialistischen Rhetorik und dem Volk, zumindest einem großen Teil, hinter sich. Relativ demokratisch, aber auch ziemliche Machos: In der „Dirección Nacional", so einer Art Zentralkomitee, sind die drei Strömungen der FSLN mit jeweils drei Männern vertreten. Vielleicht kann die Frauenfrage ja auch mal nach der Revolution gelöst werden.

Um auf die Situation in Nicaragua hinzuweisen, starten acht Amerikaner – darunter drei Nicaraguaner – Mitte September im Göttinger Lehrerzentrum einen viertägigen Hungerstreik. Sie erhalten viel Unterstützung. Wir pilgern ab und zu mal vorbei und lesen die an eine Stellwand gepinnten Solidaritätserklärungen und Zeitungsausschnitte zu der Aktion.

Am letzten Oktober-Wochenende finden die bundesweiten Gorleben-Aktionstage statt. Am Freitag machen die Stromzahlungsboykotteure eine kleine Demo vor dem Gebäude des regionalen Versorgers EAM, am Samstag simulieren wir auf dem Marktplatz einen Atomunfall. Und am Sonntag fahren wir mit rund 30 Autos zum AKW Würgassen an der Weser.

Das Vorhaben, das Zufahrtstor mit einer Kette symbolisch zu verschließen, scheitert, weil die Polizei von der Sache Wind bekommen und ihrerseits die Straße abgesperrt hat. Als wir dann auf die andere Weserseite fahren wollen, um in dem Städtchen Beverungen Flugblätter zu verteilen, haben Polizisten auch die Brücke dicht gemacht. Wir blockieren deshalb unsererseits mit den Fahrzeugen den Platz vor der Brücke. Ein Patt gewissermaßen, währenddessen die Beamten massiv fotografieren, filmen und Autokennzeichen notieren.

Der „Atom Express" bekommt anonym brisantes Material zugeschickt. Die vertraulichen Protokolle von Gesprächen, in denen Staat und Betreiber die „Schlacht um Gorleben" planen. Vertreter von DWK, der Physikalisch-Technischen Bundesanstalt, des Landesinnenministeriums, des Bergamtes Celle, der Polizei und anderer Behörden – 30 Personen legen im Detail fest, wie die bevorstehenden Probebohrungen gesichert werden sollen:

„Das eingeschlagene Holz soll zum Aufbau von Wällen verwendet werden, die mit einer Erdüberdeckung dem dahinter liegenden technischen Material einigermaßen Schutz geben. (…) Am äußeren Fuß des Walles soll ein 3 m hoher Zaun (Maschendraht) errichtet werden mit doppeltem Abweiser und aufgelegten S-Draht-Rollen. Außerhalb dieses Zaunes sollen im Wald um die Bohrstelle herum 2 Reihen (…) S-Draht bis 3 m Höhe verlegt werden."

Wir veröffentlichen die Papiere. Und bekräftigen noch einmal unsere Vorstellungen: Besetzung des Bohrplatzes, bevor er eingezäunt wird. Aufbau eines Anti-Atom-Dorfes. Und eine Großdemonstration vor Ort.

6. Dezember 1978

Hallo Tom,
der Zeitungsausschnitt, den du mir geschickt hast, gibt es natürlich nur verkürzt und einseitig wieder. Was daran stimmt: Wir hatten tatsächlich zwei Spitzel des Landeskriminalamtes im Arbeitskreis. Sie hatten sich bereits im Frühjahr bei uns eingeschlichen, Anfang Dezember haben wir sie hochgehen lassen.

Aber der Reihe nach: Zu einem Seminar im März in Hamm, zu dem wir auch im „Atom Express" eingeladen hatten, waren auch zwei sich als AKW-Gegner aus Hannover ausgebende Kriminalbeamte gekommen: Klaus Eggert (Deckname Marc Baumann oder „Wicky") und ein Kollege (Deckname Bernd Steynmann).

Während Steynmann danach nicht wieder auftauchte, reiste „Wicky" fortan regelmäßig nach Göttingen – und brachte noch einen Kumpel mit: „Rudi" (Deckname Christian Rudolph Modhorvicg). In den Hannoverschen Anti-AKW-Initiativen, erzählten sie, sei nichts los, da werde nur gelabert und zu wenig gehandelt.

Die beiden kamen mehr oder weniger regelmäßig zu den KOA-Sitzungen, betreuten den Büchertisch auf dem Markt, fielen also nicht weiter aus dem Rahmen. Auch zu einem Seminar in Pisselberg im Wendland sind sie im Sommer mitgefahren. Dass „Wicky" dabei wie wild filmte und fotografierte, hat erst mal keinen Verdacht erregt. Er erklärte es damit, dass er früher mal eine Fotografenlehre gemacht hat. Später hat er den Film zu unserer großen Freude vorgeführt.

Etwas stutzig wurden wir, als wir eine Tränengasgranate in seinem Auto entdeckten. Wir haben ihn darauf angesprochen, er sagte, wolle sie bei der nächsten Demo loswerden, aber, so wörtlich „nicht hinter mich". Bei einer Diskussion über die weiteren Widerstandsformen in Gorleben hat er vorgeschlagen, es wäre gut, wenn man eine Rauchbombe in die Trafostation werfen würde, das würde schönen Aufruhr geben.

„Wicky" hat häufig in einer Göttinger WG übernachtet, er ist mit Leuten aus dem Arbeitskreis nach Skandinavien in den Urlaub gefahren und hat sich dabei als armer Arbeitsloser ausgegeben, so dass die Reisegruppe auch noch einen Teil seiner Kosten übernommen hat.

Ein erster Hinweis auf „Wickys" tatsächliche Identität – er erschien in Göttingen mit komplett falschen Papieren, also Personalausweis und Führerschein auf den Namen Marc Baumann – kam dann Ende des Sommers von einem ehemaligen Schulfreund aus Hannover. Nur ganz wenige Leute im Arbeitskreis erfuhren von dem Verdacht und haben beraten, wie die Information bestätigt werden kann.

Wir bekamen schließlich heraus, dass „Wickys" und „Rudis" angeblicher Wohnsitz in Hannover-Linden früher eine Adresse des Drogendezernates der Polizei war. Tatsächlich wohnte „Wicky" bei seinen Eltern in einem Vorort von Hannover. Er trainierte dort die Jugendlichen des Volleyball-Vereins. Und konnte drei Dienstwagen nutzen, zwei Käfer und eine grüne Ente mit Anti-Atomkraft-Aufkleber.

Der KOA – längst das für alle offene wöchentliche Treffen –, bei dem wir die Polizisten auffliegen ließen, war gut besucht. Nach den Routine-Tagesordnungspunkten – Berichte aus den Arbeitsgruppen, wer macht in der nächsten Woche Büchertisch – sagte Erwin, er hätte da noch was vorzubringen. Hugo und ich stellten uns vor die Tür, damit die beiden zu Enttarnenden nicht türmen konnten, und Erwin sagte, ich werde das nie vergessen: „Wir haben zwei Spitzel unter uns, und zwar Wicky und Rudi". Die bis dahin ahnungslosen Arbeitskreisler sind natürlich aus allen Wolken gefallen.

Während „Rudi" abstritt, Polizeibeamter zu sein, hat „Wicky" im Verlauf des Verhörs das meiste von dem zugegeben, was wir ihm vorhielten: Er hat im Anti-Atom-Dorf Grohnde als vermeintlicher Mit-Besetzer für die Polizei gefilmt und fotografiert. Er ist dafür verantwortlich gewesen, dass Flugblätter beschlagnahmt wurden und die Polizei bei unserer Würgassen-Aktion mit einem Riesenaufgebot zur Stelle war. Und, am schlimmsten, er hat Menschen verraten, die mit ihm verreisten und glaubten, mit ihm befreundet gewesen zu sein.

Das größte Schwein im ganzen Land, das ist und bleibt der Denunziant.

Du kannst mit diesen Infos ja mal einen Leserbrief an Eure Zeitung schreiben. Bis demnächst, M.

★ ★ ★

Wir informieren die Medien, verschicken Flugblätter mit Fotos der Spitzel an alle uns bekannten Bürgerinitiativen, bitten sie um Unterschrift unter eine Solidaritätserklärung und bringen die Geschichte groß im „Atom Express". Der damalige Chef des Landeskriminalamtes, Waldemar Burghard, lässt eine Pressemitteilung verfassen: „Interessiert hat uns allein ein harter Kern des Arbeitskreises, der sog. Koordinationsausschuß (KOA). Dieser KOA muß als Schwerpunkt der auch über Göttingen hinauswirkenden militanten Kräfte angesehen werden. Hier werden Aktionen geplant, bei denen – und daher kommt ihre evidente Gefährlichkeit – vor allem auch die Anwendung massiver Gewalt durchaus ins Kalkül gezogen wird." Ähnlich äußert sich Burghard in einem Interview, das Bruno und Erwin für den „Atom Express" mit ihm führen.

Uns selbst versichern wir, dass wir jetzt nicht in Paranoia verfallen wollen. Dass wir verhindern müssen, dass jetzt das große Misstrauen ausbricht, weil der oder die eine neulich vielleicht auch so komisch geguckt oder herumgedruckst hat. Dass wir weiterhin offen über unsere Vorstellungen vom Widerstand sprechen und diese zur Diskussion stellen werden. Grundsätzlich jedenfalls.

Max braucht unbedingt ein paar Leistungsnachweise der Universität, sonst kann er keine Zwischenprüfung machen. In Volkskunde hat er ein Seminar über Volkstheater belegt, er ist aber nur ein- oder zweimal da gewesen. Also lässt er die Kulturgruppe vom Arbeitskreis kommen und einen Sketch aufführen. Professor Rudolf Schenda, damals Direktor des Volkskunde-Institutes, erkennt den Auftritt als Leistungsnachweis an. Max beschließt, sich im kommenden Jahr etwas häufiger im Volkskunde-Institut blicken zu lassen.

Welches Interesse hat der Staat am Ausbau der Atomkraft? Wir diskutieren diese Frage kontrovers, aber auch mit viel Gewinn bei einem Arbeitskreis-Seminar.

Einige sagen: Der Staat handelt vor allem im Auftrag der Konzerne, konkret: der Reaktorbauer von Siemens und AEG sowie der AKW-Betreiber, die ihre kapitalistischen Interessen durchsetzen wollen und dazu Richter, Polizei und Parlamente brauchen. Dass die westdeutsche Energiewirtschaft in den 1950er und 1960er Jahren atomkraftskeptisch war und vom Staat quasi zum Einstieg in diese Technologie gedrängt werden musste, wissen wir da noch nicht.

Andere, vor allem die KB-Leute im Arbeitskreis, argumentieren mit dem „zivilitärischen" Charakter der Atomkraft. Durch den Bau und Betrieb von Atomanlagen, insbesondere von Schnellen Brütern und einer Wiederaufarbeitungsanlage, verschafft und erhält sich der BRD-Staat die nationale Option auf die Entwicklung von eigenen Atomwaffen. Wissenschaftler, die am Atombombenprogramm der Nazis mit bastelten, saßen oder sitzen immer noch in den Führungsetagen der westdeutschen Kernforschungszentren. Politischer Protagonist dieser Bestrebungen ist Franz-Josef Strauß (CSU).

Mit den atomkraftkritischen Bremer Naturwissenschaftlern, dem Öko-Institut und dem Heidelberger Institut für Energie- und Umweltforschung hat die Anti-AKW-Bewegung inzwischen mehrere professionelle Denkfabriken. Mit ihrer Hilfe können wir fundiert und in unseren Zeitungen wie dem „Atom Express" einigermaßen schnell auf Behauptungen und Lügen der Atomlobby reagieren.

Der Bundesverband Bürgerinitiativen Umweltschutz und auch wir im Arbeitskreis gegen Atomenergie legen eigene Flugblattserien auf. Themen sind etwa gesundheitliche Gefahren, die Funktionsweise von Atomkraftwerken, die Probleme bei der Lagerung von Atommüll, Atomkraft und Arbeitsplätze oder die Widerlegung des Märchens von der angeblichen Energielücke, in dem ohne AKW bald die Lichter ausgehen.

Die bei vielen bis dahin eher diffuse Angst vor einem AKW-Unfall und radioaktiven Strahlen können wir nun wissenschaftlich unterfüttern – und natürlich auch politisch befeuern. Angst, so hoffen wir, kann als Anstoß zu politischem Handeln wirken. Sie kann lehren, sich zu wehren.

Zwischendurch sorgt eine Nachricht aus Belgrad für Diskussionsstoff. Ein Gericht entscheidet, dass die im Mai in Jugoslawien verhafteten RAF-Leute Brigitte Mohnhaupt, Rolf-Clemes Wagner, Peter-Jürgen Boock und Juliane Hoffmann nicht an die BRD ausgeliefert werden. Das löst erhebliche Verstimmungen zwischen beiden Staaten aus. Und bei einigen von uns, obwohl niemand aus dem Freundeskreis mit der RAF sympathisiert, klammheimliche Freude.

Wir wollen über Neujahr nach Dänemark, wir haben ein Haus in Jütland gemietet. Aus der Tour wird aber nichts. Heftige Schneestürme fegen über Norddeutschland, die Temperaturen sinken auf unter minus 20 Grad, mehr als 150 Orte in Niedersachsen und Schleswig-Holstein sind von der Außenwelt abgeschnitten, der Verkehr bricht völlig zusammen. Ans Losfahren ist nicht mal zu denken.

1979

Silvester und Neujahr in Göttingen, das geht damals ungefähr so: essen und antrinken in der WG, gegen zehn oder halb elf zu irgendeiner Fete, von da um kurz vor zwölf auf den Marktplatz, wo intensiv geböllert wird und es dann so schön nach Pulverdampf und Bürgerkrieg riecht. Meistens gehen auch Scheiben zu Bruch, manche Leute plündern ein bisschen, dann geht's zu einer anderen Party, zu der man ebenfalls eingeladen wurde oder auch nicht.

Am 1. Januar mittags im Bademantel Kaffee und Wasser mit Aspirin-Brausetablette trinken und das Neujahrsskispringen im Fernsehen gucken. Wenn die Springer von der Schanze abheben, macht es auch im Kopf „wuusch!" … Ein fieses Geräusch, Schmerzen, noch mehr Kaffee. Spazierengehen, oft noch im Schnee, abends in die Kneipe und die Vorsätze aufgeben, weniger zu trinken und mit dem Rauchen aufzuhören.

Die Bezirksregierung Hannover reicht beim Landgericht eine Schadensersatzklage gegen 18 Grohnde-Demonstranten ein. Sie sollen für angeblich der Polizei am 19. März 1977 entstandene Schäden 233.926 Mark und acht Pfennige zahlen.

Im Einzelnen: für Heilbehandlung 12.888 Mark und 57 Pfennige, für Bezüge der verletzten Beamten während ihrer Dienstunfähigkeit 97.341 und 89 Pfennige sowie für Beschädigung und Verlust von Polizeimaterial 123.695 Mark und 62 Pfennige.

Es sind Semesterferien, obwohl das eigentlich egal ist, denn zum Studieren kommt Max nach wie vor überhaupt nicht. Er ist für ein paar Tage zu seiner Mutter gefahren. Abends sitzen wir in der Wohnung von Johann im Nachbardorf Westerholz und gucken Rockpalast. Wie immer, moderiert Albrecht Metzger. „German Television proudly presents …".

Rory Gallagher spielt und Little Feat. Jetzt ein schönes Guinness, sagt Johann, man müsste mal wieder nach England. Er war vor einigen Jahren für längere Zeit dort, ist herumgetrampt und hat wilde Sachen erlebt, jedenfalls erzählt er das immer wieder.

Dann lass uns doch fahren, sagt Max. Das schaukelt sich so hoch, irgendwann will keiner mehr einen Rückzieher machen, wir packen ein paar Schlafsäcke in den alten Mercedes und starten gegen drei Uhr morgens. Wir halten uns mit Cola und Zigaretten wach, mittags sind wir auf der Fähre.

Wir sind zu viert und fahren bis hinter Brighton. Es ist ein verrückter Trip. Mit wenig Schlaf, Frühstück mit Bacon und Eggs in schmierigen Kaschemmen und abends viel Bier in einem Pub namens „Kings and Queens". Bei Eiseskälte, scharfem Wind und knallblauem Himmel gucken wir an der Steilküste stundenlang den Drachenfliegern zu.

Anfang Februar ist Schiitenführer Ajatollah Ruhollah Chomeini nach 15 Jahren Exil aus Paris in den Iran zurückgekehrt. Er ruft eine Revolutionsregierung aus. Schah Mohammad Resa Pahlavi, der das Land dank massiver Unterstützung der USA und Großbritanniens fast 40 Jahre diktatorisch beherrscht hat, hat sich nach Ägypten abgesetzt. In Teheran gibt es bürgerkriegsähnliche Kämpfe mit Hunderten Toten zwischen Anhängern der Revolution und der alten, noch vom Schah eingesetzten Regierung. Bewaffnete stürmen die US-Botschaft und nehmen das Personal mehrere Stunden lang als Geiseln.

Im Zentralen Hörsaalgebäude, gleich neben dem Mensaaufgang, bauen jeden Mittag fünf oder sechs iranische Exil-Studenten-Gruppen ihre Büchertische auf. Sie bekämpfen sich gegenseitig, erst lautstark mit Worten, oft kommt es zu handfesten Prügeleien. Volksfedayin-Minderheit gegen -Mehrheit, Volksmudschahedin gegen Kommunisten, alle gegen Chomeini-Anhänger oder auch umgekehrt. Es ist ein ziemliches Spektakel, und kaum ein Außenstehender kann es durchschauen.

Für den KBW ist es ein klarer Fall von Klassenjustiz, wir nennen es Gesinnungsurteile: In einem Berufungsprozess verschärft das Göttinger Landgericht die Strafen gegen vier Demonstranten, die im Sommer 1977 wegen der Erhöhung der Buspreise eine Straße blockierten – bis zu neun Monate Knast ohne Bewährung. Ein Mann, für den selbst der Staatsanwalt auf Freispruch plädiert hatte, muss für sieben Monate ins Gefängnis.

Was tun gegen die geplanten Atomanlagen in Gorleben? Wir diskutieren darüber fast jeden Abend im KAZ oder im Theaterkeller. Und zusammen mit 1.300 anderen AKW-Gegnern bei der Anti-Atom-Bundeskonferenz in Braunschweig. Landwirte aus dem Kreis Lüchow-Dannenberg schlagen einen „Treck" aus dem Wendland nach Hannover vor, zeitgleich zum „Gorleben-Hearing", das die Landesregierung angesetzt hat. Eine große Mehrheit befürwortet die Aktion. Die Autonomen sind dagegen, sie befürchten, dass der Widerstand so vom Baugelände weggeführt wird.

Dann geht es Schlag auf Schlag: Als im März die Bohrungen beginnen, gibt es im Wendland und fast überall in der BRD Aktionen – Kirchenbesetzungen, Demos, Blockaden. Wir mauern auf dem Göttinger Marktplatz aus Zement und Ziegelsteinen eine kleine Wiederaufarbeitungsanlage und schenken sie der Stadt. Die Polizei hat es vorher nicht mitbekommen, sind etwa doch keine weiteren Spitzel bei uns?

Am Samstag darauf fahren wir in einem Auto-Konvoi nach Gorleben. 2.000 Leute demonstrieren am Bohrgelände, noch einmal 1.500 beteiligen sich am Abend an einem Fackelzug durch Lüchow. Am Sonntag blockieren Bauern mit ihren Traktoren das Grundstück einer landwirtschaftlichen Genossenschaft, auf dem die Bohrfahrzeuge abgestellt sind. Da geht also was.

Drei Tage später kommt es im AKW Three Mile Island nahe der US-amerikanischen Stadt Harrisburg zur Kernschmelze.

3. April 1979

Lieber Tom,
der Gorleben-Treck nach Hannover war ein unglaubliches Erlebnis! Der wird politische Folgen haben, ganz sicher.

Wir sind mit ein paar Autos am 24. März von Göttingen ins Wendland gefahren und haben zusammen mit mehr als hundert anderen Leuten im Saal vom Gasthof Wiese in Gedelitz übernachtet. Natürlich haben wir kaum geschlafen, sondern bis in die frühen Morgen diskutiert.

Gedelitz war am nächsten Tag auch Treffpunkt für den Treck. Es waren bestimmt 5.000 Menschen da, ganze Dorfgemeinschaften waren vollzählig anwesend. Viele sind mit Fahrrädern und auf Rollschuhen gekommen, einige auf Pferden, die Bauern mit ihren Treckern – alle Traktoren waren mit Transparenten und Fahnen geschmückt. Auch Bruno vom Arbeitskreis saß am Steuer eines Treckers. Der Treck zog dann vormittags los Richtung Kreisgrenze. Wir sind die ersten paar Kilometer mitgelaufen, haben Fotos gemacht für eine Extra-Ausgabe des „Atom Express" und sind dann zurück nach Göttingen, um die Zeitung fertig zu machen.

Einen Tag und eine Nacht Layout, dann gingen die Vorlagen Dienstagmorgen in die Druckerei. An den nächsten Treck-Tagen waren natürlich nicht mehr so viele Leute dabei, aber immer noch mehrere Hundert.

Am 28. März, der Treck war noch unterwegs, kamen die ersten Meldungen über den schweren Unfall in Harrisburg. Wir haben die ganze Zeit versucht, an genauere Informationen zu kommen und mit Anti-Atom-Initiativen in den USA telefoniert. Jens Scheer hat seinen Wissenschaftler-Kumpel Ernest Sternglass in den USA angezapft, der ja mit als Erster über die Gefahren der sogenannten Niedrigstrahlung geforscht hat. Wie ernst die Sache war, wurde spätestens klar, als 200.000 Menschen evakuiert werden mussten. Wir haben in der Woche noch zwei aktuelle Flugblätter geschrieben und unter die Leute gebracht.

Parallel dazu liefen die Vorbereitungen für die Großdemonstration in Hannover am Sonnabend weiter, auch wegen Harrisburg wollten immer mehr Leute dorthin fahren, wir mussten immer mehr Busse bestellen. Was schwierig war, weil offenbar die Polizei das Gerücht lancierte, es werde zu Zwischenfällen kommen und einige Busunternehmen daraufhin Risikozuschläge von bis zu 150 Mark verlangten. Ich glaube, ich habe in der ganzen Woche nicht mehr als zwölf Stunden geschlafen. In Hannover hat ebenfalls am 28. das „Gorleben-Hearing" begonnen, dabei haben sich atomkritische und -freundliche Wissenschaftler über das Für und Wider einer Wiederaufarbeitungsanlage im Wendland gestritten, aber das ging in der Öffentlichkeit ziemlich unter.

Am 31. hat es dann in Strömen geregnet. Der Stimmung tat das allerdings keinen Abbruch. 150 Trecker aus Gorleben kamen mittags in Hannover an, teilweise hatten die nicht mal Kabinen, die Leute waren klitschnass. Auf den Ladegabeln Transparente und Pappschilder: „Geht uns vom Acker, Strahlenkacker". „Wi wullt den Schiet nich hebben". „Frauen aus DAN, jetzt müsst ihr ran!". Mehr als 100.000 Atomkraftgegner haben den Treck empfangen, wir waren begeistert. Gesänge, Sprechchöre, eine unglaubliche Atmosphäre. Die Innenstadt war völlig verstopft, keine Straßenbahn fuhr mehr.

Auf der Straße und im Raschplatz-Pavillon haben wir dann noch unsere Extra-Ausgabe vom „Atom Express" verkauft, die wir erst morgens aus der Druckerei geholt hatten. Ich war so müde, dass mir die Hefte mehrmals aus der Hand gefallen sind. Aber, Tom, der Aufwand hat sich gelohnt.
Mach's gut, schreib' zurück, M.

Die Demo in Hannover zum Empfang des Gorleben-Trecks in Hannover ist die bis dahin größte Aktion der Anti-AKW-Bewegung. Und eine überaus erfolgreiche – unter dem Eindruck des gemeinsamen Massenprotestes von Menschen aus dem Wendland und „Auswärtigen" erklärt Albrecht wenige Wochen später in einem Brief an Bundeskanzler Schmidt, eine Wiederaufarbeitungsanlage sei politisch derzeit nicht durchzusetzen. Ein Endlager soll trotzdem in Gorleben errichtet werden.

Auch das noch. Ein Teil der rund 1.500 Studenten, die aus Protest gegen die Erhöhung der Studentenwerksbeiträge ihre Semestergebühren nur zum Teil gezahlt haben, erhält „Blaue Briefe" der Regierungskasse. Wir sollen zahlen, und zwar innerhalb einer Woche. Anderenfalls werden Maßnahmen bis hin zur Exmatrikulation angedroht.

Ein nicht allzu gut besuchtes Plenum der Boykotteure fordert die Betroffenen auf, nicht zu bezahlen. Zunächst wollen die selbst mit boykottierenden AStA-Referenten versuchen, ihre Immatrikulation für das Sommersemester exemplarisch durchzusetzen. Max ärgert sich, dass er sich auf diesen Boykott eingelassen hat. Er frisst Zeit und Energie und bringt die Weltrevolution nicht wirklich voran.

Am 17. April erscheint nach langem Vorlauf und mehreren Null-Nummern die erste Ausgabe der „Tageszeitung" (taz). Sie will als explizit linke Zeitung das Meinungsbildungsmonopol der bürgerlichen Presse brechen. Ihre Gründung geht auf Diskussionen beim „TUNIX"-Kongress im Januar 1978 in Berlin zurück.

In etlichen Städten hatten sich daraufhin „taz"-Initiativen gegründet, auch in Göttingen. Max ist ein paar Mal hingegangen, aber die Initiative ist mangels Interesse schnell eingeschlafen. Zwar hat das „Göttinger Tageblatt" das Tageszeitungsmonopol, es gibt aber mit der „Göttinger Stadtzeitung", dem „Hiero Itzo", dem „Löwenzahn", der AStA-Publikation „Göttinger Nachrichten" und nicht zuletzt der großen Zahl Flugblätter Lektüre-Alternativen.

Wir bestellen die „taz" in der WG – und zählen damit zu den 53 Erstabonnenten in Göttingen.

Der Arbeitskreis hat schon zu Jahresbeginn eine Unterschriftenaktion für die Stilllegung des nur 40 Kilometer Luftlinie von Göttingen entfernten AKW Würgassen gestartet – es soll niemand sagen, wir vernachlässigten „bürgerliche" Protestformen und setzten nur auf direkte Aktionen. Wir haben die Listen auf dem Büchertisch und in den einschlägigen Kneipen ausgelegt, sie in den Wohngemeinschaften und bei anderen Initiativen herumgereicht, sind Klinken putzen gegangen in der Nachbarschaft. Ende April ziehen wir eine Zwischenbilanz: Rund 5.000 Menschen aus Göttingen und Umgebung haben unterschrieben. Nicht schlecht.

Nun wollen wir erreichen, dass sich der Göttinger Stadtrat zumindest mit einer Resolution gegen den Weiterbetrieb von Würgassen wendet. Oberstadtdirektor Kurt Busch von der SPD hat aber schon erklärt, dass die Stadt nicht zuständig ist. Wir wollen ihm daraufhin im Rathaus einen Besuch abstatten und uns seine Sichtweise näher erläutern lassen. Als wir mit 70 Leuten dort aufkreuzen, hat die Polizei alle Eingänge abgesperrt. Busch taucht kurz auf, erklärt sich noch einmal für absolut nicht zuständig und verschwindet wieder.

Das neue Asterix-Heft ist da, und was für eins! „Asterix und das Atomkraftwerk", erschienen im Plutonium-Verlag bei U. Raub und G. Druck, erste unverbesserliche Auflage, 3,50 Mark.

Die Geschichte: Im bekannten kleinen gallischen Dorf soll ein AKW gebaut werden, die Atomkraftgegner Asterix und Obelix begeben sich zum Erörterungstermin, kommen aber gegen die Argumente Fortschritt und Arbeitsplatzsicherung nicht an. Das Atomkraftwerk wird genehmigt, die Piraten werden mit dem Transport der Brennstäbe beauftragt. Zu guter

Letzt, wie könnte es anders sein, gewinnen die AKW-Gegner dank Zaubertrank und Solidarität aber doch, das Atomkraftwerk wird nicht gebaut.

Das Heft ist der absolute Renner am Büchertisch und im Vertrieb. Bundesweit werden 50.000 Exemplare verkauft. Irgendwann kriegt das auch die Polizei mit, und weil wir das Heft im „Atom Express" bewerben, haben wir bald ein Verfahren wegen Verstoßes gegen das Urheberrecht am Hals.

Als Erster der Grohnde-Verurteilten soll Helmut „Eso" Oldefest aus Hamburg Anfang April seine Haftstrafe antreten. 400 Unterstützer wollen ihn mit einem Autokonvoi in den Knast begleiten, überlegen es sich auf halbem Weg aber anders und besetzen die Hamburger St.-Petri-Kirche. Pastor Gunnar von Schlippe schreibt ein Gnadengesuch an Niedersachsens Justizminister – vergeblich.

Ein paar Tage später erlässt ein Gericht Haftbefehl gegen Eso. Er und ein anderer Grohnde-Angeklagter flüchten daraufhin in die Niederlande. Sie besetzen dort gemeinsam mit anderen ein Haus und beantragen politisches Asyl. Die Bundesregierung beantragt ihre Auslieferung. Später stellt Eso sich selbst bei der Polizei.

Die Bundeskonferenz der Anti-AKW-Bewegung am ersten Mai-Wochenende in Göttingen ist schon logistisch ein ziemlicher Kraftakt. Wir müssen Räume fürs Plenum und die Arbeitsgruppen organisieren, Übernachtungsplätze und Verpflegung für rund 1.000 Leute und für den Abend ein Kulturprogramm.

Dazu kommt der erste handfeste Richtungsstreit im Arbeitskreis. Eine Mehrheit orientiert auf eine Großdemonstration in Bonn in Herbst, eine große Minderheit tritt für Massenaktionen gegen die anstehenden Tiefbohrungen in Gorleben ein.

Die Diskussion dominiert auch die ganze Konferenz. Zwei Drittel der Anwesenden sind schließlich für die Großdemo in der Hauptstadt. Aktionen gegen die Tiefbohrungen in Gorleben soll es aber auch geben.

Bei dem Kongress meldet sich auch der Holocaust-Leugner und ehemalige Kapitän Harm Menkens zu Wort. Er will angeblich radioaktiv geschädigte Pflanzen aus seinem Garten präsentieren. Menkens wird das Wort entzogen und des Saales verwiesen.

Auch die Uni ist weiter in Bewegung. Der RCDS lädt zu einer Podiumsdiskussion zur Studienreform im Zentralen Hörsaalgebäude ein. Da der AStA eine Intervention angekündigt hat, sagt der eingeladene niedersächsische Wissenschaftsminister Eduard Pestel ab.

Als sein Vertreter nimmt Staatssekretär Möller auf dem Podium Platz, neben ihm die SPD-Landtagsabgeordnete Inge Wettig-Danielmeier und der RCDS-Bundesvorsitzende. Nach kurzer Zeit segeln Eier und Farbbeutel durch den Raum, die Stimmung ist klasse, die Referenten kommen nicht zu Wort, die Veranstaltung wird abgebrochen.

Eine internationale Untersuchungskommission veröffentlicht ihren Bericht zum Tod von Ulrike Meinhof. Ergebnis: Die Behauptung, Ulrike Meinhof habe sich selbst erhängt, ist nicht bewiesen. Die Mitwirkung eines Dritten kann nicht ausgeschlossen werden. Das Büchlein ist recht schmal, nur 82 Seiten, die Lektüre aber trotzdem sehr anstrengend, einige Aussagen und Indizienketten wiederholen sich bis zu dreimal. 9,80 Mark dafür finden wir außerdem viel zu teuer. Wir legen es deshalb nicht auf unserem Büchertisch aus.

Wenn das Wetter gut und gerade mal keine Demo ist, sitzen wir Samstag mittags vor dem Krug zum grünen Kranze in der Roten Straße und trinken Kaffee oder Bier. Einmal kommt der Nazi Hans-Michael Fiedler vorbei. Wir pfeifen, werfen Bierdeckel nach ihm, und Matthias ruft: „Verschwinde! Seit wann dürfen denn Nazis hier frei rumlaufen?" Fiedler guckt geradeaus, beschleunigt seinen Schritt. Fiedler, der sein Büro und seine Wohnung in der Burgstraße hat, ist einer der führenden NPD-Leute und Multifunktionär der extremen Rechten: Hochschulgruppe Pommern, Bund Heimattreuer Jugend, Studentenbund Schlesien, Hilfskomitee Südliches Afrika und so weiter. Mehrmals haben wir ihm schon Parolen auf die Wand und die Haustür gesprüht, aber das beeindruckt ihn offenbar nicht.

Der evangelische Kirchentag in Nürnberg, zu dem wir mit einer Autobesatzung fahren, steht im Zeichen von Umweltschutz und Atomkraft. Im offiziellen Programm sind Anti-AKW-Bürgerinitiativen aber nicht vertreten, sie durften auch keinen Stand aufbauen, weil angeblich die Anmeldefrist verstrichen war. Die Atomkraftbefürworter – Bürgerinitiative für sichere Energieversorgung e.V., Interessengemeinschaft der Arbeitnehmer von Interatom und andere – können ihre Propaganda hingegen auf mehr als 100 Quadratmetern ausbreiten.

Perfide: Die Atomlobby macht sich in Nürnberg zum Anwalt der Dritten Welt. Auf großformatigen Bildern sind hungernde Menschen zu sehen. Daneben die Behauptung, wir müssten Atomkraftwerke bauen, damit die Armen wenigstens etwas Energie abbekommen. Besucher können auf einem Fahrrad strampeln, auf einer Tafel werden die getretenen Kilowattstunden angezeigt, und für jede Kilowattstunde spenden die Atomkonzerne 10 Mark an Brot für die Welt.

In den Diskussionen vor dem Stand mischen auch viele AKW-Gegner mit. Sie stimmen Lieder an, auf gelben Fässern mit schwarz aufgemaltem Radioaktivitätszeichen wird getrommelt. Als Kanzler Schmidt zu Besuch kommt, bildet sich spontan ein Demonstrationszug mit 1.000 Teilnehmern. Fliegende Händler der Nürnberger Bürgerinitiative sind unterwegs, fast jeder und jede zweite läuft mit einer Anti-AKW-Plakette über den Kirchentag.

7. Juli 1979

Hallo Tom,
wir haben unsere erste direkte Aktion im Wendland gemacht, natürlich war sie mit der Bürgerinitiative Lüchow-Dannenberg abgesprochen, und ich glaube, wir haben dadurch etwas Ansehen im Landkreis gewonnen.
Am 1. Juli, also am vergangenen Sonntag, sind wir abends mit 80 Leuten aus Göttingen losgefahren. Gegen zwei Uhr nachts waren wir in Lüchow und haben dort mit unseren Autos das Depot der Celler Brunnenbau blockiert, die Firma ist an den Bohrungen in Gorleben beteilig.
Stundenlang tat sich nichts, erst bei Tagesanbruch fuhren immer häufiger Zivilstreifen vorbei, fotografierten, filmten, notierten die Nummern der Autokennzeichen. Ein Zivi-Fahrzeug hatte einen fetten „ZDF"-Aufkleber. Plötz-

lich stiegen dort ein Dutzend Zivile aus, steckten provokativ ihre Knarren in den Gürtel und kamen auf uns zu.

Wir dachten, dass es sich um ein Mobiles Einsatzkommando handelt, das uns gewaltsam abräumen will. Einige rieten deshalb zum Abmarsch, ich auch, wir wurden aber überstimmt. Ein Oberbulle forderte uns zum Verschwinden auf, wir haben erklärt, dass die Blockade bleibt. Als Drohkulisse marschierten mehrere Einheiten Bereitschaftspolizei auf. Wir beschlossen daraufhin, unsere Autos wegzuschieben, damit die nicht kaputt gehauen werden. Die Polizeiketten wollten nachrücken, da haben wir uns hingesetzt und eine Sitzblockade gemacht. Die Polizei hat einen provisorischen Wasserwerfer eingesetzt, eine Art Feuerwehrspritze war das, Bruno und ein paar andere konnten den Strahl mit aufgespannten Regenschirmen aber zunächst abwehren. Aber natürlich sind wir alle doch nass geworden.

Nach und nach haben uns die Bullen weggedrängt. Weil wir zusammengeblieben sind, wurde niemand festgenommen, aber blöderweise trat jemand mir auf den Fuß, ich weiß nicht, ob ein Polizist oder einer von uns. Der große Zeh ist gebrochen, zwei Leute haben mich ins Dannenberger Krankenhaus gefahren, dort haben sie das Bein bis zum Knie eingegipst. Ich kam deshalb natürlich zu spät zur Auswertung der Aktion in die Trebeler Bauernstuben.

Und die ist, mal wieder, ganz unterschiedlich ausgefallen. Manche sagten: Wir haben uns damit Respekt verschafft bei den Lüchow-Dannenbergern und gezeigt, dass direkte Aktionen mit relativ wenigen Menschen zu machen sind. Andere waren der Meinung: Wir haben viel Aufwand betrieben und die Bohrungen nicht ernsthaft behindert – es bleibt demzufolge nur die Öffentlichkeitswirkung, doch die ist, da hauptsächlich über die bürgerliche Presse vermittelt, recht zweifelhaft.

Ich fand es insgesamt gelungen, obwohl ich mit meinem Bein jetzt für ein paar Wochen lahm gelegt bin.

Grüße, M.

Den Abschluss des wieder mal nicht arbeitsintensiven Semesters feiern wir mit einer WG-Fete. Wir kaufen 20 Kisten billiges Bier, lassen befreundete Wohngemeinschaften eine Wanne Nudelsalat und Schmalzbrote zubereiten. Ob eingeladen oder nicht, kommen mehr als 100 Leute. Wir quatschen, trinken und tanzen bis es hell wird. Das letzte Bier gibt es zum Frühstück.

Ein paar Tage später marschieren die Göttinger Schützen auch durch die Goetheallee. Das semi-militaristische Spektakel darf nicht ungestört bleiben. Wir werfen mit Wasser gefüllte Luftballons aus dem Fenster und bedröhnen den Umzug mit „Keine Macht für Niemand!" und anderen Stücken von Ton, Steine, Scherben.

★ ★ ★

26. Juli 1979

Hallo Tom,
hast du die Bilder aus Managua im Fernsehen gesehen? Es gab ja nur wenige Sequenzen, aber mich hat sehr bewegt zu sehen, wie die Sandinisten am 19. Juli in die Hauptstadt einmarschiert sind. Das heißt, sie sind ja gar nicht marschiert, sondern auf offenen Lastwagen und Militärfahrzeugen, die sie von der Nationalgarde erobert haben, eingerollt. Ein rot-schwarzes Fahnenmeer, Tausende, Zehntausende, Hunderttausende jubelnder Menschen.
Hugo, ein Freund aus dem Arbeitskreis, hat abends im KAZ erzählt, er hat geheult wie ein Schlosshund, als er das gesehen hat. Die meisten von uns sind berührt bis schwer begeistert. Warum heulen die eigentlich, die Schlosshunde? Weißt du das?
No pasarán! M.

★ ★ ★

Horst aus dem Arbeitskreis hat ein altes Motorrad mit Beiwagen. Er holt Max öfter ab, sie brausen mit dem Gespann durch die Gegend, einmal sogar bis ins Wendland. Das Gipsbein passt gerade so in das Gefährt.

★ ★ ★

Für ein paar Monate, diesen Sommer lang nur, wird der Goldene Löwe zum abendlichen Treffpunkt. Ein neuer Pächter hat die Kneipe übernommen und das Angebot ordentlich entrümpelt. Es gibt je eine Biersorte vom Fass und aus der Flasche, einen Rot- und einen Weißwein, ein paar Schnäpse, Wasser. Das Bier fließt in Strömen, dicht an dicht stehen wir an der Theke und im Schankraum, der Laden bricht fast auseinander. Oft stehen wir draußen oder sitzen auf den Stufen.

Die Stimmung ist großartig. Alle, alle sind da. Und haben das Gefühl, dass alles geht. Lachen, streiten, knutschen, die Welt verändern, hier und jetzt und für immer. Die Flugblattverteiler und Verkäufer von „Arbeiterkampf" und „Göttinger Stadtzeitung" unterbrechen hier ihre Runde durch die Stadt, nehmen ein Getränk, dann noch eins – und bleiben.

Um eins oder zwei ziehen wir weiter in die Diskothek Clochard, die eigentlich ein Club ist mit ein paar Mark Mitgliedsbeitrag im Monat und deshalb keine Sperrstunde hat. Auch ein bisschen kiffen geht hier. Rory Gallagher läuft, die Doors, The Who, Chicken Shack, auch die Stones, na klar. Die Tanzfläche ist voll. Eine unbeschreibliche Zeit.

Im Herbst schließt der Löwe. Für immer. Schade.

Zahlreiche Göttinger Gruppen, vom Stadtschülerrat bis zum KB, haben Ende August zu einer Fahrraddemo gegen die städtische Fehlplanungs- und Verkehrspolitik aufgerufen. Der Gips ist längst ab, wir radeln klingelnd und bunte Fahnen schwingend an leer stehenden und abgerissenen Häusern und am Rathaus vorbei. Selbst die Polizei zählt 2.200 Teilnehmer.

Inzwischen ist der Neubau der Universitätsklinik bezogen, fast alle alten Klinikgebäude stehen leer. Es gäbe also viel Wohnraum, doch die Uni-Leitung will dort Institute unterbringen, kommt aber nicht recht in die Pötte. Leute der Mieterinitiative Kreuzbergring besetzen eines Morgens die ehemalige Isolierstation. Als wir nachmittags mit Kaffee und Kuchen vorbeischauen wollen, ist die Besetzung aber schon wieder zu Ende. Immerhin ist der Leerstand der alten Klinik jetzt ein Thema.

Die rot-gelbe Sonne des Anti-Atom-Protestes scheint in diesem Sommer im Wendland. Den ganzen August lang laufen Aktionen. Auswärtige und einheimische AKW-Gegner blockieren Bohrstellen, Zufahrtswege und Fahrzeuge. Bauern kippen nächtens Mist und Gülle vor Einrichtungen der Atomlobby ab. Die rechte Presse und CDU-Politiker toben. Die BI Lüchow-Dannenberg widersteht hier aber dem Druck, sich von den „Chaoten" aus den Städten zu distanzieren.

Als erster Vorläufer der Grünen, zieht die Bremer Grüne Liste im September mit 5,14 Prozent der Stimmen in ein Landesparlament ein. Sie hat ihre Wurzeln zum Teil in einer Bürgerinitiative gegen die Mozarttrasse – eine Straße, die nach den Plänen des Senats und der SPD-Fraktion in der Bremischen Bürgerschaft das Ostertorviertel durchschneiden soll. Etliche Mitglieder um Olaf Dinné treten aus der SPD aus. An der Gründung der Bremer Grünen Liste beteiligt sich allerdings auch die CDU-Abspaltung Partei Freier Bürger.

Auch Rudi Dutschke zeigt sich von diesem Modell angetan und macht Wahlkampf für die Bremer Grüne Liste. Am Tag nach der Wahl meldet er in der Stadt seinen ersten Wohnsitz an. Zu der Wahl hat auch noch die linke Alternative Liste kandidiert, sie kommt auf 1,36 Prozent.

In die Bürgerschaft, das Parlament des Bundeslandes Bremen, zieht die Grüne Liste mit drei Abgeordneten ein. Unter ihnen ist auch Peter Willers, Atomkraftgegner der ersten Stunde und Koordinator der Bürgeraktion Küste, eines Zusammenschlusses Bremer und niedersächsischer Bürgerinitiativen.

Am 10. September, einem Montag, sollen die Tiefbohrungen zur Erkundung des Gorlebener Salzstocks beginnen. Da müssen wir natürlich hin. Wir fahren am Vortag aus Göttingen mit etwa 50 Leuten ins Wendland, zunächst in das uns von früheren Aufenthalten gut bekannte Tagungshaus im Dörfchen Pisselberg, dann weiter zu einem der kurzfristig vereinbarten Treffpunkte ins Gasthaus Wiese in Gedelitz, inzwischen neben den Trebeler Bauernstuben die Widerstandskneipe schlechthin.

Ein paar hundert AKW-Gegner wuseln im Gastraum und auf dem Hof durcheinander. Keiner weiß, was passieren soll. An der Bohrstelle 1003 – dort wird die erste Bohrung niedergebracht – soll gepicknickt werden, erklärt jemand von der BI. Was denn, wirklich nur ein Picknick oder eine Bohrplatzbesetzung? Nein, ein Picknick. Was sich daraus entwickelt, wird man sehen.

Gegen drei Uhr am Nachmittag ziehen wir los, ungefähr 400 Leute, von Gorleben aus startet gleichzeitig eine andere Gruppe. Einige Autos rollen mit, ein Trecker, etliche Fahrräder. Polizei und BGS halten sich zunächst zurück.

Auch im Wald hat niemand einen richtigen Plan. Einige packen Kaffee und Kuchen aus, andere fangen an eine Hütte zu bauen, wieder andere richten provisorische Schlafstellen her oder bauen Barrikaden aus Schwachholz auf den Zufahrtswegen. Als es dunkel wird, gehen die meisten Einheimischen nach Hause. Zwei Spitzel werden entdeckt und vertrieben, auf der vielleicht hundert Meter entfernten Straße fahren mehr und mehr Polizeifahrzeuge auf. Angst kriecht hoch, dass wir in der Nacht zusammengeprügelt werden.

Die Mobilisierung in den Städten klappt nicht gut, es gibt in Gorleben nur eine einzige Telefonzelle, hier im Wald sind wir viel zu wenige. Journalisten vom „Stern" erzählen, dass die Polizei im Morgengrauen räumen will.

Tatsächlich kommen sie, als es anfängt zu dämmern. Durch den Nebel zieht sich eine endlose Kette von Scheinwerfern, behelmte Hundertschaften trampeln auf dem Asphalt, bilden zwischen den Bäumen Ketten. Unsere Anspannung löst sich etwas, als es hell wird und die Polizisten immer noch nicht räumen. Ein paar ältere Frauen bringen Suppe, Obst und Brote in den Wald.

Die Baumfäller rücken von der anderen Seite an. Wir rennen durch den Wald, setzen uns vor die ersten Fahrzeuge. Greiftrupps der Polizei ziehen einige Blockierer hoch und werfen sie auf der Seite im Gras ab, die setzen sich dann aber gleich wieder auf die Straße. Einige Beamte greifen jetzt härter zu, treten, reißen an den Haaren. Wir werden zurückgedrängt, von der Straße weg in den Wald. Es ist ein Kampf um die Bäume, quasi um jede Kiefer wird gerungen und gedrängelt. Mehrmals können wir die Polizeiketten zurückschieben, wenn wir doch bloß mehr wären!

Einige von uns klettern auf die Bäume. Wir schlagen mit Hämmern Nägel in die Stämme, vielleicht werden die Sägen der Holzfäller dadurch stumpf. Immer mehr Polizei, immer weiter müssen wir zurück, es wird ruppiger, Knüppel und die Chemische Keule kommen zum Einsatz. Weil sich die Holzfäller weigern, die Kiefern mit den Leuten darauf abzusägen, fällen Polizisten selbst die besetzten Bäume, einen nach dem anderen. „Mörder, Mörder"-Sprechchöre, Geschrei, Pfiffe, Wut. Gleich zu acht oder zu zehnt stürzen sich die Bullen auf die mit den Kiefern herunter krachenden Leute, packen sie und führen sie ab. Wir versuchen dann noch einmal, einen LKW zu blockieren, aber die Luft ist raus. Für heute haben wir verloren.

★ ★ ★

Am nächsten Morgen um halb sechs sind wir aber schon wieder auf der Straße. Wir blockieren am Ortsausgang von Gorleben eine Fahrbahnhälfte mit Baumstämmen und Ästen und stellen einige Autos so quer, dass der Berufsverkehr, der nicht zur Bohrstelle will, und private Autos mit einigem Geschick passieren können. Auch in Gedelitz steht eine Barrikade. Bald kreuzt ein Dokumentationstrupp des BGS auf, filmt, fotografiert und zieht wieder ab. Ein Schwertransporter bleibt unter Polizeischutz in ein paar Hundert Metern Entfernung stehen.

Aus Gedelitz hören wir über Funk, dass die Leute dort einen Konvoi mit sieben Lastwagen auf dem Weg zum Bohrplatz gestoppt und festgesetzt haben. Sie lassen bei einigen LKW's die Luft aus den Reifen und kippen Zucker in die Tanks. Großer Jubel bei uns rund ums Radio, als das noch mal im Polizeifunk bestätigt wird. Sinngemäß: „In Gedelitz sind sieben Fahrzeuge von Störern beschädigt worden." „Sind die Täter bekannt?" „Nein, als wir kamen, war niemand mehr da."

Dann aber quakt und knarzt es erneut im Polizeifunk, irgendein Einsatzleiter kündigt an, dass er nun in Gorleben, also bei uns, „mal Leben in die Bude" bringen will. Bloß schnell weg also, die ersten Autos drehen schon. Eigentlich wollten wir ja noch ein kleines Feuerchen auf der Straße machen, wenn es los geht mit der Räumung, aber in der Hektik klappt das natürlich nicht.

Beim abendlichen Plenum in Vietze erzählen Leute, was in Gedelitz später doch noch passierte: Die Bullen sind nach der Sache mit den stillgelegten Lastern offenbar auf Rache aus gewesen und total durchgedreht, haben die sich bereits zurückziehenden AKW-Gegner heftig verprügelt, Zündschlüssel und Zündkabel aus den Autos gerissen und die Wagen teilweise demoliert. In ihrer Pressemitteilung schreibt die Polizei später, sie habe lediglich Fahrzeuge kontrollieren wollen und ein Auto zur Seite geschoben.

Wir verabreden, dass wir am Mittwoch Blockaden in Dannenberg und Lüchow machen, wo Passanten unterwegs sind und die Polizei darauf wahrscheinlich mehr Rücksicht nehmen muss. Wir hocken also mitten in Dannenberg auf der Hauptstraße, haben ein paar Blumenkübel auf die Fahrbahn geruckelt, freuen uns, dass jemand 20 Mark aus dem Auto reicht und die Verkäuferin in der Bäckerei uns dafür Brötchen und Kuchen im doppelten Wert einpackt.

Aber wir sind nicht richtig bei der Sache, sondern in Gedanken und Gesprächen schon bei der Großdemo, die am Wochenende stattfinden soll. Und als die Polizei kommt, stehen einige nach der dritten Aufforderung brav auf, andere lassen sich zur Seite tragen.

Etwa 5.000 Leute kommen am Sonnabend zur Demo, auch mehr als 100 Bauern rollen mit ihren Traktoren an. Bis zuletzt hat es Streit gegeben, ob eine Bohrplatzbesetzung versucht oder nur eine Demo mit Kundgebung auf der Straße gemacht werden soll. Leute aus der BI Lüchow-Dannenberg drohen mit einer Absage, wenn Friedfertigkeit nicht garantiert wird.

Wir ziehen von Gedelitz aus los. Auf dem zum Lautsprecherwagen umfunktionierten Anhänger sitzt Walter Moßmann und singt und spielt gleich zwei- oder dreimal das „Lied vom Lebensvogel". Anders als wir dachten, ist die Bohrstelle 1003 nicht abgesperrt, nur ein geteerter Platz in der Mitte, dort haben sich Polizei und BGS verschanzt. Ein Zaun um das Gelände steht auch noch nicht, tiefe Gräben sind aber schon ausgehoben worden.

Alle strömen auf die abgeholzte Lichtung, drängen auf das Innere des Geländes. Die ersten Reden der Leute aus dem Landkreis: Die Hausfrau Lilo Wollny aus Vietze, Gastwirt und Bauer Horst Wiese aus Gedelitz, beide sind von Beginn an im Widerstand. Während einige den beiden lauschen, schaufeln andere die Gräben zu. Am anderen Ende des Platzes wird mit Seilen ein großer Lichtmast umgelegt, ein zweiter will und will nicht fallen. Hektik am Lautsprecherwagen, dann bricht eine Frau von der BI die Demonstration so panisch ab, dass man denkt, nun explodieren gleich die Sprengsätze.

Viele bleiben trotzdem noch, rangeln ein bisschen mit der Polizei herum, härtere Auseinandersetzungen gibt es aber nicht. Auf dem Rückweg nach Gedelitz werten viele die Demo als Reinfall: entweder weil zu viel oder weil zu wenig passiert ist.

Auch nach dem Trebeler Treffen am ersten Oktober-Wochenende herrscht Frust. Wir haben weitere Blockaden der Tiefbohrungen vorgeschlagen, können uns damit gegen das Veto der BI Lüchow-Dannenberg aber ebenso wenig durchsetzen wie die Hamburger Autonomen, die sich vor allem an den – inzwischen mit dicken Betonplatten als Deckel verstärkten – Flachbohrlöchern zu schaffen machen wollen. Die BI steht mächtig unter Druck der etablierten Parteien und der Lokalpresse, wozu auch unnötige und unüberlegte Sabotageaktionen einiger Leute gegen Speditionen in Lüchow und Dannenberg beigetragen haben, die mit den Bohrungen allenfalls indirekt etwas zu tun haben.

Wie zerrüttet das Verhältnis zwischen einheimischen und auswärtigen AKW-Gegnern zu diesem Zeitpunkt ist, wird auch daran deutlich, dass die BI-Vorsitzende Marianne Fritzen als Hauptrednerin bei der Demo in Bonn von der Vorbereitungsgruppe gekippt worden ist. Stattdessen soll Walter Moßmann sprechen.

22. Oktober 1979

Lieber Tom,
die Großdemonstration am 14. Oktober in Bonn war der von vielen befürchtete Reinfall. Das heißt, eigentlich weniger die Demo selbst als die Situation danach: Die meisten überregionalen Medien haben die Demo überhaupt nicht erwähnt, und viele Initiativen sind, so scheint es, nach der kräftezehrenden Mobilisierung in eine Art vorzeitigen Winterschlaf gefallen. Auch weil es keine kurzfristige Perspektive gibt, wie es mit dem Widerstand in Gorleben und anderswo weitergehen kann.

Auch in Göttingen haben wir die Demo und die Anreise mit ungeheurem Aufwand vorbereitet. Wir haben einen Sonderzug organisiert, Flugblätter geschrieben und gedruckt, Stadtpläne von Bonn vervielfältigt. Es sind mehr als 1.000 Leute mitgefahren, auch alle, die an dem Tag lieber in Gorleben demonstriert hätten, insgesamt waren ja 150.000 Leute in Bonn, das war schon imposant und ein ziemliches Gewühle und Gedränge in den Straßen. Wir hatten uns auf dem Hinweg noch ein paar Parolen ausgedacht, zum Beispiel „Atomkanzler Schmidt, Atomkanzler Strauß – die Ga-ran-tie für Super-GAU's", wir haben das auch gerufen, aber so richtig kämpferische Stimmung wollte nicht aufkommen.

Walter Moßmanns Rede fand ich ganz gut, er rief zum „Widerstand auf allen Ebenen" auf. Als Formen gewaltfreien Protestes nannte er dann unter anderem den Stromzahlungsboykott und Bauplatzbesetzungen. Die Politiker, die seit fünf Jahren die Sorgen der Bürgerinitiativen nicht ernst nähmen, seien nicht durch Argumente, sondern nur noch durch Widerstand zu beeindrucken. „Entweder wir bringen das ganze Atomprogramm zu Fall, oder wir laufen dem Atomtod in die Falle", sagte er am Schluss.

Bei den anderen Reden habe ich, ehrlich gesagt, kaum zugehört. Einerseits weiß man das ja längst, andererseits habe ich viele Bekannte aus anderen Städten getroffen und die meiste Zeit mit denen gequatscht.

Ich hoffe, dass wir die Spaltung, die es wegen der Frage Bonn-Demo oder Gorleben-Demo ja auch im Göttinger Arbeitskreis gegeben hat, überwinden können.

Viele Grüße, M.

Ohne große Erwartungen fahren wir zum Kongress „Ökologie- und Friedensbewegung", zu dem der BBU und die pazifistische Organisation Deutsche Friedensgesellschaft-Vereinigte Kriegsdienstgegner (DFG-VK) nach Kassel eingeladen haben. BBU-Vorstand Jo Leinen hat zwar richtig erkannt: „Die ökologische Bewegung ist auch eine Friedensbewegung; denn Rüstung und Krieg sind die sinnlosesten Arten der Rohstoffvergeudung, Umweltverschmutzung, Naturzerstörung und Gesundheitsschädigung". Doch für uns hat der Widerstand gegen Atomanlagen Vorrang, zu dem Zeitpunkt können wir mit dem Thema Frieden noch nicht allzu viel anfangen.

Das ändert sich ein paar Monate später. Die Außen- und Verteidigungsminister der NATO verabschieden in Brüssel den Doppelbeschluss. Er sieht nukleare Abrüstungsverhandlungen mit der Sowjetunion vor, enthält aber zugleich eine massive Drohung: Sollten die Verhandlungen erfolglos bleiben – und das kann man ja durch eigene hohe Forderungen und Provokationen schnell erreichen –, wollen die USA spätestens Ende 1983 moderne atomare Mittelstreckenraketen vom Typ Pershing II und Marschflugkörper in Westeuropa stationieren.

Eines Morgens steht Jürgen Trittin auf dem Campus der Universität. Er hat einen Motorradhelm auf dem Kopf und ein Megafon in der Hand. In der Nacht haben 400 Studenten die ehemalige, seit Jahren leer stehende Universitäts-Augenklinik aufgebrochen und besetzt. Zuvor hatte eine Uni-VV mit mehr als 1.000 Anwesenden einer Besetzung des Klinikums zur Behebung der aktuellen Wohnungsnot zugestimmt, es gab nur drei Stimmen dagegen.

Jürgen Trittin, damals AStA-Referent, fordert durch das Megafon alle Kommilitonen auf, zur Augenklinik zu eilen und die Besetzung zu unterstützen. Jürgen ist keiner, der selbst Schlösser knackt und Matratzen in besetzte Häuser schleppt. Er ist vielmehr einer, der Proteste organisiert. Einer, der Kampagnen plant. Bei Demos hält er sich nicht im Hintergrund auf, er steht aber auch nicht in der allerersten Reihe.

Wie in anderen Städten sind auch in Göttingen bezahlbare Zimmer und Wohnungen knapp. Viele Studenten haben kein Dach über dem Kopf, auf der anderen Seite stehen viele Häuser leer. Die meisten Besetzer wollen vor allem erreichen, dass die nicht mehr genutzten Gebäude der alten Uni-Klinik zu Wohnraum werden. Für andere, vor allem die sich auch in Göttingen formierenden Autonomen, sind Hausbesetzungen auch ein geeignetes Kampfmittel gegen Staat und Kapital.

Es wird durchaus eine massen-kompatible Besetzung. Die Besetzer der Augenklinik machen viel und gute Öffentlichkeitsarbeit, verteilen Flugblätter an der Uni und in der Stadt und organisieren so gut wie jeden Abend ein Kulturprogramm. Statt wie sonst ins KAZ oder in den Theaterkeller, gehen wir jetzt oft dorthin. Wir sehen dort unter anderem die Filme „Salz der Erde" und „War Game", hören Gunther Hampel beim improvisierten Jazz zu.

Auch „Swinging Mescalero" tritt auf: Vier Leute aus der linken Göttinger Musikerszene haben sich zusammengetan. Die Band wird fortan bei kaum einem Polit-Event fehlen, Kultstatus genießen und sogar die Doppel-LP „Wir sind noch lange nicht kaputt" veröffentlichen. Aus der Kulturgruppe des Arbeitskreises ist Heiner Kondschak zu der Band gewechselt. Regina beginnt eine Affäre mit ihm, beziehungsweise er mit ihr.

Alle paar Tage trifft sich ein Belegungsausschuss und verteilt die Zimmer in der Augenklinik. Auch ein Walter Kohnen trägt sich mit einer Tübinger Heimatadresse in die Belegungsliste ein. Als er sich nach Bewachungssystem und Funkgeräten erkundigt, werden einige Besetzer hellhörig. In einem Gespräch gibt „Kohnen" zu, dass er im Auftrag eines gewissen „Günther" gegen Bezahlung Informationen beschaffen soll. Er unterschreibt ein

Geständnisprotokoll, dass er als Spitzel angeworben wurde. Der AStA veröffentlicht das Protokoll auf einem Flugblatt.

Die Uni-Verwaltung lässt die Heizung in der Augenklinik abstellen. Die Besetzung geht trotzdem weiter. Rund 100 Leute wohnen fest in der Klinik, außer Studenten auch einige Schüler, Lehrlinge und Obdachlose. In der Mensa haben Unterstützer ein „Maklerbüro" eingerichtet, wo sich Interessierte um einen Wohnplatz bewerben können. Nach einem Auftritt in der Stadt schaut – tatsächlich – Wolf Biermann in der Augenklinik vorbei, er bleibt sogar über Nacht. Auch Erich Fried und der frühere Berliner Oberbürgermeister, Pfarrer Heinrich Albertz, kommen, als sie in Göttingen weilen, auf einen Plausch vorbei.

Außer von den politischen Hochschulgruppen, geht auch eine Solidaritätserklärung von zwölf Göttinger Pfarrern ein. Sie fordern die Uni-Bürokratie auf, die Klinik in Wohnraum umzuwandeln. Auch eine Demo mit 2.500 Teilnehmern verlangt: „Macht das Klinikum zu Wohnraum!" Der Senat der Universität lehnt ab, stattdessen lässt die Hochschule Renovierungsarbeiten ausschreiben, sie will dort lieber andere Institute unterbringen.

DKP-Ratsherr Reinhard Neubauer stellt bei einer Ratssitzung Anträge auf Freigabe des Klinikums als Wohnraum. Die anderen Parteien setzen Nichtbefassung durch. Die Polizei räumt die rund 50 anwesenden Besetzer aus dem Ratssaal. Als Neubauer erneut sprechen will, dreht ihm der Ratsvorsitzende den Strom vom Mikrofon ab.

Immer wieder tagt der Uni-Senat. Um schließlich den Vorschlag zu unterbreiten, insgesamt 93 Wohnplätze im Alten Klinikum freizugeben. Besetzer, Mieterinitiativen, AStA und viele andere bestehen darauf, den ganzen Komplex als Wohnraum zu nutzen. Sie fordern Uni-Rektor Norbert Kamp zu einem persönlichen Gespräch auf. Der lehnt das aber ab, solange die Augenklinik besetzt ist. Nur die Augenklinik? Nein. Zwischenzeitlich ist auch ein Trakt der ehemaligen Herz-Thorax-Klinik von Wohnungssuchenden bezogen worden.

Die nun folgende lustige Begebenheit hat Max nicht selbst mitbekommen, Freunde haben es ihm so erzählt: Ein als Nikolaus verkleideter

Besetzer und 50 Sympathisanten wollen den Rektor im Büro aufsuchen, entdecken ihn aber schon unterwegs auf dem Weihnachtsmarkt, wie er gerade eine Wurst verzehrt. Der Aufforderung, sich einer Diskussion zu stellen, entzieht Kamp sich durch Flucht zwischen den Buden hindurch in die Geschäftsstelle der Deutschen Bank. Der Nikolaus und sein Gefolge hinterher. Kamp entfleucht schließlich durch einen Hinterausgang.

In der Anti-AKW-Bewegung, auch bei uns im Arbeitskreis, wird mal wieder heftig über Parteigründung und Wahlbeteiligung diskutiert. Dabei steht die Konstituierung der Grünen kurz bevor, ein Treffen von Programm-, Präambel- und Bündnis-Kommissionen jagt das andere, dabei sprießen Landes-, Kreis- und Ortsverbände wie Pilze aus dem Boden, und Strukturen, Hierarchien und Machtpositionen haben sich in der Partei schon etabliert. Es sind Fakten geschaffen worden, ohne dass die Anti-AKW-Bürgerinitiativen sich groß dazu geäußert oder diese Entwicklung gar beeinflusst haben.

Den Lauf der Dinge aufhalten können wir also nicht mehr, selbst wenn wir es wollten. Wenigstens aber können und wollen wir uns selbst eine Position erarbeiten und den Prozess kommentieren. Wir versuchen das in einem Meinungsbeitrag in der letzten „Atom Express"-Ausgabe des Jahres. Unser Fazit:

„Es ist eine folgenschwere Illusion, den Versprechungen der Grünen zu glauben, sie würden den außerparlamentarischen Kampf vom Parlament aus unterstützen. Diese Versprechungen erscheinen als ein Zugeständnis an die Situation, daß sie sonst überhaupt keine Unterstützung von den Bürgerinitiativen bekommen würden."

Und: „Der Idee des Parlamentarismus, die politischen Aktivitäten des Einzelnen auf das Ausfüllen von Wahlzetteln zu reduzieren, wird durch eine Wahlbeteiligung Vorschub geleistet. Eine Wahlbeteiligung wird das selbständige und eigenverantwortliche Handeln der AKW-Gegner lähmen und vom praktischen Widerstand vollends ablenken."

Am Tag vor Heiligabend fahren wir zur „Weihnachts-Demo" nach Brokdorf, ein Gericht hat kurz zuvor eine Klage von Anwohnern gegen den Weiterbau abgewiesen. Immerhin 4.000 Leute sind gekommen, darunter auch

25 Bauern mit ihren Traktoren. Der Versuch, ein Segment des Sicherungszaunes herauszutrennen um es später als Mahnmal aufzustellen, scheitert. Die Polizei treibt uns mit Wasserwerfern und Löschpulver auseinander.

Weihnachten verbringt Max – wie in den Vorjahren – mit seinen Geschwistern bei der Mutter in Ahausen. Regina ist zu ihren Eltern gefahren, die drei Dörfer weiter weg in Lauenbrück wohnen.

Die Besetzer der Augenklinik feiern im kleinen Kreis. Der linke Pastor Helmhard Ungerer hält einen Gottesdienst ab. In den letzten Tagen des Jahres ist die Klinik Schauplatz eines bundesweiten Besetzertreffens. Am 31. Dezember treten dort etliche Göttinger Bands auf. Sie tragen den Wohnungskampf, wie es in einer wenige Wochen später erscheinenden Dokumentation formuliert sein wird, nicht nur unter die vielen hundert Besucher, sondern auch von den 1970ern in die 1980er Jahre.

1980

Die Augenklinik bleibt in den ersten Wochen des neuen Jahres in Göttingen Top-Thema und erste Anlaufstelle für die linke Szene. Zum dreimonatigen Jubiläum der Besetzung feiern Bewohner und Gäste eine Riesenfete. Gegen den Willen des Vermieters, also der Uni-Leitung, überweisen 94 Leute die selbst festgesetzte Dezember-Miete von jeweils 50 Mark – insgesamt 4.700 Mark – auf das Konto der Hochschule.

Auch der Arbeitskreis gegen Atomenergie organisiert einige Veranstaltungen in der besetzten Augenklinik. An einem Abend berichten wir von den Blockaden gegen die Tiefbohrungen. An einem anderen kommen der Bauer, Gastwirt und Widerständler Horst Wiese sowie BI-Vorstandsmitglied Jörg Janning aus dem Wendland nach Göttingen. Ihr nicht ganz ernst gemeinter Vorschlag, bei einer Räumung der Klinik durch die Polizei sollten die Lüchow-Dannenberger Landwirte mit ihren Schleppern zur Verteidigung anreisen, stößt auf Riesen-Begeisterung der rund hundert Besucher.

12./13. Januar. Beim Gründungsparteitag der Grünen in Karlsruhe sehen wir viele unserer Befürchtungen bestätigt. Ungeachtet gegenteiliger Ankündigungen im Vorfeld, ist der Kongress nicht öffentlich. Nur Delegierte, geladene Gäste und akkreditierte Medienvertreter finden Einlass in die Stadthalle. Anti-Atom-Initiativen, die meisten Alternativzeitungen – auch der mit einer kleinen Delegation angereiste „Atom Express" – und Leute von verschiedenen bunten und alternativen Listen bleiben ausgesperrt und müssen die Veranstaltung in einem Nebenraum auf einer Videoleinwand verfolgen.

Unser Versuch, den „Atom Express" nachträglich akkreditieren zu lassen, scheitert: Im Pressebüro kennt man uns gar nicht. Dennoch gelangen wir dank einiger Freunde, die es auch in den Chefetagen der Grünen noch gibt, schließlich in den Saal.

Die Grünen beschließen eine Präambel und eine Satzung, im Mittelpunkt steht die Diskussion über das Verbot einer Doppelmitgliedschaft. Dieses Ansinnen wird zwar formal begründet, nach unserem Eindruck geht es vielen Delegierten in Wirklichkeit aber um beziehungsweise gegen eine Mitarbeit von organisierten Linken. Ihre Argumentation geht ungefähr so: Nur wenn wir den Wählern glaubhaft versichern können, dass bei den Grünen keine Kommunisten mitmachen, können wir die Fünf-Prozent-Hürde überspringen.

Gleichwohl zieht es etliche, auch prominente Mitglieder aus den K-Gruppen in die neue Partei. Aus den Reihen ehemaliger KBW-Leute sind beispielsweise Krista Sager, Ralf Fücks und Reinhard Bütikofer dabei. Von der KB-Abspaltung Gruppe Z machen neben anderen Rainer Trampert, Thomas Ebermann und Jürgen Trittin bei den Grünen mit.

Die endgültige Beschlussfassung über das Parteiprogramm wird um zwei Monate vertagt. In vielen Orts-, Kreis und Landesverbänden setzt die Partei in der Folgezeit Unvereinbarkeitsbeschlüsse durch, verbietet Doppelmitgliedschaften und grenzt organisierte Linke damit aus.

Anruf aus Gorleben, die zweite Tiefbohrstelle – 1002 – wird eingerichtet. Trotz der immer noch nachwirkenden Frustration über den Verlauf der September-Blockaden ist klar: Nix wie hin.

Leider sind es wieder nur einige hundert Leute, die sich Waldarbeitern, Polizei und Bundesgrenzschutz in den Weg stellen. Wir haben die Zufahrten zu dem zu rodenden Grundstück mit unseren Autos zugeparkt und uns in Ketten eingehakt davor gestellt. Zunächst schieben wir und eine Bundesgrenzschutzeinheit uns gegenseitig über Stunden hin und her, ohne dass es für eine Seite nennenswerten Raumgewinn gibt. Dann ordnet die Einsatzleitung – die der Polizei! – Durchbrüche an mehreren Stellen gleichzeitig an, wir sind zu wenige, werden zurückgedrängt, kämpfen dabei noch um fast jede Kiefer. Auf dem gesicherten Terrain beginnen Arbeiter sofort mit dem Abholzen. Erschöpft geben wir am Nachmittag auf.

Bei der Auswertung im Gasthof Wiese, auf der Rückfahrt und auch bei den Diskussionen in Göttingen steht für uns fest: So kann es nicht weitergehen, so lassen sich die Bohrungen nicht stoppen, weder praktisch noch politisch. So stehen Aufwand und Ertrag in keinem Verhältnis.

Uni-Rektor Kamp hat sich nun doch zu einem Gespräch mit einer Delegation der Augenklinik-Besetzer bereit erklärt. Aber das Gespräch ist gar keines, Kamp verkündet lediglich ein Ultimatum: Bis Mitte Februar soll das Gebäude geräumt sein, sonst kommt die Polizei. Die Besetzer sind natürlich empört und veranstalten ein mehrstündiges Sit-in in der Zentralmensa.

Dann aber doch: 1.500 Leute kommen in den größten Hörsaal zu einer Podiumsdiskussion mit Kamp, Oberbürgermeister Artur Levi von der SPD, dem Studentenwerksleiter sowie Vertretern der im Stadtrat vertretenen Parteien, des AStA und der Mieterinitiative. Kamp macht zur Bedingung, dass kein Besetzer auf dem Podium sitzt.

Die Stimmung ist ziemlich aufgeladen und steigert sich noch, als Kamp sich weigert, das Ultimatum für die Räumung zurückzunehmen. Ein Besetzer quetscht sodann einen Farbbeutel auf dem Kopf des Rektors aus, woraufhin dieser die Veranstaltung abbricht und mit den meisten Parteileuten den Raum verlässt.

Der große Rest diskutiert über die Sache mit dem Farbbeutel und verabschiedet schließlich eine Resolution, die das Verhalten des Augenklinik-Bewohners als verständlich, die Aktion selbst jedoch als politisch falsch und schädlich bezeichnet.

Die FSLN-Regierung in Nicaragua verbietet die linksradikale Tageszeitung „El Pueblo". Die Zeitung hat die Wirtschaftspläne der sozialistischen Regierung kritisiert, weil sie „der Bourgeoisie und den Geschäftsleuten große Vorteile" verschafften, den „ausgebeuteten Massen" aber wenig Möglichkeiten eröffneten.

Und was sagen wir dazu? Wir haben Verständnis. Aber ein wenig Bauchweh.

3. März 1980

Lieber Tom,
da sprichst du einen wichtigen Punkt an: Wir sind gegen Atomkraft, Nazis, Aufrüstung, Spekulanten. Für mehr günstigen Wohnraum, eine Energieversorgung ohne AKW, den Befreiungskampf in der Dritten Welt. Aber darüber hinaus?
Der real existierende Sozialismus, so viel ist klar, kann es nicht sein. Die Sowjetunion ist ein Bollwerk gegen den US-Imperialismus und Schutzmacht der anti-kolonialistischen Bewegungen, das ja, als Modell sehen wir sie aber nicht. Und die piefige DDR schon gar nicht, obwohl wir so viel ja gar nicht darüber wissen.

Eine Rätedemokratie? Anarchismus? Anarcho-Syndikalismus? Ein paar Leute aus dem Arbeitskreis, ich auch, lesen die Bücher von Bakunin, Kropotkin und Enrico Malatesta. Was sie schreiben, leuchtet uns ein. Einerseits. Andererseits: Ein bisschen mehr demokratischer Zentralismus könnte es vielleicht doch sein bzw. wäre wohl notwendig, um überhaupt erst mal andere Verhältnisse herbeizuführen.

Überhaupt ist ein diffuser Anarchismus im Arbeitskreis und seinem Umfeld in Mode. Unsere Mitbewohnerin Kerstin und ein paar andere Frauen tragen Ketten mit schwarzen Sternen. Ein paar Jungs malen sich eingekreiste A hinten auf den Parka.

Keine Macht für niemand! Beziehungsweise alle Macht für uns. M.

4. Februar 1980

Liebe Anne,
im Erdgeschoss des Hauses in der Goetheallee, in dem wir wohnen, befindet sich ein Hosengeschäft, es heißt „Hosen-Kate". Den Inhaber nennen wir Gecko. Ralf sagt, dass sei seine Erfindung gewesen: Er, Ralf, habe nämlich auf seiner Indienreise die Spezies der Geckos genauer erforscht, und Gecko aus der „Hosen-Kate" habe in seinen Bewegungen genau so etwas Huschiges und Wendiges wie ein leibhaftiger Gecko; er könne eine Weile mit dem Maßband um den Hals seelenruhig auf seinem Stuhl sitzen, dann aber plötzlich ruck- und blitzartig aufspringen, wenn irgendetwas sein Gemüt errege.

Eine andere Theorie, woher Gecko seinen Namen hat, gibt es bislang nicht. Und tatsächlich sitzt oder steht Gecko, auch weil in seinem Laden meistens nichts los ist, das Zentimetermaß wie eine Kette um den Hals geschlungen, oft vor der Tür und schaut, was sich auf der Straße so tut.

Wenn wir mit einer Demo durch die Goetheallee laufen, winken wir ihm aus dem Zug heraus zu, aber meistens sieht er uns nicht. Abends erzählt Gecko uns dann ganz aufgeregt mit seiner etwas fisteligen Stimme, dass es wieder eine ganz große Demonstration gegeben hat, die direkt an seinem Geschäft vorbei gelaufen ist. Das ist sehr lustig.

Dies nur auf die Schnelle, schöne Grüße, M.

Atomkraft? – Nej tak! Die dänische Regierung verkündet, dass sie ihre Entscheidung über den Einstieg in die friedliche Nutzung der Atomenergie auf unbestimmte Zeit zurückstellen werde, weil die Frage der Entsorgung für radioaktive Abfälle noch ungeklärt ist. Dieser etwas verquaste Beschluss bedeutet, dass Dänemark mindestens bis Ende des Jahrhunderts über keinen funktionierenden Atomreaktor verfügen wird.

Wir schicken ein Telegramm mit Glückwünschen an die dänische Anti-Atomkraft-Organisation OOA. Die „Organisation für Aufklärung über Atomkraft" beziehungsweise deren Aktivistin Anne Lund hat 1975 das Symbol der Bewegung entworfen, die lachende Sonne.

Lüchow-Dannenberger AKW-Gegner – nicht aus der Bürgerinitiative – platzieren in der „taz" den Vorschlag, die nächste Tiefbohrstelle 1004 zu besetzen, bevor dort mit den Arbeiten begonnen wird. Wir haben über eine solche Idee schon zuvor im Arbeitskreis und in der „Atom Express"-Redaktion diskutiert, es aber für nicht wahrscheinlich gehalten, dass sie im Wendland unterstützt wird. Das scheint sich nun zu ändern. Obwohl es dort, wie die Aktivisten einräumen, noch nicht viele sind, die das Vorhaben befürworten.

Sie schreiben: „Sollte in den nächsten Wochen bei uns klar werden, daß es doch keine Mehrheit für einen solchen Plan gibt, werden wir wieder davon abraten. Bei einer Besetzung sind wir Lüchow-Dannenberger das eine Bein, und die auswärtigen AKW-Gegner das andere. Auf beiden muß die Sache stehen."

Als Reaktion auf den Text gehen zustimmende Zuschriften von Anti-AKW-Initiativen aus allen Teilen der BRD ein. Doch die Debatten in den Ortsgruppen der BI Lüchow-Dannenberg ergeben eine eher pessimistische Einschätzung – nur eine ist uneingeschränkt für die Besetzung, die anderen schwanken zwischen Unentschlossenheit und Ablehnung. Vor allem die Beteiligung „Auswärtiger" wird als unkalkulierbares Risiko betrachtet.

In Göttingen, Hamburg und Heidelberg wird zeitgleich das Stück „Juristen" von Rolf Hochhuth uraufgeführt. Wir bekommen für die Premiere im Deutschen Theater natürlich keine Karten, auch die folgenden Vorstellungen sind schnell ausverkauft. Also müssen wir so rein.

Das Stück thematisiert die Verstrickungen des 1978 zurückgetretenen baden-württembergischen Ministerpräsidenten Hans Filbinger (CDU) in die Nazi-Verbrechen. Er hatte als Marine-Richter mehrere Todesurteile gegen Deserteure unterzeichnet.

Uni-Vizepräsident Söling begibt sich in die Augenklinik. Und macht das Angebot, für zwei Semester 85 Zimmer in der ehemaligen Medizinischen Klinik fürs Wohnen freizugeben, wenn die Besetzung beendet wird. Die Besetzer formulieren bei einer öffentlichen Vollversammlung dafür Bedingungen: Alle Bewohner der Augenklinik müssen Zimmer in der „Medizinischen" und nach zwei Semestern Ersatzwohnraum bekommen, keine straf- oder zivilrechtliche Verfolgung der Besetzer, Offenlegung der Ausbaupläne für das gesamte alte Klinikgelände.

Sölings Angebot ist natürlich nicht vom Himmel gefallen, auch nicht, dass sich die Besetzer unter bestimmten Voraussetzungen darauf einlassen wollen. Vorausgegangen ist ein wochenlanger Zermürbungskrieg: das Ultimatum der Uni, das neuerliche Abstellen von Heizung und Strom Mitte Februar, zunehmende Präsenz von Zivilpolizisten auf dem Klinikgelände, die Androhung von Schadensersatzforderungen.

Am 19. Februar lösen die Besetzer Alarm aus, die Polizei rücke an. Innerhalb von einer Stunde versammeln sich 500 Unterstützer in der Augenklinik, die meisten bleiben auch über Nacht. Der Polizeieinsatz wird abgeblasen. Motorradmelder berichten unter großem Jubel, dass die in Seesen und Hann. Münden ausgerückten Einheiten der Bereitschaftspolizei in ihre Kasernen zurückfahren.

Da also die Unterstützung der Besetzung weiterhin groß und eine Räumung politisch offenbar teuer ist, schwenken Uni-Leitung und Niedersächsisches Wissenschaftsministerium auf einen Verhandlungskurs um. Ihr Kalkül ist, die Bewohner/Besetzer in die Teile des alten Klinikums umzusiedeln, die erst später zu Lehr- und Forschungseinrichtungen umgebaut werden sollen.

Die Idee einer Platzbesetzung in Gorleben ist an der Luft, lässt sich nicht mehr einfangen, verbreitet sich und reanimiert auch diejenigen im Arbeitskreis, die sich frustriert und mangels erkennbarer Widerstandsperspektiven eine Zeit lang zurückgezogen haben.

Wir fahren deshalb mit großer Besetzung zum „Trebeler Treffen" Anfang März. Fast 300 Leute aus 100 Initiativen sind gekommen. Es gibt riesigen Krach, die Konferenz bricht auseinander, rauft sich wieder zusammen und endet quasi mit einem Diktat der Lüchow-Dannenberger. Ein Landwirt der Bäuerlichen Notgemeinschaft erklärt sinngemäß: Wir legen die Bedingungen einer Besetzung fest, ihr könnt euch dann anschließen oder nicht. Das müssen wir schließlich akzeptieren. Denn die Alternative ist, dass es gar keine Besetzung gibt, und das will schließlich keiner.

Die BI hat sieben Grundsätze formuliert – Rahmenbedingungen, Verhaltensregeln und Forderungen, die mit der Besetzung durchgesetzt werden sollen. Darüber wird bei einem weiteren Initiativen-Treffen in Trebel drei Wochen später erbittert diskutiert werden. Wie vielen anderen Gruppen aus den Städten, stößt uns vor allem die Forderung nach einem verbindlichen Kriterienkatalog für die Atommülllagerung auf. Das darf doch nicht wahr sein, denn wenn wir uns auf eine Debatte über die Kriterien einlassen, legitimieren wir doch eine weitere Produktion von Atommüll und den Weiterbetrieb der Atomkraftwerke. Oder etwa nicht?

Und wieder geht es auch um die Gewaltfrage. In den Grundsätzen der BI steht: „Wir werden keine Schlacht um den Bohrplatz führen. Die Verletzung von Menschen ist von unserer Seite ausgeschlossen. Bei einer Räumung werden wir passiven Widerstand leisten". Schön und gut, aber was heißt das praktisch? Dürfen wir zum Beispiel Helme mitbringen? Die BI-Mitglieder argumentieren, dass sie sich bei einer Räumung sicherer fühlen, wenn die Leute keine Helme tragen. Die BI-Vorsitzende Marianne Fritzen versteigt sich sogar zu der Auffassung, dass sich behelmte AKW-Gegner mit Polizisten und BGS-Beamten gemein machen würden.

Am 24. März wird Erzbischof Oscar Arnulfo Romero in San Salvador während einer Messe in einer Krankenhauskapelle von einem Scharfschützen der Todesschwadronen erschossen. Romero war kein Linker im klassischen Sinn. Er trat aber für soziale Gerechtigkeit und politische Reformen in El Salvador ein und stellte sich damit in Opposition zur Militärdiktatur. In seiner letzten Sonntags-Predigt hat er die Soldaten des Regimes zur Befehlsverweigerung aufgerufen.

Bei Romeros Begräbnisfeier, an der etwa eine Million Menschen teilnehmen, richtet die Armee ein Massaker mit 40 Toten und Hunderten Verletzten an.

Ein Bürgerkrieg in dem mittelamerikanischen Land ist damit unvermeidlich geworden. Wir sagen: Es ist ein Volkskrieg, kein Bürgerkrieg. Auf der einen Seite steht und wankt das von den Yankee-Imperialisten und der einheimischen Oligarchie gestützte, brutale Regime. Auf der anderen Seite kämpfen das unterdrückte Volk und seine Organisationen mit der Guerilla an der Spitze.

Die FSLN erklärt, dass es in Nicaragua vorerst keine Wahlen geben werde, weil das Volk bereits „mit seinem Blut" abgestimmt habe. Richtige Entscheidung, finden wir.

28. März 1980

Liebe Anne,
so schön und intensiv das Zusammenleben in der Goetheallee war: Anfang des Jahres ist die WG auseinander gebrochen. Ralf konnte nicht mit Kerstin, die inzwischen eingezogen war, Kerstin nicht mit Christine, ich finde Otto nicht so pralle, der ist immer so schnell beleidigt.

Heiner und ich sind in eine hutzelige Vierzimmer-Wohnung im Brauweg gezogen. Ich habe die beiden kleinen Zimmer, Heiner das größte, das vierte ist eine Art Wohnzimmer. Dann gibt es noch einen kleinen Flur, wo wir essen, leider hat dieser Raum kein Fenster. Die Wohnung liegt im dritten Stock unterm Dach und ist wegen der kleinen Fenster ziemlich düster. Sie hat Ölöfen, das Öl müssen wir in Plastikkannen aus dem Keller holen. Die Badewanne ist in der Küche. Das Klo zum Glück nicht.

Ich habe eine Rückseite aus einer älteren „Titanic"-Ausgabe an die Klotür gepinnt und lache mich bei jeder Sitzung aufs Neue darüber kaputt. Vielleicht kennst du das Foto: Ein schöner Park, die Sonne scheint, Mann und Frau stehen mit Gläsern in der Hand unter einem Baum. Er sagt: Das fänden Sie wohl nicht so gut, wenn ich mal eben in Ihr Mineralwasser kotzen würde, wie? Sie (denkt und schmachtet ihn dabei an): Gedanken hat der Mann! Aber er formuliert brillant, das muss ich ihm lassen.

Die Diskothek Podium liegt um die Ecke. Das ist ideal, denn man kann da auf dem Rückweg aus der Kneipe noch für ein, zwei Bier vorbei schauen, Musik hören – die spielen meistens guten alten Rock – und sogar tanzen. Neulich stand ich da wieder morgens um zwei oder halb drei, guckte auf die Tanzfläche, rauchte, trank und alles war gut. Gegenüber stand Rosi, auch „Die Kurze" genannt. Sie ist jetzt bei den Sannyasin und hatte natürlich auch an dem Abend ihre orangefarbenen Klamotten an. Ich kenne sie eigentlich kaum, wir grüßen uns nur, haben aber noch nie länger miteinander geredet. „Die Kurze" steht da also, starrt mich an, kommt dann quer über die Tanzfläche auf mich zu, wobei sich die Menge der Tanzenden teilt wie das Rote Meer auf der Flucht der Israeliten vor den Ägyptern. Als sie dicht vor mir steht, sagt sie: Aus deiner Scheiße kann ich dir auch nicht raushelfen. Nur das, nur diesen einen Satz. Ich war total perplex, mir ist dazu nichts eingefallen. Das hat mich hinterher am meisten geärgert, dass es mir die Sprache verschlagen hat.

So läuft das hier, Anne. Aber zum Glück nicht jeden Abend.
Viele Grüße, M.

★ ★ ★

3. April 1980

Lieber Tom,
zu Beginn des Semesters – eigentlich jeden Semesters, seitdem ich in Göttingen bin – sind die Plakatflächen auf dem Campus mit Werbeplakaten der Göttinger Verbindungen und Burschenschaften beklebt. Allen männlichen Studienanfängern bringt die Post Einladungen in den Briefkasten. Was die Weitergabe von Adressen angeht, kooperiert die Uni offenbar gut mit den Korporierten.

In Göttingen gibt es – fast immer wohnen und saufen sie in prachtvollen Altbauvillen – rund 40 Verbindungen, ein Teil davon schlagend und Farben tragend. In die Stadt oder gar an die Uni wagen sie sich in ihrer Kluft aber in der Regel nicht. Dazu kommen noch die früheren Mitglieder, die sogenannten Alten Herren.

Klar, es gibt Unterschiede: die Burschenschaften, die Corps, die Landsmannschaften und Turnerschaften, die Sängerschaften, die konfessionellen Verbindungen. Aber alle oder doch fast alle, so genau wollen wir da eigentlich gar nicht differenzieren, verbindet eine reaktionäre Tradition. Jedenfalls seit

Ende des 19. Jahrhunderts, davor war's anders, da deckten sie ein politisch breites Spektrum ab, viele waren auch im Vormärz und 1848 aktiv.

Nach dem Ersten Weltkrieg standen sie fast geschlossen in der völkischen Bewegung, beteiligten sich am Kapp-Putsch und arbeiteten mit den Freicorps zusammen, fassten antisemitische Beschlüsse und hatten früh offene Ohren und ein offenes Herz für die NS-Propaganda. Der AStA hat eine Extraausgabe der „Göttinger Nachrichten" zum Verbindungsunwesen herausgegeben. Ich lege dir eine Ausgabe bei. Gruselige Lektüre wünsche ich dir, M.

Wir saugen die süßen Nachrichten aus Nicaragua auf wie Honig. Die FSLN-geführte Regierung in Managua hat die Schulpflicht für Kinder zwischen sechs und 13 Jahren und kostenfreie Schulen eingeführt. Und sie startet den „Nationalen Kreuzzug der Alphabetisierung" unter der Leitung des Jesuiten Fernando Cardenal, dem Bruder von Ernesto Cardenal. Studenten, Lehrer und Professoren schwärmen aus, um den Menschen auf dem Land Lesen und Schreiben beizubringen. Die Analphabetenrate wird innerhalb weniger Monate von 50 auf zwölf Prozent deutlich gesenkt.

Das Göttinger Nicaragua-Komitee zeigt einen Film über die Alphabetisierungskampagne: Junge, klasse aussehende Frauen und Männer mit rot-schwarzen Halstüchern steigen winkend auf die Ladeflächen von Lastwagen. Helfen in staubigen Dörfern, die aussehen wie in einem Italo-Western, beim Einrichten von provisorischen Klassenzimmern. Schaukeln lachende Kinder auf dem Schoß und lachen selber dabei. Haben natürlich auch ihre Gitarren dabei, zu deren Spiel sie abends nach getaner Unterrichts-Arbeit „Hasta Siempre, Comandante" singen, die Lopreisung für Ernesto „Che" Guevara, oder die Hymne der FSLN, in der es gegen den Yankee geht, den Feind der Menschheit, el Enemigo de la Humanidad.

Auch eine umfassende Agrarreform ist in Nicaragua eingeleitet, jeweils ein Drittel des Landes wird Genossenschaften und Kleinbauern übereignet, der Rest bleibt in staatlicher Hand. Um die Bevölkerung zu versorgen, fördern die Sandinisten zusätzlich zum Kaffee den Anbau von Mais, Reis, Bohnen, Kochbananen und Brotgetreide. Die beiden bürgerlichen Mitglieder der fünfköpfigen Regierungsjunta, Violeta Chamorro und Alfonso Robélo, treten zurück. Alles ist gut.

Was ist das denn? Das Verwaltungsgericht Hannover entscheidet, dass die Räumung des Anti-Atom-Dorfes im Sommer '77 unrechtmäßig verlaufen ist. Die rund 200 Besetzer, darunter 24 Göttinger, von denen die Polizei die Personalien festgestellt hat, sollten für den damaligen Polizeieinsatz insgesamt 212.000 Mark zahlen. Das Gericht gibt nun den Widersprüchen gegen die Zahlungsbefehle statt.

Begründung: Die Räumung ist zu schnell erfolgt, die Bewohner hatten nach den polizeilichen Aufforderungen nicht genügend Zeit, um freiwillig abzuziehen. Das Anti-Atom-Dorf wird mit dem Urteil zwar nicht nachträglich für rechtens erklärt, aber immerhin mal ein juristischer Schuss vor den Bug staatlicher Willkür, so sehen wir das jedenfalls. Einige der Betroffenen beziehungsweise nun Begünstigten geben abends im Theaterkeller ein oder zwei Runden aus.

Das erste Klingeln des Telefons um halb acht hat keiner und keine in Reginas WG gehört, weil wir alle noch schlafen. Erst als es eine Stunde später erneut läutet, geht jemand ran: Die Alarmkette ist ausgelöst worden, die Augenklinik wird geräumt, die ganze Stadt ist voller Bullen.

Wieso das denn? Es gibt doch eine Verhandlungslösung und 85 Ersatzwohnplätze im Klinikum, oder etwa nicht? Ohne Frühstück und „taz"-Lektüre hasten wir los. Offensichtlich kommt die Räumung auch für viele andere zu früh, gerade mal 200 Leute haben sich vor dem Gebäude versammelt. Und nur etwa 20 haben die Nacht drinnen verbracht.

An Widerstand ist nicht mal zu denken. Die Besetzer können immerhin erreichen, dass ihre Personalien beim Abzug nicht notiert werden, obwohl die Zivis natürlich jeden einzelnen von ihnen längst mit Namen kennen. Sie dürfen sogar noch ihre persönlichen Sachen aus den Zimmern holen.

Am Nachmittag kommen immerhin 1.000 Leute zur Demo. Sie zieht zunächst an der Augenklinik vorbei, die nun von Uniformierten besetzt ist. Und dann, nach einer halbstündigen Blockade der Kreuzung Weender Tor, weiter zum Uni-Rektorat auf dem Wilhelmsplatz. Die emsig knipsenden Polizeifotografen werden mit Eiern und Farbbeuteln auf halbwegs erträglicher Distanz gehalten. Steinwürfe entglasen ein paar Fenster.

Unter den Gruppen und Initiativen, die gegen die Räumung protestieren, ist auch der Arbeitsausschuss der Bunte-Liste-Initiative Göttingen.

„Der Polizeieinsatz wird seinen Zweck, einzuschüchtern und weitere Besetzungen zu verhindern, verfehlen", steht in deren Presseerklärung. „Der Wohnungskampf ist mit der Räumung der Augenklinik und mit dem Teilerfolg für die Besetzer nicht zu Ende. Er hat gerade erst begonnen." Auch ein Göttinger Kreisverband der Grünen mit rund 100 Mitgliedern hat sich inzwischen gegründet.

★ ★ ★

4. April 1980

Hallo Tom,

wir haben seit einiger Zeit auch in Göttingen einen US-ähnlichen Schnell-Beschiss, die „Hamburger Farm", und das auch noch mitten in der Fußgängerzone.

Der Geschäftsführer des Hackfleischladens nennt sich „Restaurant-Manager". Er hatte seine Mitarbeiter angewiesen, an südeuropäische Gäste keinen Kaffee mehr auszuschenken, sofern die nicht auch gleichzeitig etwas zu essen bestellen. Das konnte natürlich nicht hingenommen werden.

An einem Samstagmorgen haben wir deshalb mit 70 oder 80 Leuten fast alle freien Plätze in und vor der „Hamburger Farm" besetzt, haben da gemütlich Kaffee oder ein Glas Wasser getrunken, geraucht und gespielt. Im Eingangsbereich bekamen andere Gäste und Passanten Flugblätter in die Hand gedrückt, draußen patrouillierte in sicherem oder sicherndem Abstand die Polizei.

Und so wurde die sonst eher sterile und auf schnelle Abfütterung und hohen Umsatz getrimmte „Hamburger Farm" für einige Stunden zu einem Zentrum von Kreativität und Kommunikation. Bestellt wurde fast nichts, niemand machte Anstalten aufzustehen, außer Doppelkopf und Skat haben wir Schach und das auf die Schnelle selbst kreierte „Farmburger versenken" gespielt.

Die Aktion hat dann auch unmittelbaren Erfolg gezeitigt. Während der „Restaurant-Manager" im (Zwangs-?)Urlaub weilt, haben der „District-Manager" und der „General Manager" die Anweisung öffentlich zurück genommen.

Klasse, oder? Beste Grüße, M.

★ ★ ★

Zum Essen gehen wir selbstverständlich nicht in die „Hamburger Farm“. Niemals. Sondern, wenn überhaupt, zum Griechen. Ins Z-Sorbas oder zu Joannis, dem kleinen Griechen, in die Kurze Geismarstraße. Der Studententeller mit Frikadelle, Leber, Reis, Bohnen und Pommes kostet da nur fünf Mark.

Oder zum Türken. In der Goetheallee, schräg gegenüber von unserer alten WG, hat das Restaurant „Ankara“ aufgemacht. Familienbetrieb. Pirzola, Kebap, Auberginen, türkische Nudeln mit Joghurt-Soße – alles ist schmackhaft und preiswert. Zweimal in der Woche gibt es ein Buffet. Die Familie stammt aus dem Südosten der Türkei, sie sind also quasi Kurden und damit auf jeden Fall bei den Guten.

Karfreitag. Ohne Absprache mit irgendwem besetzen etwa 20 – von den Lüchow-Dannenbergern so genannte – Stadtindianer die Bohrstelle 1004. Wer sie sind und woher sie kommen, ist unklar. Die BI und die Bauern kritisieren heftig die verfrühte Aktion. Sie befürchten eine Räumung, was die Voraussetzungen für die eigentliche Besetzung verschlechtern könnte. Mehrere von den „Stadtindianern“ ausgelöste Fehlalarme, das Gelände werde geräumt, sorgen für zusätzliche Unruhe.

Beim letzten Vorbereitungstreffen in Trebel Mitte April wird der 3. Mai als Beginn der Besetzung festgelegt. Nachdem die auswärtigen Initiativen sich schon seit Wochen auf die Aktion vorbereitet haben und nur noch auf den Startschuss aus dem Landkreis warten, erfolgt hier der Stimmungsumschwung erst jetzt. Nach und nach bekennen sich die örtlichen Widerstandsgruppen zur Platzbesetzung: die BI, die Gorleben-Frauen, die Bäuerliche Notgemeinschaft und die Grünen verfassen entsprechende Erklärungen und veröffentlichen sie in der „Elbe-Jeetzel-Zeitung“.

Die praktischen Vorbereitungen liegen in der Hand von vielleicht 20 Leuten, die nun als „Provisorische Regierung der Republik Freies Wendland“ an die Öffentlichkeit treten. Zum Beispiel mit dieser Erklärung: „30 Jahre haben unfähige Zentralregierungen versucht, das Gebiet der Freien Republik Wendland ihren absurden Vorstellungen von Wirtschaftswachstum und Industrialisierung anzugliedern … Man stiehlt beim einen die Rohstoffe, um beim anderen die Abfälle zu lagern. Wir wehren uns entschieden gegen diese Politik. Wir werden uns auch nicht von den Besatzungstruppen einschüchtern lassen." Dazu ergeht ein Aufruf an alle AKW-Gegner der Bundesrepublik, sich an der Besetzung zu beteiligen. Es geht los.

„Am Wochenende des 3. Mai zogen Hunderte junger Menschen aus dem Landkreis, Landwirte, Handwerker, Schüler, Studenten, verstärkt durch auswärtige Freunde des Landkreises und seiner Bewohner zur Bohrstelle 1004. Die Menge wuchs und wuchs, bis es tausende waren, und sie griffen zu Säge, Hammer, Beil und Nägeln und errichteten auf dem vernichteten Kulturboden die Republik Freies Wendland". Etwas pathetisch beschreiben wir im „Atom Express" die Inbesitznahme des Geländes.

Ungestört von Grünuniformierten, haben sich am Mittag rund 5.000 Leute von Trebel auf den Weg durch den Wald zur Tiefbohrstelle 1004 gemacht. Mehr als 200 Göttingerinnen und Göttinger sind mit dabei.

Schon am Nachmittag stehen das Gerüst des Freundschaftshauses und die ersten Hütten. In der noch provisorischen Küche schrubben Frauen und Männer Gemüse, schmieren Brote, kochen über offenem Feuer in großen Töpfen Suppe. Als jemand über Lautsprecher mal eben kurz die Ergebnisse des Bundesligaspieltags verkünden will, setzt ein ohrenbetäubendes Pfeifkonzert ein, die Durchsage ist leider nicht zu verstehen. Fußballgucken oder -hören ist ziemlich verpönt. Max muss später herumfragen, wer die Resultate im Radio gehört hat.

Eine Arbeitsgruppe der BI hat vorab einen Dorfplan entworfen. Angelehnt an die Wendland-Rundlinge, soll es in der Mitte einen großen Platz geben, um den herum auf der einen Seite Wohnhäuser gebaut und auf der anderen Werkstätten eingerichtet werden. Der Plan hängt an einem Pfahl in der Mitte des Platzes, doch weil es keine weisungsbefugte Bauleitung gibt, hält sich kaum jemand daran. Das Dorf – die Republik Freies Wendland – wird denn auch niemals „fertig", noch bis in die Nacht vor der Räumung hinein arbeiten die Besetzer an neuen Gebäuden.

Liebe Anne,

wo soll ich anfangen? Es passiert hier so viel, es sind so viele Eindrücke, es gibt so unglaublich viel zu beschreiben, doch diese einmalige intensive Stimmung hier in der Republik Freies Wendland lässt sich kaum transportieren, mir fällt es in diesem Brief jedenfalls schwer.

Überall wird gebaut, gesägt, gehämmert. Immer mehr Häuser und Hütten entstehen, jeden Tag verändert der Platz sein Gesicht.

An Baumaterial besteht kein Mangel: Überall liegen Brandholz und abgebrochene Äste herum. Bauern liefern Anhänger voller Stroh, mit gespendetem Geld werden Werkzeug, Teerpappe und Nägel eingekauft, in den Geschäften in Lüchow und Dannenberg wird das Zeug schon knapp. Zum Verfugen nehmen wir Moos, Erde und Zweige. Auch alte Fenster, Draht und mitgebrachte Gummi- und Plastikplanen finden hier Verwendung. Das „Haus der Akrobaten" besteht fast ausschließlich aus ausgedienten Glasfenstern und -türen, eines unserer Göttinger Häuser, „1000-Stroh", haben wir in ein dickes Strohkleid verpackt.

Das Richtfest des Freundschaftshauses haben wir mit einer Theateraufführung, Musik, Suppe und Freibier gefeiert. Das Freundschaftshaus ist als einziges Gebäude nach Plan errichtet und mit vorher zurechtgesägten Brettern und Balken gebaut worden. Es hat einen Durchmesser von fast 30 Metern und bietet Platz für rund 400 Menschen. Hamburger Architekturstudenten haben Statik und Dachkonstruktion so berechnet, dass sich gleichzeitig mehr als 100 Leute auf dem Dach aufhalten können. Das Dach ist ein beliebter Ruhe- und Aussichtsplatz, auch ich sitze da oft, auch jetzt beim Schreiben. Man kann sich hier schön ausruhen und sonnen, mit anderen quatschen und zugucken, wie das Dorf größer und größer wird.

Überall wehen bunte Fahnen, lachen die Sonnen … Die richtige und die rote auf den gelben Fahnen und Aufklebern. Ein grün-gelber Schlagbaum markiert die Grenze der Republik Freies Wendland. In einem kleinen Holzhäuschen mit der Aufschrift „Einreise" können sich Neuankömmlinge einen Wenden-Pass ausstellen lassen, der neben dem Namen, dem Geburtsdatum, der Augenfarbe und den vorgedruckten Angaben „Lebenseinstellung: positiv" und „Denkfähigkeit: gut" diese Erklärung enthält: „Der Inhaber dieses Passes ist Bürger der Republik Freies Wendland und gibt somit zu verstehen, daß ein Staat, der die Unversehrtheit seiner Menschen nicht gewährleistet, der die Ausbeutung aller zugunsten von letztlich niemandem betreibt und an dem tödlichen Mißverständnis festhält, daß Sicherheit durch Waffen hergestellt werden kann, nicht mehr länger der seine ist".

Auch außerhalb des besetzten Platzes hat der Pass schon für Aufsehen gesorgt. Ein AKW-Gegner aus Berlin hat ihn bei der Einreise nach Griechenland vorgelegt, er wurde tatsächlich abgestempelt: Drei Monate Aufenthaltsgenehmigung, aber keine Arbeitserlaubnis. Eine Frau, die mit dem Wenden-Pass durch die DDR nach West-Berlin fahren wollte, ist allerdings in Helmstedt abgewiesen worden.

Gegenüber vom Pass-Häuschen haben wir Stelltafeln aufgestellt. Sie erläutern die aktuellen Beschlüsse und informieren über besondere Anliegen einzelner Gruppen, auch Mitfahrgelegenheiten werden hier angeboten und Leute gesucht für bestimmte Arbeiten. An einem Fahrradständer und „Klein-Berlin", dem Wohnkomplex der West-Berliner Besetzer, vorbei führt der Weg auf den Dorfplatz. An dem Pfahl in der Mitte des Platzes hängt nun eine Holztafel: „Frühwendische Kultur- und Arbeitsstätte – wird auf das Jahr 1004 datiert".

Auf den Platz hin sind wie bei den Rundlingsdörfern hier im Wendland die Eingänge der Gemeinschaftsgebäude ausgerichtet: Versammlungszelt und Freundschaftshaus, Kinderhaus und Frauenhaus, Küche und „Klinikum Freies Wendland", die von erfahrenen Demo-Sanitätern aufgebaute Gesundheitsstation. Dahinter sind die Wasch- und Badestellen, inzwischen gibt es auch Sonnenduschen und ein Schwitzbad.

Und dann das fast unüberschaubare Gewirr von Hütten: Nahezu alle Baustile sind vertreten, schicke Rundhäuser mit Dachterrassen, Häuser aus Holz, Stroh – ich habe es oben schon geschrieben – und Glasflaschen, Indianerzelte, Erdlöcher. Viele Häuser sind bunt beflaggt oder beschildert. Das „Fritz-Teufel-Haus" musste schon für die Anschuldigung des Lüneburger Regierungspräsidenten Wandhoff herhalten, die Republik Freies Wendland sei ein Refugium für Terroristen und Gewalttäter.

Auch die beiden Türme und die Schiffschaukel – errichtet, um eine Räumung zu erschweren – geben einschlägig interessierten Medien Anlass zur Stimmungsmache. „Dort oben haben sie Wachs für die Bullen", hat etwa die „Bild" einen erfundenen Dorfbewohner zitiert.

Etwas abseits, im Wald, eine Batterie von Latrinen, Löcher mit darüber gelegten Holzbretteren die primitiveren, Holzgestelle mit Sitzbalken und Dach die komfortableren. Wer es schafft, mit den um die Knöchel baumelnden Hosen auch die Schamschranken fallen zu lassen, sitzt hier ausgiebig und mit Genuss auf dem Klo, plaudert mit dem ebenfalls enthemmten Nachbarn und fühlt sich gleich wieder ein Stück freier.

Obwohl das mit dem Freiheitsgefühl eigentlich kaum noch zu toppen ist. Einzige Einschränkung: Alle wissen, dass dieser Traum nicht ewig dauern wird. Alle sind sich im Klaren darüber, dass der Platz bei einer Räumung nicht gehalten werden kann.

Liebe Grüße, M.

Am neunten Tag der Besetzung errichten Göttinger Theologiestudenten eine Holzkirche. Der evangelische Pfarrer Martin Ritter aus dem Landkreis Lüchow-Dannenberg hält vor mehr als 100 Zuhörern einen Gottesdienst ab, was in höheren Kirchenkreisen für Verstimmung sorgt. Die hannoversche Landeskirche beeilt sich zu versichern, dass keiner ihrer Pastoren beim Kirchenbau beteiligt war und erlässt ein Predigtverbot für einen Pfarrer aus Gartow. Und der Lüneburger Regionalbischof stellt klar: „Die Gemeindekirche steht in Trebel."

Zwischendurch in Göttingen müssen wir mal auch mal wieder in der PH vorbeischauen, die Gerüchte um ihre Schließung verdichten sich, prophylaktisch wird schon mal demonstriert. Es gibt auch Sitz-Proteste, und mehrere Dutzend Studenten übernachten auf Matratzen in den Fluren und Seminarräumen. Wir trinken Kaffee im PH-Streikcafé, erteilen ein paar schlaue Ratschläge und ziehen wieder ab.

Die Versorgung der Republik Freies Wendland mit Lebensmitteln ist zunächst kein Problem. Frauen aus den umliegenden Dörfern kommen mit Brot und Gemüse und Suppen in großen Kesseln und schaffen einmal sogar ein hausgeschlachtetes Schwein heran. Kartoffeln werden so reichlich angeliefert, dass die Küchengruppe einen Anlieferungsstopp verfügen muss.

Bevor im Dorf eine eigene Wasserbohrung niedergebracht ist, schleppt ein Feuerwehrmann mit einem Traktor allabendlich einen großen Tank

Trinkwasser an. Eine Baumschule stiftet 5.000 Setzlinge. Und eines Abends tauchen unverhofft ein paar Damen im langen Kleid und Herren im Anzug auf und überreichen etwas verlegen Platten mit Häppchen, die von einer Geschäftseinweihung übrig geblieben sind. Was fehlt, wird mit gespendetem oder durch den Verkauf der Wendenpässe eingenommenem Geld gekauft.

Es ist Donnerstag oder Freitag, Uwe und Max fahren nach Gorleben. In Uelzen, in einer Kurve, springt die Heckklappe eines vor ihnen fahrenden Kühl-Lastwagens auf. Dutzende tief gefrorene Hühner kullern auf die Fahrbahn. Die beiden halten, wetzen aus dem Auto und sammeln ein paar Vögel auf. Weil sich ein Stau bildet, in anderen Wagen wie verrückt gehupt wird und auch der LKW-Fahrer aussteigt und merkwürdige Gebärden macht, müssen sie die Beschaffungsaktion leider abbrechen. Drei oder vier Hühner haben sie sich aber gegriffen. Abends in der Göttinger Siedlung im Anti-Atom-Dorf herrscht große Freude ob der Mitbringsel, unsere Leute grillen die erst halb aufgetauten Tiere über offenem Feuer.

Ermuntert von dem Erfolg, gehen Uwe und Max am Folgetag an einem Teich bei Pisselberg angeln. Es will aber nichts anbeißen. Weil überdies nach einer Weile der Pächter des Gewässers mit umgehängter Flinte auftaucht, müssen sie den Fischzug ergebnislos beenden.

Zwei Altvorderen aus dem wendländischen Widerstand, Lilo Wollny und Marianne von Alemann, ist es gelungen, mit wenigen treffenden Worten die Stimmung und die Atmosphäre in der Republik Freies Wendland einzufangen: „Auf dem Platz, als ich die Leute gesehen hab', hatte ich andauernd das Gefühl, ich muss die irgendwie in den Arm nehmen, und ich hab' das auch gemacht. Und ich fand es wunderschön, wenn jemand kam und mich in den Arm nahm." Und: „Wir kennen ja nun die Pseudogemeinschaften im Nationalsozialismus, in dem wir mittendrin gesteckt haben. Was sich aber hier an Gemeinschaft herausgebildet hat, das Zusammengehörigkeitsgefühl, das ist ein unwahrscheinliches Erlebnis für uns."

Während der Woche leben ständig 300 bis 500 Menschen auf dem Platz, an den Wochenenden erheblich mehr. Pfingsten sind es rund 5.000. Sie erleben ein großartiges Kulturprogramm, von einem Jugend-Sinfonie-Orchester mit dem Dirigenten auf einem umgestülpten Waschbottich bis Walter Moßmann, mit Theater, Filmen und Dias, mit Komikern, Clowns und Pantomimen.

Eines Abends verlangen fünf Uniformierte am Schlagbaum Einlass. Der Anführer trägt eine weiße Fahne, hinter ihm zwei Männer mit Trompete und Tuba und zwei Frauen mit einem Transparent. „Wir wollen freie Wenden werden", steht darauf. Zu Blasmusik und in Formation marschiert die Gruppe weiter auf den Dorfplatz. Der Fahnenträger ruft: „Wir grüßen die wendische Kultstätte mit einem dreifachen Wat mutt – dat mutt!" Spätestens jetzt ist dem Letzten klar, hier wird Theater gespielt.

Wolf Biermann kommt auf den Platz, diskutiert und singt mit den Besetzern. Auch alle möglichen „normalen" Leute besuchen das Dorf, die sechste Klasse einer Schule bei Hamburg lässt sich von BI-Mitgliedern über das Gelände führen und fühlt sich dabei offensichtlich sehr wohl.

Dann schauen die 200 Delegierten des in Hannover tagenden Juso-Bundeskongresses mit ihrem Vorsitzenden Gerhard Schröder vorbei. Wir haben eigens für sie große Abfalleimer aufgestellt und ein Schild mit der Aufschrift „Für die Parteibücher" gemalt. Nach dem Besuch ruft der Juso-Bundesvorstand – ebenso wie die FDP-Jugendorganisation Jungdemokraten – öffentlich dazu auf, die Besetzung zu unterstützen und bei einer Räumung passiven Widerstand zu leisten. Täglich ab 13.30 Uhr gibt es „Ponyreiten für Touristen".

Es kommen aber auch andere Besucher: Der Typ, der abends durchs Dorf schleicht und kostenlos LSD-Trips anbietet – das pure Gift, sagt Walter Moßmann, der es von einem weiß, der sich auskennt. Das Kripo-Pärchen in seinem ollen VW-Bus, das erst kurz vor Ende der Besetzung enttarnt und verjagt wird. Der Fotograf der „Bild"-Zeitung, der sich mit „Atomkraft? Nein Danke!"-Anstecker und ordentlich verdreckten Jeans für den Fronteinsatz verkleidet hat – das Blatt verbreitet zu seinen Bildern den Text, dass Mollis und Pflastersteine im Dorf schon gestapelt werden. Die „Quick" kann es nicht lassen, ihren Bericht trotz gegenteiliger Zusage mit einem großen Foto von nackten Frauen unter der Dusche aufzumachen.

* * *

Die DWK als Grundstückseigentümerin und die niedersächsische Landesregierung reagieren wie erwartet auf die Besetzung. Sie verweisen auf allerlei Verstöße, Ordnungswidrigkeiten und Rechtsbrüche. Landesinnenminister Egbert Möcklinghoff von der CDU verkündet bei einem Besuch im Landkreis, dass die „scheinbare Idylle und das rechtschaffene, ärmliche und gewaltfreie Bild nur Kulisse" sind.

Landes- und Bezirksregierung drängen in amtlichen Hinweisen und Bekanntmachungen immer nachdrücklicher auf einen Abzug der Besetzer. Und führen in ihren Forderungen nach einer Räumung eine bunte Liste „dauernder eklatanter Rechtsverstöße" an: fahrlässiges Herbeiführen einer Brandgefahr, Verstöße gegen das Bundesbaugesetz, gegen die niedersächsische Bauordnung, gegen das Feld- und Forstordnungsgesetz, gegen das Meldegesetz.

Die „Freien Wenden", wie sich die Dorfbewohner nun nennen, antworten ihrerseits mit Erklärungen und Leserbriefen. Eine Delegation reist nach Bonn, um mit Bundesinnenminister Gerhard Baum (FDP) über ihre Bedingungen für ein freiwilliges Verlassen des Platzes zu verhandeln: Veröffentlichung der Bohrprotokolle, Stopp der Bohrungen, Stopp aller Genehmigungsverfahren für Atomanlagen im Wendland, ein öffentliches Hearing über das „Entsorgungskonzept" der Bundesregierung – außer der Zusage für ein Hearing kommt bei den Treffen aber nichts heraus. Wenige Tage vor der Räumung beantragen Platzbesetzer bei der Bezirksregierung Lüneburg noch, „das lebende Kulturdenkmal 1004 Republik Freies Wendland unter Denkmalschutz zu stellen".

Natürlich läuft nicht alles rund in der Republik Freies Wendland. Im täglich tagenden Sprecherrat und in den Vollversammlungen gibt es Streit: Wie verhalten wir uns bei der Räumung? Was ist unter dem von der BI zur Bedingung für ihre Unterstützung gemachten passivem Widerstand denn nun genau zu verstehen? Niemand will das Dorf militärisch verteidigen, aber wir und Gruppen aus Hamburg und Bremen geben zu bedenken, dass durchaus andere Verhaltensweisen in Frage kommen, als sich von der Polizei an Armen und Beinen wegschleifen zu lassen.

Befeuert wird die Diskussion durch Berichte über die Auseinandersetzung bei der Rekrutenvereidigung im Bremer Weserstadion. Tausende

Kriegsgegner haben dort der Polizei eine stundenlange Straßenschlacht geliefert, Hunderte Menschen wurden verletzt und festgenommen, etliche Bundeswehr- und Polizeifahrzeuge gingen in Flammen auf. Verteidigungsminister Hans Apel und Bremens Regierender Bürgermeister Hans Koschnik konnten das Stadion nur im Hubschrauber erreichen. Die Autonomen haben das natürlich gefeiert.

Doch in der Republik Freies Wendland sind die Vertreter eines gewaltfreien Widerstandes klar in der Mehrheit. Aber was ist mit Barrikaden? Ein Anti-Atom-Dorf, eine Räumung ohne Barrikaden, das kann doch wohl nicht wahr sein! Weil es keine Einigung gab, haben wir selbst welche gebaut, ganz kleine nur aus Schwachholz, aber eben Barrikaden, und ein paar Gruben auf den Waldwegen ausgehoben. Nach einer Intervention des Bürgermeisters von Trebel, der zwar mit der Besetzung sympathisiert, aber nicht mit der Verbarrikadierung seiner Gemeindewege, wurde beschlossen, die Hindernisse wieder abzubauen. Da aber niemand den Beschluss umsetzt, stehen die angefangenen Barrikaden immer noch im Wald herum.

Walter Moßmann regt sich im Sprecherrat ziemlich auf über diese Barrikaden. Für den BGS seien sie ein Witz, für den Bürgermeister aber gar nicht witzig. Dem stiegen jetzt die Leute aufs Dach und beschwerten sich. Und überhaupt, was sei das für eine Befreiung, die sagt, erlaubt ist, was einem Spaß macht, jeder bestimmt seine Aktionsformen selbst. Das sei Sozialdarwinismus, keine Emanzipation. Der Widerstand im Wendland müsse sich dort entwickeln, jede Aktion, die sich einen Dreck um die Leute vor Ort schert, sei kolonialistisch. Wer mutige Aktionen machen wolle, solle entweder selbst ins Wendland ziehen, sich auf den Alltag dort einlassen und bei der Bevölkerung für diese Aktionen werben. Oder man solle sie in Hamburg oder Göttingen oder Berlin machen, wo man sich auskenne und die Folgen absehen könne.

Irgendwann am Pfingstwochenende haben irgendwelche Leute Zäune und Sicherungsanlagen einer anderen Tiefbohrstelle beschädigt und zwei Hochsitze umgesägt, die einem Bauern gehören, aber vom BGS als Aussichtstürme genutzt werden. Während einige das rechtfertigen, indem sie auf die Notwendigkeit hinweisen, Atomindustrie und Staat überall entgegen zu treten, kritisieren die meisten im Dorf die Aktion – sie befürchten eine schlechte Presse und Vertrauensschwund bei der Bevölkerung. Und haben damit das ultimative Argument in der Hand: Weil das Dorf ohne die Anwesenheit und Unterstützung der Lüchow-Dannenberger weder entstanden noch zu halten gewesen wäre, kann mit der – tatsächlichen oder vermeintlichen – Angst dieser Menschen vor bestimmten Verhaltensweisen und Widerstandsformen Politik gemacht und durchgesetzt werden.

Ende Mai haben gewaltfreie Aktionsgruppen Planspiele für die Räumung organisiert. Daran beteiligten sich auch Leute, die sich bei der „richtigen" Räumung per Mehrheitsbeschluss gegen ihre Überzeugung zu Friedfertigkeit und Passivität verpflichtet fühlten und bei der Generalprobe noch einmal die Möglichkeit sahen, ihre Vorstellungen vom Widerstand zu demonstrieren. Sie rüsteten sich mit Helmen und Fahnenstangen aus, es kam zu Aggressionen und Prügeleien zwischen „Polizisten" und „Besetzern", was viele Beteiligte sichtlich verängstigte. Die Veranstalter brachen den Test überhastet ab.

Andere Gruppen haben ein Lied eingeübt, sie nennen es das Wendlandlied. Es soll, erklären sie, bei der Räumung nach der Melodie von „Another Brick in the Wall" gesungen werden und geht so: „Wir woll'n keine Polizisten, wir woll'n keine Staatsgewalt. Hey, Cops, schmeißt die Knüppel weg!"

Schon kurz nach Beginn der Besetzung hat eine Gruppe damit begonnen, nach dem Vorbild von „Radio Verte Fessenheim" – dem Piratensender der Umweltbewegung im sogenannten Dreyeckland am Ober- und Hochrhein – ein Dorfradio aufzubauen. Am 18. Juni ist es so weit. Hunderte Bewohner der Republik Freies Wendland sitzen im Kreis um den Lautsprecherwagen und lauschen der ersten Sendung: Anti-Atom-Lieder, die zum Teil erst auf dem Platz getextet und komponiert wurden, Interviews mit Besetzern und Menschen aus dem Landkreis.

„Radio Freies Wendland" sendet von nun an alle paar Tage. Am Tag der Räumung überträgt es den Polizeieinsatz in bis zu 60 Kilometer entfernte Empfangsgeräte. Die auf Ton-Kassetten erhaltene Sendung ist ein einzigartiges Dokument des Widerstandes. Und sie ist, wie Walter Moßmann später schreibt, „für die möglichen Opfer polizeilicher Putativ-Notwehr so eine Art Lebensversicherung m.b.H. ... ,Radio Freies Wendland' jedenfalls ist immer da geblieben, der letzte Zeuge, der auch gehört wurde."

Gleichzeitig ist eine Besetzerzeitung entstanden. Sie wird auch der „taz" beigelegt.

★ ★ ★

Am 4. Juni machen mehrere tausend Polizei- und BGS-Beamte – viele von ihnen sind vermummt und haben ihre Gesichter geschwärzt – der Republik Freies Wendland ein Ende. Der Sprecherrat hat am Vorabend die Alarmkette ausgelöst, viele hundert Leute kommen noch in der Nacht im Dorf an, meistens auf Schleichwegen, weil die Straßen abgesperrt oder zumindest Kontrollstellen aufgebaut sind – auch Regina und viele andere Freunde aus Göttingen kommen.

Obwohl keiner weiß, was ein paar Stunden später passieren wird, ist die Stimmung in der Nacht ziemlich entspannt, gelassen. Das ist eigenartig. Die Küchenbrigade hat sich noch einmal mächtig ins Zeug gelegt und Dutzende Kessel Eintopf und Suppe gekocht. Auch frisches Brot ist in Mengen da, Schokolade, Tee und Kaffee, kistenweise Wasser und Säfte. Für die Neuankömmlinge – viele sind das erste Mal da – gibt es Infoveranstaltungen im Freundschaftshaus. Wir sitzen und reden vor unserer kleinen Göttinger Siedlung am Feuer.

Wer überhaupt schläft, wird im Morgengrauen geweckt. Die Bullen kommen. Als es hell ist, haben sie schon das ganze Gelände umstellt. Hubschrauber donnern im Tiefflug über die Baumwipfel, setzten frische Kräfte ab, starten wieder, wirbeln dröhnend Sand und Staub auf. „Die sind herrlich rübergegangen. Schöner Bogen, gleichmäßiger Abstand. Vom Dorf war bei dem Staub nichts mehr zu sehen. Unheimliche Klamotte, ganz prima", zitiert der „Stern" später aus dem Polizeifunk.

Kurz vor sieben Uhr ergeht die erste Aufforderung der Landkreisverwaltung, den Platz unverzüglich zu verlassen. Wir sind vielleicht 3.000, haben uns auf den Boden gesetzt und eingehakt, singen Lieder. Die zweite beantworten wir mit der Durchsage, die Polizei solle unser Territorium umgehend verlassen. Einige, die unbedingt vom Platz müssen, die nicht verhaftet und erkennungsdienstlich behandelt werden wollen, stehen auf und gehen, aber es sind nur wenige. Ein Typ mit Akkordeon klettert in die am Vormittag neu befestigte fünf Meter hohe Schiffschaukel und fängt an zu spielen. In der Mitte des Platzes sitzt Walter Moßmann und singt und singt. Die Leute am Mikrofon mahnen, sich nicht provozieren zu lassen.

Dritte Aufforderung, den Platz zu verlassen. Bis 9.30 Uhr. Die Frist verstreicht. Doch dann beginnen sie, die am Rand stehenden Häuser plattzumachen. Sie rollen mit Bulldozern darüber und wieder zurück. Wir sehen die Hütten, unsere Hütten, zusammenfallen, wir hören Holz krachen und splittern, wir schreien, schimpfen, pfeifen vor Wut und können nichts anderes machen. Wir müssen zusehen, wie sie alles, alles zerstören.

Dann beginnt die Räumung. Die Polizisten zerren uns einzeln aus der Menge, führen uns ab wie Vieh und werfen uns hinter ihren Absperrungen ab. Je länger die Räumung dauert, desto ruppiger geht es dabei zu. Die unter den Türmen ausharrenden Besetzer werden weggeprügelt. Einen treten sie in den Bauch und schlagen wie entfesselt mit langen Holzknüppeln auf seinen Kopf. Auch Journalisten werden weggeschubst und geschlagen. Als Letzte sind die Leute im großen Turm dran – sie werden von Beamten abgeräumt, die sich in irren Manövern von Helikoptern abgeseilt haben. Einen der Turmbesetzer schlagen sie so heftig auf den Kopf, dass er einen Schädelriss erleidet. Er muss eine Woche im Krankenhaus bleiben.

Dann durchkämmen Polizisten die noch stehenden Hütten, sammeln zurückgelassene Kleidungsstücke, Küchenkram und Lebensmittel ein und werfen alles auf einen Haufen. Einzelne Beamte zerschlagen grinsend Scheiben.

Am Abend sind auch die Türme und die Schiffschaukel gefällt. Um 20 Uhr ist das Zerstörungswerk beendet.

8. Juni 1980

Hallo Tom,
ja, es war so, viele Leute haben bei der Räumung geweint. Aber nicht alle. Einige tanzten auch, lachten und freuten sich, dass alles so gut, so gewaltfrei abgelaufen ist von unserer Seite. Das Abräumen war noch in vollem Gange, da hatten sie schon die Megafone in der Hand und forderten die Abgeräumten auf, sich noch weiter zurückzuziehen, es habe doch keinen Sinn mehr, jetzt noch zu provozieren. Außerdem habe der provisorische Sprecherrat das mit der Polizei so ausgehandelt. Einen provisorischen Sprecherrat gab es aber gar nicht.
Ich habe gesehen, wie ein paar Leute den Polizeipferden Zucker gaben oder Brot, wie sie die Tiere tätschelten und mit den Reitern herumalberten. Ein Freund aus dem Arbeitskreis kam gerade abgeräumt vom Platz. Er hob

ein Stöckchen – es war wirklich nur ein Stöckchen – vom Boden auf und warf es zurück. Im Nu waren drei, vier von den Ausgelassenen um ihn herum. Ob er denn verrückt sei, schrien sie ihn an, und die ganze Aktion gefährden wolle. Einer nannte ihn einen Provokateur und drohte ihm Prügel an, dann waren sie schon wieder am Hin- und Herwedeln, Klatschen, Lachen.

Zornige Grüße, M.

Ärztliches Attest.

„Heute, um 18 Uhr, untersuchte ich Herrn Hans Erich Sauerteig, geb. 9.5.1944. Ich stellte in seinem Gesicht mehrere etwa 3-5 cm lange Schürfwunden, eine Schwellung über dem Nasenbein mit Hämatombildung und eine Blutunterlaufung an der Unterlippe fest. Der Patient klagte über starke Kopfschmerzen, der rechte Daumen zeigt Sensibilitätsstörungen, die linke Schulter ist geschwollen und in ihrer freien Beweglichkeit behindert. Herr Sauerteig gibt an, bei der Räumung des Bohrplatzes 1004 von mehreren Polizeibeamten geschlagen und sogar mit dem Stiefel ins Gesicht getreten worden zu sein. Dem würden die festgestellten Verletzungen entsprechen. Das linke Auge zeigt eine Blutung – diese könnte durch ein Würgen mit dem Gummiknüppel entstanden sein, die der Patient angibt."

Dr. med. Jochen K., praktischer Arzt. Lüchow, den 4.6.1980.

Brief von Eso aus dem Knast.

„mit ohnmächtiger wut verfolgen wir drei inhaftierten grohnde-angeklagten christian, jerry und ich hier im knast die räumung des anti-atomdorfes. … wir wären gern bei euch gewesen, besonders jetzt bei der räumung. Wir kennen das gefühl der hilflosigkeit, so eingeklemmt zwischen einem haufen von schmiermicheln zu hocken, wir kennen die gefühle, die in einem hochkommen, schwankend zwischen beklemmung, angst, trauer, verzweiflung, wut und haß … wir möchten euch auffordern, trotz der brutalen niederknüppelung eures widerstandes erneut nach gorleben zurückzugehen und erneut einen platz zu besetzen oder wenn das nicht geht, an einen anderen platz zu gehen und den zerrissenen faden dort wieder anzuknüpfen und ein neues dorf zu bauen."

Doch es wird kein neues Dorf gebaut, jedenfalls nicht in Gorleben. Die gewaltfreien Aktionsgruppen und die BI Lüchow-Dannenberg verhindern aus Furcht vor gewaltsamen Auseinandersetzungen, dass es eine Großdemonstration in Gorleben gibt – was unseres Erachtens die angemessene politische Antwort auf die Räumung gewesen wäre. Wir glauben nicht, dass der erneute, unmittelbare Versuch einer Platzbesetzung mit zehntausenden Menschen die Bevölkerung verschreckt und den Widerstand im Wendland zurückgeworfen hätte. Im Gegenteil: Wir meinen, dass eine große Gelegenheit verpasst wird, die Wir-können-ja-doch-nichts-machen-Stimmung wieder umzudrehen.

Zwar gehen nach der Räumung überall in der BRD viele Leute auf die Straße. Es gibt in rund 80 Städten Demos und Kirchenbesetzungen, „Botschaften" der Republik Freies Wendland werden auf Plätzen und in Parks eröffnet. Über der Göttinger Botschaft im Cheltenham-Park hängt ein Transparent mit der Aufschrift: „Unser Dorf könnt ihr zerstören, aber nicht die Kraft, die es schuf." Das alles läuft unter den Motto „Gorleben ist überall."

Doch es ist eben nicht überall und schon gar nicht auf Dauer. Die Proteste verpuffen rasch. Auch weil sie nicht in einer gemeinsamen Demonstration am Bohrplatz zusammengeführt werden – glauben wir zumindest. Niedersachsens Innenminister Möcklinghoff bezeichnet es als wichtig, „… einigen verwirrten und irrenden jungen Menschen wieder zu einem gesetzlich fundierten Rechtsbewußtsein verholfen zu haben".

Tage und Nächte lang diskutieren wir darüber, ob die Republik Freies Wendland als Erfolg zu werten ist. Ja, weil die Aktion innerhalb der Anti-AKW-Bewegung und der Bevölkerung im Wendland stark verankert war. Weil sie in vielen Gruppen und an vielen Orten neue Kräfte freigesetzt hat. Weil sie das Thema Bohrungen und Atommüll in die Öffentlichkeit getragen hat. Nein, weil unsere politischen Forderungen weitgehend unerfüllt blieben. Aber war das nicht von vornherein klar?

Keine Frage, der Widerstand hat sich entwickelt, er ist breiter geworden. Gleichzeitig wurde deutlich, dass bei vielen die Angst vor weitergehenden Protest- und Aktionsformen der eigenen Mitkämpfer größer ist als die Angst vor dem Atomprogramm. Die bei der Räumung zur Schau getragene

Wehrlosigkeit gegenüber dem staatlichen Gewaltapparat war auch eine Bankrotterklärung. Sie macht den Widertand kalkulierbar und integrierbar.

★ ★ ★

22. Juni 1980

Hallo Tom,
Gorleben beschäftigt uns immer noch, aber es gibt jetzt auch wieder andere Themen. Nazis zum Beispiel.

Am 17. Juni wollte die NPD ihr „Deutschlandtreffen" dieses Jahr nämlich in Nordhessen machen, bei Philippsthal, dicht an der Grenze zur DDR. Weil das nicht sehr weit von Göttingen entfernt liegt, mussten wir da natürlich hin. Wir haben uns im Frühjahr zu viert einen gebrauchten VW-Bus gekauft, mit dem wir im Sommer nach Skandinavien wollen. Am KB-Büchertisch in Göttingen haben wir einen großen Anti-Atom-Sonnen-Aufkleber gegen einen ebenso großen Antifa-Aufkleber eingetauscht, der kam an die Fahrerseite vom Bus, eine Anti-Atom-Sonne auf die andere Seite, und so geschmückt ging es damit zum Nazis-Jagen.

Am Vorabend gab es auf einer Wiese bei Eschwege ein Rock-gegen-Rechts-Konzert, es spielten nicht ganz so namhafte Bands wie im Jahr zuvor in Frankfurt und es waren auch nicht ganz so viele Leute da, aber die Stimmung war ganz gut.

Wir sind erst spät ins Bett beziehungsweise ins Zelt gekommen und kurz danach schon wieder aufgestanden, denn wie man weiß: Nur der frühe Vogel fängt den Wurm. Die Demo-Leitung hatte Melder mit Motorrädern ausgesandt, die nach den Nazis suchen und uns mit dem Autokonvoi dann dorthin lotsen sollen. Leider klappte das überhaupt nicht, einige Melder kamen gar nicht zurück, andere hatten keine Nazis gefunden oder brachten höchst unterschiedliche Informationen mit.

Die Demo-Leitung wusste dann auch nicht recht, was weiter zu tun war. Deshalb haben sich immer mehr Gruppen auf eigene Faust auf die Suche nach den Nazis gemacht. Wir sind in einem Trupp von rund 100 Leuten mit 20 oder 30 Autos unterwegs gewesen, sind stundenlang auf kleinsten Straßen und Wegen durch die wunderschöne nordhessische Landschaft gekurvt und haben die Teilnehmer eines ökumenischen Gottesdienstes unter freiem Himmel in Angst und Schrecken versetzt, die wir irrtümlich für Nazis hielten.

Immerhin kriegten wir am Nachmittag doch noch ein paar richtige Nazis zu Gesicht, meist ältere Herren, die in einem Bus an uns vorbeifahren, als wir gerade über das weitere Vorgehen beraten haben. Wir haben ein paar Steine auf den Bus geworfen, der gab Gas, das ist es dann aber auch schon gewesen.

Am Abend haben sich viele noch mal auf dem Zeltplatz in Eschwege getroffen und ihre Erlebnisse zusammengetragen. Die waren ganz unterschiedlich. Während einige Freunde aus dem Arbeitskreis erzählten, sie hätten den lieben langen Tag nicht einen einzigen Nazi zu Gesicht bekommen, berichteten andere von heftigen Prügeleien. In dem Ort Malkomes sind Nazis und Antifaschisten offenbar vor einer Polizeisperre aufeinander getroffen. Die NPD-Busse gerieten in einen Steinhagel, die Nazis stoppten im Gegenzug zwei Lastwagen aus der DDR. Die Fahrer mussten raus, die Hänger wurden abgekoppelt und sollten von den Nazis wohl die Böschung hinunter geschoben werden, die Antifas konnten das aber verhindern, die Nazis flohen, zwei von ihnen zurückgelassene Autos wurden demoliert.

Antifaschistische Grüße, M.

Fußball-Europameisterschaft in Italien, acht Mannschaften haben sich für die Endrunde qualifiziert. Wir schauen die Spiele im Fernsehen. Aber für wen soll man sein? Da bietet sich kein Land so richtig an. Vielleicht die Tschechoslowakei? Oder die Niederlande?

Für die BRD jedenfalls nicht. Schon wegen der vielen unsympathischen Spieler mit den unsympathischen Vornamen: Karlheinz Förster, Hans-Peter Briegel, Karl-Heinz Rummenigge. Die BRD-Mannschaft schert sich aber nicht um unsere Antipathien und gewinnt das Turnier, 2:1 heißt es im Finale gegen Belgien. Beide Tore schießt Horst Hrubesch. Den findet Max gar nicht so schlecht, weil er angelt, Bücher liest und nicht so prätentiös daherkommt wie viele andere Spieler.

Auf ihrer BRD-Tournee machen vier „Kraaker", also Hausbesetzer, aus Amsterdam in Göttingen Station. Sie haben viele Fotos und einen Film über den Häuserkampf in den Niederlanden und die kürzlich über die Bühne gegangene „Schlacht in der Amsterdamer Vondelstraat" dabei. „Kraaken" ist im Nachbarland eine Art Volkssport, mehr als 100.000 Wohnungen sollen schon besetzt sein. In Amsterdam gibt es zum Beispiel ein „Kraaker"-Büro, das leer-stehende Häuser ausfindig macht und bei Besetzungen mit Rat und Tat hilft.

Bislang, erzählen die Genossen, hatten die „Kraaker" eine relativ libe-rale Rechtsprechung auf ihrer Seite, die eine Räumung einmal besetzter Wohnungen kaum mehr möglich macht. Inzwischen sollen die Hausbe-sitzer den Besetzern aber immer häufiger Schlägertrupps auf den Hals hetzen, was wiederum deren Widerstand erheblich radikalisiert hat. Anders als hierzulande, hat sich die niederländische Protestbewegung nicht an der Gewaltfrage spalten lassen, insofern haben uns die „Kraaker" einiges voraus.

Das Uni-Präsidium beanstandet die aktuelle Ausgabe der AStA-Zeitung „Göttinger Nachrichten" wegen angeblicher Wahrnehmung des sogenannten allgemeinpolitischen Mandates. Seit das novellierte Niedersächsische Hoch-schulgesetz in Kraft ist, dürfen die ASten nur noch die „Belange der Stu-dentenschaft" vertreten und sich nur noch zu hochschulpolitischen Themen äußern. Dem Göttinger AStA wird außerdem aufgegeben, zwei Drittel der Druckkosten der inkriminierten Ausgabe den Haushaltsmitteln der Studen-tenschaft wieder zuzuführen.

Der AStA erklärt ganz in unserem Sinn: Das NHG und die Fiktion einer Trennung von allgemeinem und hochschulpolitischen Mandat liefern der Uni-Bürokratie das Instrumentarium, missliebige Äußerungen zu ver-bieten und die AStA-Referenten durch Geldbußen zu disziplinieren.

Wir fahren zu dritt nach Bonn, um für den „Atom Express" ein Interview mit dem iranischen Botschafter Mohammad Mehdi Navab-Motlagh über das iranische Atomprogramm zu machen. Die Bundesregierung hat auf Druck der USA die diplomatischen Beziehungen zu Teheran heruntergefahren, ein richtiger Botschafter ist derzeit nicht erwünscht. Deswegen nennt sich Navab Geschäftsträger der islamischen Republik Iran, er ist der ranghöchste Dip-lomat seines Landes in Bonn.

Das Schah-Regime hatte angeblich geplant, bis Anfang der 1990er Jahre 20 Atomkraftwerke zu bauen. Hält die jetzige Führung daran fest? Nein, sagt Navab. Seine Regierung vertrete die Ansicht, dass ein so ehrgeiziges

Atomprogramm Bestandteil eines ausbeuterischen Prozesses im Interesse der Kapitalmächte ist. Oha.

Auch der von der westdeutschen Kraftwerke Union (KWU) begonnene Bau des AKW in Busheer werde nicht weiter verfolgt. Und dann, wörtlich, wir haben es aufgenommen: „Für die Islamische Republik Iran halten wir Kernenergie nicht für vertretbar, weil wir den Energiebedarf des Landes aus anderen Energieträgern sicherer und wirtschaftlicher decken können."

Ungefähr eine Stunde reden wir über Energiethemen, danach zwei weitere Stunden über Gott und die Welt. Also über die US-amerikanischen Geiseln im Iran, über den „Nach"rüstungsbeschluss der NATO, die Situation der Kurden und die Konflikte der im Iran operierenden Organisationen und Fraktionen.

Unser Eindruck: Navab gehört eher zur sozialistisch-internationalistischen „Bani Sadr"-Fraktion, wie ein religiös-radikaler Moslem wirkt er jedenfalls nicht, auch wenn er sich klar zu seinem Glauben bekennt. Er spricht immer wieder über die Befreiungskämpfe der Völker in der Dritten Welt, die sich hauptsächlich gegen die USA und die westlichen Industriestaaten richten müssten. Und er sagt, dass der Iran bedeutende Geldmittel in diese Kämpfe investiert, namentlich die Guerillabewegungen in El Salvador und Guatemala würden massiv unterstützt.

Auf dem Rückweg kommen uns aber Zweifel: Vielleicht hätten sich bei mehr Nachhaken ja doch größere Bruchstellen in Navabs Ausführungen aufgetan. Manche Themen wie die Unterdrückung von Frauen im Iran haben wir gar nicht angeschnitten. Navab wird bis 1983 Chefdiplomat in Bonn bleiben, danach steigt er zum iranischen Vizewirtschaftsminister auf.

Auf der Nordseeinsel Pellworm werden neun Windräder in Betrieb genommen, mit jeweils 50 Kilowatt Leistung. Die Anlagen sollen in einem zweijährigen Versuch getestet werden. Wir fahren für ein Wochenende dorthin, um Fotos für den „Atom Express" zu machen.

Pellworm ist eine lustige Insel. Es gibt keinen Strand, der Deich mit Millionen Schafen drauf fällt direkt zum Meer ab, wenn nicht gerade Ebbe ist. „Sand in der Badehose? Kennen wir nicht!", steht im Inselprospekt.

In einer Kneipe trinken wir „Tote Tante", Kakao mit Sahne und Rum. Das Getränk heißt so, weil es die Insulaner ursprünglich bei Beerdigungen getrunken haben, erklärt uns jemand. Damit der Alkohol nicht so auffiel. Der Pfarrer hat's aber doch mitbekommen und gerufen: „Ihr Pharisäer!". Seitdem heißt die Mischung aus Kaffee, Rum und Schlagsahne „Pharisäer". Keine Ahnung, ob die Geschichte stimmt.

Sabine, Peter, Regina und Max tuckern im Sommer mit dem VW-Bus nach Schweden. Verblichene Fotos zeigen die Mädels auf der Fähre in lila Latzhosen. Sie verbringen unendlich lange Tage auf weitläufigen Campingplätzen mit unendlich vielen Mücken, rudern auf Seen, spielen abends Doppelkopf und trinken viel zu teures Leichtbier. In der Nähe von Stockholm kommen sie wegen Dauerregens tagelang nicht aus dem Zelt. Sabine und Peter fahren zurück.

Regina und Max fahren mit der Nachtfähre weiter nach Finnland. Bei Sonnenaufgang passiert das Schiff die Åland-Inseln, ein phantastisches Erlebnis. In einer englischen Zeitung, die auf dem Deck herumliegt, steht, dass mehr als 100 Beschäftigte des britischen Atomkomplexes Windscale erkrankt sind, weil sie versehentlich verseuchtes Kühlwasser als Trinkwasser benutzt haben.

In der vorab gemieteten Holzhütte am finnischen See mit einfacher Sauna und Schlafspeicher stoßen Doris und Tim dazu. Tim hat zur Anarcho-Fraktion im Arbeitskreis gehört, war immer vorne mit dabei, wenn es gegen Bullen und Nazis ging. Jetzt ist er auf dem Esoterik-Trip und zeigt uns, wie Pendeln geht. Einmal angelt Tim, die anderen sind mit dem Boot gerade auf dem See. Ein Fisch beißt an. Tim gerät in Panik. Schreit, dass er einen hat und nicht weiß, was er nun machen soll. Es ist nur ein ganz kleiner Barsch.

Auf dem Rückweg, noch in Finnland, schießt jemand auf den VW-Bus, vielleicht ist es aber auch nur ein aufgewirbelter Stein. Die Frontscheibe zerspringt während der Fahrt.

In Göttingen sind wir gerade rechtzeitig zu einer Demo gegen Polizeiterror zurück. Bei einer Wahlkampfveranstaltung von Franz-Josef Strauß in Hamburg hat es eine heftige Straßenschlacht zwischen mehreren tausend Demonstranten und der Polizei gegeben.

Nach dem Ende der Demo, so berichtet es jedenfalls der Hamburger Ermittlungsausschuss, haben die Bullen den S-Bahnhof Sternschanze gestürmt, auf die dort Eingeschlossenen eingeprügelt und Tränengasgranaten in die Menge geworfen. Panisch flieht der 16-jährige Olaf Ritzmann auf die Gleise und gerät unter einen fahrenden Zug.

Dass die Polizei den Vorfall anders darstellt, kümmert uns nicht. Auf der Demo in Göttingen sind wohl auch wegen der Semesterferien nur ein paar hundert Leute.

Am 17. September erschießt ein internationales Guerilla-Kommando in Asunción/Paraguay den nicaraguanischen Ex-Diktator Anastasio Somoza Debayle. Wir stoßen abends im T-Keller darauf an.

Und sind ein paar Abende später einigermaßen geschockt über den Bombenanschlag auf dem Oktoberfest in München. 13 Tote, mehr als 200 Verletzte. Der mutmaßliche Attentäter, der Rechtsextremist Gundolf Köhler, kommt ebenfalls ums Leben. Er war Anhänger oder sogar Mitglied der Anfang des Jahres verbotenen „Wehrsportgruppe Hoffmann".

Köhler war ein Einzeltäter, verkünden die Ermittler in München. Er habe den Anschlag alleine geplant, vorbereitet und ausgeführt. Wir glauben davon natürlich kein Wort, wissen es aber nicht wirklich besser.

Zwischendurch sind wir immer mal wieder in Gorleben. Eines Vormittags statten wir gemeinsam mit Leuten aus der BI der „Informationsstelle über nukleare Entsorgung von Bund und Ländern", die zuvor über mangelnde Resonanz in der Bevölkerung geklagt hat, einen Besuch ab und decken uns ausgiebig mit sämtlichen ausliegenden Publikationen ein. Innerhalb weniger Minuten sind sämtliche Regale leer geräumt, das Zeug wird in die Kofferräume unserer draußen parkenden Autos verladen und abgefahren. Bis auf die beiden in der Infostelle tätigen Herren haben alle viel Spaß.

Einen oder zwei Tage später kommt es zu Tumulten bei der Kreistagssitzung. Die Gorleben-Frauen, eine der zahlreichen Widerstandsgruppen im Wendland, überreichen den ausschließlich männlichen Abgeordneten für deren Zustimmung zum Bau eines Zwischenlagers aus Teig gebackene Missgeburten. Die Figuren haben entweder drei oder gar keine Arme, manche auch zwei Köpfe. Die „taz" berichtet von „Empörung und Erregung", als die Kuchen-Krüppel in schwarzen Pappsärgen auf den Tischen der Kommunalpolitiker deponiert werden.

Der neue Circus Roncalli macht auf seiner ersten Tournee auch in Göttingen Station. Ohne Tiere und allzu blöden Klamauk, dafür mit dem Clown „Pic" in einer großen Seifenblase, ist es ein schönes Erlebnis.

Hinterher hören wir, dass Zirkus-Gründer Bernhard Paul Mitglied der Scientology-Sekte war oder immer noch ist. Und dass „Roncalli" ein Anagramm von „I call Ron" sein soll – L. Ron Hubbard ist der Gründer von Scientology.

Quatsch, sagen andere, Namensgeber war Papst Johannes XXIII, der mit bürgerlichem Namen Angelo Guiseppe Roncalli hieß. Paul selber erklärt, den Namen „Roncalli" habe er aus dem Titel des Drehbuchs „Sarah Roncalli, Tochter des Mondes" abgekupfert. Wir sind ganz verwirrt und wissen nicht, ob wir den Zirkus wegen der möglichen Scientology-Verstrickungen hätten boykottieren müssen oder nicht.

Obwohl 20.000 Flugblätter in der Stadt verteilt wurden, demonstrieren in Göttingen leider nur 500 Leute gegen die zeitgleichen Herbstmanöver der NATO im Raum Hildesheim. Wir ziehen vom Marktplatz zum Kriegerdenkmal im Rosengarten und von da weiter zur Kaserne. Dort geht eine Atombombe aus Pappmaché in Flammen auf, ohne größeren Schaden anzurichten.

Die DKP hatte sich aus der Vorbereitung verabschiedet. Grund oder Vorwand waren Überlegungen im örtlichen Demo-Bündnis, das Kreiswehrersatzamt zu besetzen oder die Verladung von Panzern in Göttingen zu blockieren. Kurz vor der Demo kam die Partei mit einem abenteuerlichen Flugblatt heraus: Schon beim Massenprotest gegen die Rekrutenvereidigung im Mai in Bremen habe sich gezeigt, wie solche Aktionen unter Mitwirken des Verfassungsschutzes und des Militärischen Abschirmdienstes zu provokatorischen Handlungen genutzt würden. Wer bei der Göttinger Demo mitlaufe, müsse sich im Klaren sein, eine Marionette der

CIA zu sein. Es macht wirklich keinen Sinn, mit den Revis Aktionen zu planen.

Bei der Bundestagswahl im Oktober holen die Grünen in Göttingen 3.579 Zweitstimmen, das sind 2,2 Prozent. 285 Menschen stimmen für die DKP, 111 für den KBW.

Sieben Häftlinge im Maze-Gefängnis von Belfast, die alle als Angehörige der IRA verurteilt sind, treten in den Hungerstreik. Sie wollen damit den Status von politischen Gefangenen erreichen. Im Laufe weniger Tage schließen sich weitere 33 IRA-Häftlinge der Aktion an. Alle 40 geben schließlich auf, ohne ihre Forderungen durchgesetzt zu haben.

Mit dem Semesterbeginn ist in der Stadt wieder die Wohnungsnot gewachsen, 5.000 Wohnungen beziehungsweise Zimmer fehlen ohnehin schon, jetzt kommen noch 2.000 neue Studenten nach Göttingen, die eine Bleibe suchen. Der Häuserkampf flammt auf.

1.000 Leute besuchen am Jahrestag der Augenklinikbesetzung ein Solidaritätsfest der „Bunte-Liste-Initiative" unter dem Motto „Dach über'm Kopf" in der Alten Mensa. Zu Filmen und Informationen über Wohnungsnot gibt es das Gerücht über eine neue Hausbesetzung, was die Polizei veranlasst, die Veranstaltung offen zu observieren. Einige der Feiernden wollen sich das nicht gefallen lassen. Sie umringen einen vor der Mensa stehenden Streifenwagen, kippeln ihn hin und her und drehen ihn schließlich aufs Dach. Die Polizei hat natürlich an der nächsten Ecke Verstärkung stehen, die rauscht an, es gibt Prügeleien, auch Hunde werden losgelassen.

Noch in derselben Nacht besetzen Menschen die ehemalige Zahnklinik in der Geiststraße. Als die Polizei das Gebäude räumen will, ist aber niemand mehr da, bei einer anschließenden Demo gehen in der Fußgängerzone Scheiben zu Bruch.

Derweil flattern den aus der Augenklinik in die alte Medizinische Klinik „umgesiedelten" Bewohnern diverse Briefe der Uni-Leitung ins Haus. Alle

„Nicht-Studenten" sollen ausziehen. Vermeintliche Besetzer werden aufgefordert, für ihren Monate langen Aufenthalt in der Augenklinik Nutzungsentschädigung zu bezahlen. Auch Nebenkosten sind in Rechnung gestellt. Die drei kalten Tage im Oktober, als die Uni die Besetzer durch das Abstellen der Heizung zum Aufgeben zwingen wollte, haben die Bürokraten aber korrekt von der Heizungsrechnung abgezogen.

Am 5. November gewinnt Ronald Reagan die Präsidentschaftswahlen in den USA. Uns ist klar: Für Nicaragua und die Guerilla in El Salvador bedeutet das nichts Gutes.

13. November 1980

Liebe Anne,

nein, wir machen nicht nur Politik. Es gibt in Göttingen viel und gute Live-Musik und linkes Kabarett zu hören und zu sehen. Ton, Steine, Scherben zum Beispiel. Mehrmals waren die Drei Tornados im Theaterkeller. Wir gehen auch in den Nörgelbuff zu Irish-Folk-Konzerten oder ins Blue Note, um Blues zu hören. Neulich trat dort der blinde Pianist Blind John Davis auf. Er kippte am Klavier einen Whisky nach dem anderen, trank und trank und spielte sich dabei in einen Rausch. Unglaublich.

Neulich gab es mal wieder eine „Western-Nacht" in der Alten Mensa. Von abends bis in den frühen Morgen liefen nacheinander fünf Filme von Sergio Leone und Sergio Corbucci, also nur Italo-Western, nicht der Ami-Schrott mit John Wayne und Gary Cooper. Bei „Spiel mir das Lied vom Tod" können wir viele Dialoge inzwischen mitsprechen. Zum Beispiel die Anfangsszene, als Charles Bronson die drei Gangster am Bahnhof fragt, ob sie ein Pferd für ihn haben. Oder als „Cheyenne" sagt, dass er sogar bis sechs zählen kann, „aber nur mit dieser Rechenmaschine", und dabei die Trommel von seinem Revolver dreht. Noch besser gefällt mir aber „Zwei glorreiche Halunken" mit Clint Eastwood, Lee Van Cleef und Eli Wallach als Tuco Benedicto Pacífico Juan María Ramírez. Die Schlussszene auf dem Friedhof ist genial.

Viele Grüße, M.

Die Bremer Bürgerinitiative gegen Atomanlagen (BBA) richtet die bis dahin größte Bundeskonferenz der Anti-AKW-Bewegung aus. 1.500 Leute aus 220 Initiativen und Gruppen sind anwesend. Die enorme Beteiligung relativiert das zuletzt stärker gewordene Gefühl, die Bewegung sei in viele Fraktionen zerfallen, die sich nichts mehr zu sagen haben.

Spektakuläre Beschlüsse gibt es nicht, vereinbart werden Kampagnen gegen den Schnellen Brüter, gegen die „Baulinie 80" genannte neue Generation von Druckwasserreaktoren sowie gegen die geplanten Atommüllzwischenlager.

Eine Arbeitsgruppe beschäftigt sich mit anti-militaristischen Fragen und überlegt, wie und wo Anti-AKW- und Anti-Kriegs-Bewegung zusammenarbeiten könnten. Auch eine neuerliche Großdemonstration in Brokdorf ist Thema. Wir setzen uns stark dafür ein, eine Entscheidung wird aber vertagt.

Bundespräsident und Alt-Nazi Carl Carstens sowie Ministerpräsident Albrecht besuchen eine Jubiläumsfeier der Deutschen Forschungs- und Versuchsanstalt für Luft- und Raumfahrt in Göttingen. Ein breites Demo-Bündnis, das von den Revis bis zu den Autonomen reicht, protestiert unter dem Motto „Wohnungsbau statt Rüstungsschau". Schon vorher ist abzusehen, dass es wieder Auseinandersetzungen geben wird. Wie prognostiziert und von allen Seiten irgendwie gewollt, schaukelt es sich dann auch richtig schön hoch. Zuerst Gerangel und Geschubse, dann heftiger Knüppeleinsatz und ein paar Stein- und Böllerwürfe. Die sich bereits auflösende Demonstration wird von der Polizei durch die Theaterstraße in die Stadt zurückgetrieben.

Nach der Demo geht „Radio Pflasterstein" das erste Mal auf Sendung. Schlecht zu empfangen, inhaltlich holperig, aber immerhin. Künftig soll jeden Samstag gesendet werden, immer nach der Sportschau.

Am nächsten Tag distanzieren sich Jusos und DKP vom militanten Protest gegen Carstens.

Noch ein paar Tage später: Um auf leer stehende Häuser aufmerksam zu machen, besetzen 20 oder 30 Leute die Büroräume des künftigen Oberstadtdirektors Rolf Vieten – Max ist nicht dabei, er wartet mit vielen anderen unten vor dem Rathaus. Oben kleben sie „Auf zur Besetzung!"-Plakate an die Bürowände und hängen ein Transparent aus dem Fenster. Vieten selbst ist nicht da, sondern in einer Sitzung. Dann soll er sich herbemühen, sagen die Besetzer, wir sind nicht zum Spaß hier.

Vieten kommt, wird mit Fragen bombardiert. Warum strengt die Stadt keine Zweckentfremdungsklagen gegen Hausbesitzer an, die ihre Immobilien über Jahre leer stehen lassen? Was passiert mit den „nicht-studentischen" Bewohnern der Inneren Medizin, die Räumungsaufforderungen erhalten haben? Warum werden Wohnhäuser für neue Parkhäuser abgerissen?

Vieten antwortet, sagt aber nichts, dann ruft ein Mitarbeiter die Polizei. Die Besetzer ziehen freiwillig ab. Wir formieren uns vor dem Rathaus zu einer Demo, die Bullen hinterher, sie wollen den Megafon-Sprecher herausgreifen, der kann aber abhauen. Die Polizisten knüppeln. Eine Frau muss mit einer Gehirnerschütterung ins Krankenhaus, zwei Leute werden wegen angeblicher Widerstandshandlungen festgenommen und erkennungsdienstlich behandelt.

Überhaupt werden die Polizeieinsätze immer ruppiger, wir fühlen uns mehr und mehr bedroht. In Göttingen ist jetzt auch ein Sondereinsatzkommando (SEK) unterwegs. Uniformierte und Zivis patrouillieren fast rund um die Uhr durch die Stadt, nachts gehen wir nach Möglichkeit nicht allein aus der Kneipe oder von einem Treffen nach Hause. In der Nähe des KAZ überfallen Polizisten und über Funk aufgehetzte Taxifahrer zwei Leute, die Parolen gesprüht haben sollen, und schlagen sie zusammen. Ein Dutzend anderer Sprüher wird in einer einzigen Nacht festgenommen.

Vertreter von Arbeitskreis, Bunter Liste, KB, der „Göttinger Stadtzeitung" und Bewohnern der Inneren Medizin vereinbaren bei einem Treffen, einen gemeinsamen Ermittlungsausschuss ins Leben zu rufen.

Dicker Krach in der „Atom Express"-Redaktion. Oda und Walter, die fast von Anfang an in der Redaktion mitarbeiten, formulieren in einem langen Papier ihre Kritik: Artikel kämen willkürlich oder zufällig in die Zeitung, die Redaktion interessierten vorwiegend technische oder Standort-Berichte, politische

Beiträge würden von immer denselben, wenigen Leuten geschrieben und ohne größere Diskussionen durchgesetzt.

Die Redaktionsmehrheit kann das nur zum Teil nachvollziehen. Es gibt im Dezember mehrere Treffen, aber die Diskussionen verhärten sich eher. Weil die aktuelle Ausgabe gerade im Druck ist, werden das Kritikpapier und eine Erwiderung dem Heft beigelegt. Oda und Walter steigen erst mal aus der Redaktionsarbeit aus, leider.

★ ★ ★

20. Dezember 1980

Lieber Tom,
obwohl die Polizei unglaublichen Stress macht, wurde hier über eine neuer-
liche Hausbesetzung gemunkelt. Dann sickerte auch der Termin dafür durch:
12. Dezember. Auch ein paar Leute vom Arbeitskreis wollten mitmachen. Ich
nicht, ich hatte Angst. Das sagte ich aber nicht, denn Angst geht irgendwie gar
nicht, ich habe also irgendwas anderes vorgeschoben.

Die Aktion lief dann sehr gut: Morgens um elf ist ein Lastwagen am
Gebäude Jüdenstraße 35 vorgefahren. Die Stadt hat das Haus vor zwei
Jahren an eine Immobilienfirma aus Travemünde verkauft, die es abreißen
lassen will. Zwei, drei Dutzend Leute waren unter der LKW-Plane ver-
steckt. Kaum stand der Laster, klappten sie die Plane hoch, legten von der
Ladefläche eine Leiter an die Hauswand, öffneten von außen die Fenster im
zweiten Stock und waren schwuppdiwupp im Haus. Die Bullen haben es
nicht mitbekommen.

Unterstützer schleppten dann auch gleich Matratzen, Bretter, alte Sofas
heran. Eine Küche und eine Bar wurden noch am selben Tag eingerichtet, und
abends feierten wir mit rund 500 Leuten und einem Konzert von „Swinging
Mescalero" die erfolgreiche Besetzung – da war ich natürlich wieder dabei.
Auch die ebenfalls leer stehende Prager Schule nebenan ist besetzt, von nun
heißt sie „Kraaker Schule", hier soll ein Kulturzentrum entstehen.

Dir schöne Weihnachten! M.

165

Es geht wieder los in Brokdorf. Die Kieler Landesregierung kündigt an, dass demnächst weitergebaut werden soll, nur die SPD ziert sich noch ein wenig. Der Aufruf der BUU zu einer neuerlichen Weihnachts-Demonstration am 21. Dezember kommt da gerade recht.

Auch um an die alten Zeiten, die ja so lange noch gar nicht zurückliegen, anzuknüpfen, fahren Max und Johann zusammen nach Brokdorf. Die Anreise verläuft ohne größere Probleme, mehrere Polizeisperren können sie umfahren. Überall strömen Leute über die Wiesen zum Baugelände, insgesamt sind es wohl 8.000, das ist ein schöner Erfolg für eine so kurzfristige Mobilisierung.

Einige gehen am Zaun auch gleich ans Werk, ziehen mit einem Seil einige Rollen Nato-Draht herunter, bringen ein anderes Tau am Haupttor an. Die Polizei antwortet mit Wasserwerfern, aus unseren Reihen fliegen Farbbeutel, Lehmklumpen und Holzlatten über den Zaun. Ein Typ schießt mit einer Zwille Glasmurmeln auf die Polizisten, ein paar Leute nehmen ihm freundlich, aber bestimmt das Ding ab.

Es scharmützelt so vor sich hin, dann fordert die Stimme im Polizeilautsprecher die Demonstranten zum Verlassen der Straße vor dem Baugelände auf und kündigt den Einsatz einer neuartigen Wasserkanone an. Als das Gerät losspritzen soll, reißt ein Schlauch, das Wasser fließt auf die Straße. Das entspannt die Situation aber nur kurz, denn die Polizei rückt nun vom Deich her vor und schiebt uns langsam vom Baugelände weg. Jemand wirft noch einen Molli auf einen der Wasserwerfer, es flackert ein wenig, dann ziehen wir ab. Die Polizei lässt uns an diesem Tag in Ruhe: keine Festnahmen, keine Knüppeleien.

Neben vielen Menschen, die einfach nur Raketen abbrennen und Böller zünden wollen, versammeln sich in der Silvesternacht auf dem Marktplatz auch viele Linke, die darauf warten beziehungsweise dafür sorgen wollen, dass was passiert. Um kurz nach Mitternacht klirren die Scheiben bei der Hamburger Farm und bei einem Spielsalon.

Bis dahin sind nicht viele Polizisten vor Ort. Sie versuchen, einen der vermeintlichen Scheibeneinwerfer aus der Menge zu greifen, der kann aber flüchten, die Bullen greifen nach einem anderen, werden aber mit Flaschenwürfen zurück Richtung Taxistand gedrängt. Ein Beamter blutet im

Gesicht. Etliche weitere Scheiben gehen zu Bruch, wer will, kann durch die zerstörten Fenster bei C & A und in ein Modegeschäft am Marktplatz spazieren und ein bisschen plündern.

Die Polizei bekommt bald Verstärkung, die Beamten springen aus ihren Autos und prügeln auf die in Panik davonrennenden Leute ein. Noch Stunden lang wird in der Stadt Jagd gemacht auf Leute, die an den Auseinandersetzungen beteiligt waren – oder wen die Bullen dafür halten. Dutzende Leute werden verletzt, festgenommen, auf der Polizeiwache zum Teil weiter getreten und geschlagen. Zur Party in den T-Keller kommen später mehrere Gäste mit frisch verbundenen Kopfwunden.

Das „Göttinger Tageblatt" schreibt: „Die Schläger haben (unter den Hausbesetzern) die Oberhand gewonnen, und die Sympathisanten schreien und schlagen mit." Und auch der Lokalchef persönlich haut in die Tasten und ruft in seinem Kommentar nach „härterem Vorgehen". „Die Schaukel der Gewalt ist in Bewegung geraten, angeschoben von einigen wenigen Kriminellen unter tatkräftigem Beifall ihrer knapp 300 Mann starken Massenbasis."

Mehrere Betroffene stellen ihrerseits Strafantrag gegen die Polizei. Jochen vom KB schreibt in seiner Anzeige:

„Der Polizeibeamte (…) schlug mir (in der Zelle) mehrfach, mindestens zweimal auf den linken Oberschenkel. Unter dieser Schlagwirkung fiel ich hin. Ich wurde hochgerissen und das Geschilderte wiederholte sich. Währenddessen wurde ich immer wieder angebrüllt: ‚Wieviel Steine hast du geschmissen?' Ich habe zwei Hämatome am Oberschenkel, die bei meinem Krankenhausaufenthalt später ärztlich festgestellt wurden.

Andere Polizeibeamte kamen ins Zimmer. Ich sah etwas auf mich zukommen, fühlte, daß auf mich eingeschlagen wurde, schließlich verlor ich durch diese Schläge das Bewußtsein."

1981

4. Januar. Im Dörfchen Kollmar in der Wilster Marsch beschließen 250 AKW-Gegner aus rund hundert Initiativen eine internationale Demonstration in Brokdorf, sobald dort mit dem Weiterbau begonnen wird. Die Vorbereitungen für die Großaktion sollen unverzüglich starten. Niemand außer der DKP und einigen Grünen hat Einwände. Alle Strömungen der Anti-AKW-Bewegung – die örtlichen Bürgerinitiativen, die Brokdorf-Kläger, Gruppen aus den Städten – tragen die Aktion mit.

Eine Aktion, deren Charakter vorgezeichnet ist: Kommen wir zum Zaun, wird es den Versuch einer Platzbesetzung geben. Und demzufolge Auseinandersetzungen mit der Polizei, die vermutlich noch härter ausfallen werden als am 21. Dezember. Ebenso wird es – wie bei den früheren Brokdorf-Demos auch – viele Menschen geben, die nicht mit am Seil ziehen und die mit einer Kundgebung gegen den Weiterbau protestieren wollen. In den Aufrufen zu „Brokdorf 4" soll deshalb weder von einer gewaltfreien noch von einer militanten Demonstration die Rede sein. Alle, die gegen den Bau des Atomkraftwerks sind, sollen sich beteiligen können.

Eine Großdemonstration mit dem Versuch der Platzbesetzung! Es scheint fast so, als habe es gar keine Krise der Anti-AKW-Bewegung gegeben: Der waffenstarrende Polizeiterror in Kalkar, die ewigen Bedenken der BI Lüchow-Dannenberg, der Frust nach der Latscherei durch Bonn – alles ist mit einem Mal wie weggeblasen.

Woran liegt es, fragen wir uns auf der Rückfahrt und in den nächsten Tagen in Göttingen, woran liegt es, dass Großdemonstrationen – das Wort hatte man als AKW-Gegner in den vergangenen Monaten ja kaum noch auszusprechen gewagt – wieder salonfähig geworden sind?

Liegt es an Brokdorf? Zumindest teilweise. Brokdorf hat für die Atomlobby und für uns eine gleichermaßen große Bedeutung, ist symbolisch aufgeladen, vielleicht überladen. In Brokdorf werden die Weichen gestellt, wie es mit dem Atomprogramm weitergeht.

In Brokdorf wurden alle nur denkbaren Widerstandsformen praktiziert und ausgeschöpft: Es wurden Unterschriften gesammelt, Eingaben und Petitionen eingereicht. Anwohner argumentierten bei Erörterungsterminen und klagten vor Gericht, Initiativen führten Straßentheaterstücke in den Dörfern auf, Namenlose sprengten Strommasten in der Marsch. Es gab die großen – „Brokdorf 1, Brokdorf 2, Brokdorf 3" – und zahllose kleinere

Demonstrationen. Durch all das zusammen hatten wir schließlich Erfolg, nämlich einen vierjährigen Baustopp.

Wenn dieser Baustopp jetzt aufgehoben werden soll, können wir doch nicht nur dahergehen und sagen, nun lasst uns mal schön Unterschriften sammeln und Protestbriefe schreiben, sondern dann muss unser Widerstand doch auch wieder da anknüpfen, wo er schon einmal stand, nämlich am Bauzaun. In Brokdorf müssen wir nicht bei null anfangen – oder?

Dazu kommt: Brokdorf war für viele, auch für Max, die erste Erfahrung mit prügelnder Polizei, mit Nato-Draht und Wasserwerfern, Tränengas und Chemischer Keule. Für ebenso viele brachte es aber auch erstmals das Gefühl, Stellung bezogen, sich eingesetzt zu haben. Und das Gefühl von Stärke und Solidarität. Damals riefen wir: „Wir kommen wieder."

„Weg mit dem Bullenterror – Wohnraum her!" Hinter diesem Transparent ziehen wir eines frühen Abends Anfang Januar durch Göttingen. Wir sind mehr als tausend, behelmte Hundertschaften begleiten den Zug, an jeder zweiten Ecke lungern Zivis im Pulk. Blaulichter zucken im Dunkeln. Mit Sprechchören schreien wir gegen die Beklemmung an.

Erst bei der Fete im besetzten Haus in der Jüdenstraße löst sich die Anspannung. Viele Leute tragen sich in die Alarmlisten und Wachpläne ein, damit die Besetzer möglichst nicht von der Polizei überrascht werden. Eine Extra-Liste gibt es für Taxifahrer, die Aufmärsche und Zusammenrottungen der Bullen melden sollen. Max fährt inzwischen ein- oder zweimal in der Woche eine Schicht, um sich Kohle dazuzuverdienen.

Inzwischen wohnen einige Dutzend Leute in der Jüdenstraße 35 und der „Kraaker Schule". Die Wände sind gestrichen, die Räume mit gespendeten oder anderweitig beschafften Möbeln eingerichtet worden. Im „Café Chaos" im ersten Stock ist es sogar richtig gemütlich. Auf dem Boden liegen Teppiche, an den Wänden hängen Bilder und Plakate, von der Decke baumeln bunte Lampen. Unten im Keller hat eine Fahrrad-Werkstatt aufgemacht.

Im „Göttinger Tageblatt" inseriert die Dr. Voß KG: „Göttingen ist eine expansive Universitätsstadt mit hohem Wert und erheblichem Wohnungsfehlbestand. Gute Voraussetzungen für eine Investition in Immobilien." Die Firma reißt mit dem Segen der Stadtverwaltung alte Häuser ab und baut neue. Nach dem Bauherrenmodell. Also mit Steuergeldern.

Die erstmals kandidierende Linke Bündnisliste holt die meisten Stimmen bei den Wahlen zum Studentenparlament. Auf der Liste haben Leute vom KB, von Fachschaften, aber auch von Initiativen wie dem Mittelamerika-Komitee oder dem Arbeitskreis gegen Atomenergie kandidiert. Auch Max hat sich aufstellen lassen, auf einem hinteren Platz, ohne Ambitionen und Lust auf Politik im Studentenparlament.

Die Nationale Befreiungsfront Farabundo Martí in El Salvador startet ihre „Endoffensive". Fünf Guerilla-Organisationen haben sich im Vorjahr zur FMLN zusammengeschlossen und ein gemeinsames militärisches Oberkommando gebildet. Wir fiebern in der Kneipe mit. Und planen auf die Schnelle eine Demo durch Göttingen. Sieg im Volkskrieg, erklärt Karl vom KB, soll das Motto lauten.

Informationen aus El Salvador dringen nur spärlich durch. Offenbar ist die Offensive allenfalls ein Teilerfolg – auch weil der Regierungsarmee ein paar Tage vorher wichtige militärische Informationen der FMLN in die Hände gefallen sind. Vor allem in der Hauptstadt hat die Guerilla Schwierigkeiten und kommt außer beim Angriff auf den Luftwaffenstützpunkt Ilopango kaum voran.

Der erhoffte Volksaufstand bleibt aus. Auch der Aufruf zum Generalstreik wird kaum befolgt. Es haben unterschiedliche Termine für den Beginn kursiert, und die Menschen gehen bald wieder zur Arbeit, als sie merken, dass die Erhebung ausbleibt.

Dagegen kann die FMLN in einigen ländlichen Gebieten ihre politische und militärische Kontrolle ausbauen und ihre Rückzugsgebiete ausweiten. Nach einer Woche erklärt die Guerilla die Offensive für beendet und zieht ihre bewaffneten Einheiten weitgehend aus den Städten ab.

Ein paar Tage später wird Reagan als US-Präsident vereidigt.

In Göttingen ordnet Oberstadtdirektor Vieten die Räumung der beiden besetzten Häuser an. Mit einem großen Polizeieinsatz ist nun jederzeit zu rechnen.

Mehrere hundert Leute wollen bei der Sitzung des Stadtrates gegen die Räumungsverfügung protestieren, wir müssen aber draußen bleiben in Schnee und Kälte, weil die Türen zum Ratssaal verrammelt sind.

Ungeachtet der extrem angespannten Situation in der Stadt spult das Kommunalparlament ein Routineprogramm ab. Punkt 1: Oberbürgermeister Artur Levi stellt die Beschlussfähigkeit des Rates fest. Punkt 2: Genehmigung des Protokolls der vergangenen Sitzung (...) Punkt 13: Diskussion des Antrags, wonach die Göttinger Naturschutzbeauftragte Ella Bülow Mitglied des Bauausschusses werden soll. Aber da sind wir schon abmarschiert, ins Warme, ins KAZ oder in den T-Keller, um am Tresen die Geschicke von Stadt, Land und Welt zu steuern.

Levis Biografie ist interessant. Das Geschäft seiner Eltern, sie sind Juden, muss 1939 infolge der Novemberpogrome schließen. Artur, Jahrgang 1922, geht 1937 ins Exil nach London. Besucht dort ein Internat, arbeitet als Angestellter im Büro der Metallbörse, dann in einem Feinmechanik-Betrieb. Seine Mutter ist ebenfalls emigriert, der Vater begeht Suizid.

Ab 1941 beteiligt sich Levi am Widerstand gegen die Nazis, er engagiert sich in der Labour Party und im Internationalen Sozialistischen Kampfbund (ISK). 1945 kehrt er nach Deutschland zurück, er absolviert ein Lehrerstudium an der Göttinger PH, arbeitet als Volksschullehrer, später als Politikdozent an der PH. Seit 1956 ist er SPD-Ratsherr und von 1973 bis 1981 sowie von 1986 bis 1991 Oberbürgermeister.

Das Berliner Landgericht verurteilt Ende Januar den Rechtsanwalt Hans-Christian Ströbele wegen Unterstützung einer terroristischen Vereinigung zu 18 Monaten Haft mit Bewährung. Er soll am Aufbau der RAF und ihres illegalen Informationssystems mitgewirkt haben.

Das Urteil wird später auf zehn Monate reduziert. Ströbele, der unter anderem Andreas Baader verteidigt hat, bestreitet die Vorwürfe. Und erklärt, das Informationssystem habe lediglich der Arbeit als Verteidiger für die gefangenen Mitglieder der RAF in den Jahren 1970 bis 1975 gedient.

Die Studenten der Göttinger PH treten mal wieder in einen einwöchigen Streik. 95 Prozent haben dafür gestimmt, bei einer Wahlbeteiligung von rund 50 Prozent. Der Streik richtet sich gegen die neue Lehrerprüfungsordnung sowie die Pläne zur Schließung der PH. Bereits zum Wintersemester ist das Fach Werken/Technik aufgelöst worden, Biologie und Geografie sollen folgen. Es gibt eine Reihe von Alternativ-Veranstaltungen. Max geht ein paar Mal hin, aber irgendwie ist die Stimmung mau.

Doktor Günter Dawe, Arzt und Fraktionsvorsitzender der FDP im Göttinger Stadtrat, ist einer der Vorkämpfer gegen Wohnungsnot – jedenfalls in seinen Reden im Kommunalparlament. Als Mitgesellschafter der DAWE-Bau GmbH lässt er seinen schönen Worten aber ganz andere Taten folgen: Da gehört er zu den Spekulanten und Hausbesitzern, die Wohnungsnot erst produzieren.

Auch das schöne Fachwerkhaus Weender Landstraße 51 gehört der DAWE-Bau. Es steht seit fast zwei Jahren weitgehend leer und verfällt, nur eine Zweieinhalb-Zimmer-Wohnung im Obergeschoss wird noch von Frau G., einer älteren Dame, bewohnt.

Am 28. Januar wird das Haus besetzt. In einem Interview mit der „Göttinger Stadtzeitung" bekundet Frau G. ihre Unterstützung der Aktion: „Das ist genauso, wie wenn jemand ein Stück Fleisch ins Schaufenster hängt und sagt, ich verkaufe es nicht, und er lässt das Fleisch vergammeln. Da geht doch jeder bei, wenn eine Hungersnot ist."

Noch am selben Abend räumt die Polizei das Gebäude. Mehrere hundert Leute formieren sich zu einer Demonstration und blockieren die Kreuzung am Weender Tor.

Am letzten Sonnabend im Januar fahren wir nach Frankfurt und demonstrieren gemeinsam mit 20.000 anderen gegen die Einmischung der Yankees in El Salvador.

„Hausbesetzer nahmen 30 Polizisten gefangen", titelt am 6. Februar die „Bild"-Zeitung. In der Unterzeile steht: „Hausbesetzer – einer schrie: Ich murks dich ab, du Schwein!" Und ein Beamter wird so zitiert: „Mit dicken Eisenstangen schlugen sie uns auf den Kopf, auf die Arme. Steine flogen. Mit Feuerlöschern spritzten sie uns mitten ins Gesicht."

★ ★ ★

8. Februar 1981

Lieber Tom,
aus den Auseinandersetzungen hier in Göttingen werden richtige Straßenschlachten, das ist wirklich ziemlich bedrohlich. Doch der Reihe nach:
Am 4. Februar wurde in Göttingen ein riesiges Polizeiaufgebot zusammengezogen. Abends rückten die Bullen an, sie bildeten dichte Ketten vor dem besetzten Haus Jüdenstraße 35 und der „Kraaker Schule", brachen die verbarrikadierten Türen auf, drangen in die Räume ein, warfen Stühle, Sofas, Geschirr aus den Fenstern in vorher aufgestellte Container.
Doch die Besetzer hatten die Gebäude vorher verlassen und die Alarmkette ausgelöst. Schnell versammelten sich 2.000 Unterstützer. Wir standen vor den Polizeiketten, schrien „Hände weg vom besetzten Haus", bauten ein paar eher symbolische Barrikaden, die Stimmung schwankte zwischen Angst und Aggressivität, an Widerstand gegen die Räumung war aber nicht ernsthaft zu denken. Bei der anschließenden Demo stand die Polizei in allen Seitenstraßen. Später gingen noch Scheiben vom CDU-Büro zu Bruch.
Noch in derselben Nacht besetzten 500 Leute den Mitteltrakt der früheren Inneren Medizin in der Humboldtallee – die ehemaligen Bewohner der Augenklinik haben die beiden Außenflügel bezogen. Zwei Dutzend Polizisten drangen morgens in das Gebäude ein, konnten aber die militant verteidigten Barrikaden im Treppenhaus nicht überwinden und verschanzten sich im Keller.
Bis zum Mittag waren 1.000 Unterstützer vor Ort, wir blockierten das Tor und die Einfahrt zum alten Klinikgelände. Den eingeschlossenen Beamten wurde freier Abzug angeboten, sie trauten sich aber nicht aus dem Keller heraus. Auch die Polizei bekam Verstärkung, es gelang ihr aber trotz massiven Einsatzes von Tränengas und Schlagstöcken nicht, bis zum Gebäude vorzudringen. Die ausgerüsteten Leute vorne am Tor kämpften mit Feuerlö-

schern und Knüppeln. Mir war das zu heftig, ich hielt mich weiter hinten auf.
Nach stundenlangen Auseinandersetzungen zog sich die Polizei tatsächlich
zurück. Die „Innere" wird vorerst gehalten.

Am nächsten Tagen sind wir mit 2.500 Leuten durch die Stadt zum Neuen
Rathaus gezogen, wo um 17 Uhr die monatliche Ratssitzung beginnen sollte.
Die Polizei hatte den Eingangsbereich abgeriegelt. Es gab Rangeleien, ein paar
Farbeier flogen, sonst blieb es im Vergleich zum Vortag aber entspannt.

Viele Grüße, M.

„Radio Pflasterstein" sendet weiter. Die Staatsanwaltschaft Göttingen ermittelt, tappt aber im Dunkeln, weil die Bundespost den Standort nicht rauskriegt. Einen festen Ort, von dem aus das Radio sendet, gibt es allerdings auch gar nicht. Die Crew wechselt ständig ihr Domizil.

Einmal fragt sie auch bei uns an. Heiner hat Bedenken, Max sagt aber, dass sie sein Zimmer nutzen können, er werde derweil spazieren gehen. Sie sollen aber den Aschenbecher ausleeren, bevor sie wieder gehen.

Michael „Bommi" Baumann wird von Scotland Yard in London verhaftet, in einem besetzten Haus. Er war Anfang der 1970er Jahre Mitglied im Zentralrat der umherschweifenden Haschrebellen, der sich später mit anderen linksradikalen Gruppen zur Bewegung 2. Juni zusammenschloss. Als sein Freund Georg von Rauch von der Polizei erschossen wurde und eine von Baumann mitgebaute Bombe im Berliner Yachtclub einen Hausmeister tötete, stieg er aus der Guerilla aus.

1974 rief er aus seinem Versteck via „Spiegel" seine Genossen auf: „Freunde, schmeißt die Knarre weg". 1975 veröffentlichte er – immer noch steckbrieflich gesucht – das Buch „Wie alles anfing", eine kritische Auseinandersetzung mit dem bewaffneten Kampf. Das Buch wurde beschlagnahmt, 1976 gaben 300 prominente Linke eine Neuausgabe heraus. In der Nacht nach der Verhaftung von Bommi Baumann liest Max das Buch noch einmal ganz durch.

Die sieben presserechtlich Verantwortlichen der „Atom Express", Nummer 22, erhalten Vorladungen der Kripo zur Vernehmung. Gegen uns werde wegen des Aufrufs zu Straftaten im Zusammenhang mit Sachbeschädigung nach den Strafgesetzbuchparagrafen 111 und 303 ermittelt.

Grund: Wir hatten in der betreffenden Ausgabe eine mit „Untergrund des Wendlands" unterzeichnete Erklärung abgedruckt. Deren Verfasser bekannten sich dazu, die Stromversorgung der an den Gorleben-Bohrungen beteiligten Firma „Celler Brunnenbau" mit Axtschlägen durchtrennt sowie mehreren LKW die Luft abgelassen zu haben. Für AKW-Gegner, die „Spaß an ähnlichen Aktionen" hätten, verwiesen sie, die Verfasser, auf andere in Gorleben engagierte Firmen.

Der Baustopp in Brokdorf wird Ende Januar aufgehoben. Ein Initiativen-Treffen in der Wilster Marsch legt den 28. Februar als Termin für die Großdemonstration fest.

Die Mobilisierung läuft unglaublich. Wir verkaufen hunderte Busfahrkarten alleine am Arbeitskreis-Büchertisch in der Mensa. Fast täglich müssen wir weitere Busse ordern. Auch der AStA, die Autonomen und viele andere Gruppen rufen zur Demo auf und beteiligen sich an den Vorbereitungen.

Für jeden Göttinger Bus werden bei einem Vorbereitungstreffen zwei Vertrauensleute bestimmt oder gewählt, damit wir während der Anfahrt und der Demonstration entscheidungsfähig bleiben und schnell reagieren können. Mehrere mit Funkgeräten ausgestattete Autos und Motorräder sollen dem Konvoi vorausfahren und ihn über Polizeisperren informieren.

Nicht schlecht: In Hamburg demonstrieren am 2. Februar zur Einstimmung auf Brokdorf schon mal 10.000 AKW-Gegner.

Schlecht: Eine bislang nicht da gewesene Hetzkampagne von Politikern und vielen Medien gegen die „Chaoten" rollt an. Der Landrat des Kreises Steinburg verfügt für den 28. Februar ein Demonstrationsverbot für die gesamte Wilster Marsch. Am 27. Februar hebt das Verwaltungsgericht Schleswig das Demo-Verbot zum größten Teil auf. In der Nacht, als die meisten AKW-Gegner schon unterwegs sind, setzt das Oberverwaltungsgericht Lüneburg das Verbot wieder in Kraft.

Um 4:30 Uhr reicht das Lehrerehepaar Pancke aus Itzehoe Beschwerde beim Bundesverfassungsgericht ein. Ein Eilantrag auf einstweilige Anordnung bleibt zwar erfolglos, doch vier Jahre später wird das Gericht sein berühmtes Brokdorf-Urteil verkünden und den Klägern recht geben: Das Versammlungsrecht erhält dadurch einen ähnlich hohen Stellenwert wie die Meinungs- und Pressefreiheit.

„Brokdorf 4".

Aus Göttingen fahren mehr als 1.500 AKW-Gegner. Am Vorabend um 19 Uhr treffen wir uns auf dem Uni-Parkplatz. Jeder und jede bekommt eine Karte der Wilster Marsch, einen Zettel mit Telefonnummern von Ermittlungsausschüssen und Anwälten sowie einen „GÖ"-Aufkleber für Helm oder Regenjacke.

Auch viele Besetzer der Inneren Medizin wollen mit, haben aber keine Buskarten gekauft und sehen auch nicht ein, für die Fahrt zu bezahlen. Sie okkupieren schließlich zwei Busse, packen deren Laderäume mit Knüppeln und anderer Ausrüstung voll. Blödes Gefühl, aber wir lassen sie machen.

Über die Groner und die Kasseler Landstraße rollt unser Konvoi – 28 Busse und mehr als 50 PKW – Richtung Autobahn. Auf den Bürgersteigen und vor vielen Häusern stehen Leute, die aufgrund der unglaublichen Hetzkampagne nicht mitkommen wollen oder sonstwie nicht können. Sie schwenken Fahnen, halten Transparente und winken. Es ist ein bisschen so wie beim Ausmarsch der Gladiatoren.

Die Göttinger Grünen verteilen im Verlauf des Tages in der Stadt das Flugblatt „Solidarität mit den Brokdorf-Fahrern". „Schüler gegen AKW" hängen Transparente an den Gänseliesel-Brunnen, die „Gewaltfreie Aktion" veranstaltet auf dem Marktplatz ein Straßentheater.

Polizeisperre bei Thieshope, funken unsere Krad-Melder in die vorderen Busse. Mehrere Hundertschaften und schweres Gerät, die Autobahn 7 Richtung Norden ist komplett dicht. Wir fahren ab auf die Raststätte Brunautal, beraten mit den Vertrauensleuten, was zu tun ist. Es gibt drei Möglichkeiten: Ran an die Sperre und Druck machen, das hält unter anderem der KB für sinnvoll. Auf dem Rasthof warten, bis die Busse aus Marburg, Kassel und Frankfurt dazu stoßen, die etwa eine Stunde hinter uns sein sollen. Das findet Max am sinnvollsten, es ist schließlich noch nicht mal Mitternacht. Oder die

Sperre umfahren. Dieser Vorschlag von Bruno und Erwin aus dem Führungsfahrzeug setzt sich nach Rücksprache in den Bussen schließlich durch.

Der ganze Konvoi also runter von der Autobahn. Auf kleinen Nebenstraßen durch die nördliche Lüneburger Heide und nach einer Stunde Kurverei bei Buchholz auf die A 1. Großer Jubel, als die vorausfahrenden Autos freie Fahrt bis Hamburg melden.

Die Bremer Bürgerinitiative gegen Atomanlagen durchlebt in derselben Nacht dieses:

„Um zwei Uhr morgens verließ ein Konvoi von 1.500 Fahrzeugen (incl. 26 Busse) mit ca. 7.000 Personen die Bremer Innenstadt, um genau abgestimmt auf der Autobahn Richtung Hamburg den Oldenburger Zug zu treffen und sich mit ihm zu vereinigen. Zur Führung der BBA, in der Spitze des Zuges fahrend, gelangten alle wichtigen Informationen, um über ein „Freies Radio" den Treck geschlossen zu lenken.

Mit Handfunkgeräten ausgerüstete Krad-Melder beaufsichtigten ständig den Zusammenhalt des Konvois und benachrichtigten weit vorausfahrend die Zentrale über mögliche Straßensperren. Ein zweites Fahrzeug war mit Abhören und Auswerten des Polizeifunks beschäftigt, wiederum andere hielten Kontakt zu befreundeten Radios der aus allen Teilen der Republik auf Brokdorf zurollenden Konvois.

Die Vollsperrung der Autobahn bei Sittensen wurde so rechtzeitig bemerkt. Der gesamte Zug verließ die Autobahn bei Bokel und verschwand in der Weite des niedersächsischen Flachlandes. Über Rotenburg, so hieß es im Radio, wolle man nun gen Hamburg ziehen. Nur Ortskundige merkten allerdings, dass die Fahrt keineswegs nach Rotenburg, sondern über Zeven und Buxtehude nach Hamburg ging. Im Zug mit rollende Polizeispitzel nahmen unterdessen die gezielte Falschinformation für bare Münze und halfen erfolgreich ihre Einsatzleitung zu verwirren.

An Schlaf war überhaupt nicht zu denken. Das Freie Radio sendete ununterbrochen, informierte über die Recherchen der Kradmelder. Eine knisternde Spannung hielt uns alle wach. Fast Stoßstange an Stoßstange fahrend, um eventuelles Dazwischenfahren und Abspaltung zu vermeiden, war die volle Konzentration der Fahrer gefordert. Als der Zug im Morgengrauen endlich Hamburg erreichte, löste sich die Anspannung in lautem

Jubel- und Freudengeheul. Nun konnten auch die Spitzelfahrzeuge enttarnt und aus dem Konvoi entfernt werden. Man bedurfte ihrer nicht mehr."

★ ★ ★

1. März 1981

Lieber Tom,
wir haben um sechs Uhr morgens die Stör-Brücke in Itzehoe erreicht, obwohl wir da eigentlich gar nicht hinwollten. Der Göttinger Konvoi war auseinandergerissen worden. Die 15 vorderen Busse hatten sich verfahren und kamen zum Stehen, weil die Polizei mitten auf der Brücke eine Sperre aufgebaut hatte: zwei Sandcontainer, eine Hundertschaft, keine Riesensache. Während die Vertrauensleute noch beraten haben, was zu tun ist, stolperten die Klinik-Besetzer und andere Super-Militante schon aus ihren Fahrzeugen, setzten Helme auf, nahmen die Knüppel in die Hand und drängten die Polizisten ohne dass die sich groß wehrten, bis etwa 100 Meter hinter die Brücke zurück.

Es waren nur wenige Spaten oder Schaufeln verfügbar, wir buddelten den Sand deshalb mit den Händen aus den Containern. Das dauerte natürlich. Währenddessen hatte die Polizei Verstärkung bekommen und rückte wieder auf die Brücke vor. Wir brachen die – im Nachhinein als völlig sinnlos zu bezeichnende – Aktion ab, türmten mitgebrachte alte Autoreifen zu Barrikaden auf, zündeten sie an und zogen uns zurück. Zum Glück gab es hier keine Verletzten oder Festnahmen.

Hinter Wilster wurde es völlig unübersichtlich. Es ging nur noch im Schritttempo beziehungsweise teilweise auch gar nicht mehr voran, überall parkten Busse und Autos, viele Leute liefen schon zu Fuß über die Wiesen und vereisten Gräben Richtung Bauplatz.

Zehntausende stauten sich hinter Dammfleth, auch wir haben die Busse hier halten lassen. Sandcontainer, Nato-Draht, zwei Wasserwerfer und mehrere hundert Polizisten versperrten den Weg über eine Brücke. Die Wasserwerfer standen rückwärts zur Sperre, die Polizei hatte sich hier, so schien es, auf einen möglichen Rückzug vorbereitet.

Jo Leinen vom Vorstand des Bundesverbandes Bürgerinitiativen Umweltschutz – das ist der Dachverband der eher bürgerlichen Initiativen – verhandelte mit dem örtlichen Einsatzleiter. Und akzeptierte offenbar dessen Vorgaben: Die Demonstranten sollten einzeln durch einen kleinen Durchgang

zwischen Brückengeländer und Container passieren und sich einer Leibes-
visitation unterziehen.

Das kam natürlich überhaupt nicht in Frage. Viele wichen deshalb zur
Seite aus, bauten an anderen Stellen provisorische Stege über den mehrere
Meter breiten Graben, von hinten drängten andere nach, es flogen auch ein
paar Steine Richtung Polizei. Jo Leinen kletterte auf einen der Container, forderte uns per Megafon dazu auf, die Helme abzugeben und die „Waffen" weg-
zuwerfen. Auf dem anderen Container stand der Einsatzleiter und quatschte
dasselbe. Schließlich zogen Leute mit einem Seil doch noch einen Container
zur Seite, der zersplitterte Zug formierte sich noch einmal neu und zog weiter.
Jo Leinen hat dieser Auftritt übrigens den Beinamen „Container-Jo" eingetragen.

Im eisigen Wind erreichten wir nach mehrstündigem Fußmarsch erst am
frühen Nachmittag den Bauplatz. Über den Deich, über Wiesen, Zäune und
kleine Wirtschaftswege strömten die Leute heran, insgesamt waren wir wohl
deutlich mehr als 100.000. Die meisten wirkten da schon erschöpft, es wurde
kaum gesungen, und Sprechchöre gab es auch nicht. Alle hatten auf dem Weg
hierher neben den Gräben aus Eis und Wasser auch eine Angstmauer vor der
allmächtig erscheinenden Staatsmacht überwunden.

Der Wassergraben um das Baugelände war noch einmal verbreitert, der
Zaun noch mehr verstärkt worden. Wer noch nicht in Brokdorf war, dem hat
der Anblick dieser Festung sichtlich den Atem verschlagen. Und wer sie – wie
wir – schon kennt, der kann sich erst recht nicht an den Anblick gewöhnen.

In der Luft knatterten die Hubschrauber der Polizei und des Bundesgrenzschutzes. Die Bullen selbst hatten sich zunächst auf dem Bauplatz verschanzt. Während viele Demonstranten sich erst mal vom Deich aus einen
Überblick verschaffen oder ausruhen wollten, warfen andere – es waren aber
nur wenige – Steine und Molotow-Cocktails über den Zaun, die Polizei ant-
wortete mit Wasserwerfern und fest installierten Wasserkanonen. Von der
Demo-Leitung war weit und breit nichts zu sehen oder zu hören.

Stattdessen die Polizei: Die Demonstration ist verboten, die Versammlung aufgelöst, dröhnte es zwei-, dreimal über den Lautsprecherturm auf
dem Baugelände. Mehrere Hundertschaften und Wasserwerfer machten sich
am Haupttor zum Ausfall bereit, einer löschte noch schnell einen vor sich
hin qualmenden Molli, dann ging das Tor auf und die große Menschenjagd
begann.

Viele Leute konnten sich gar nicht so schnell von der Straße zurückziehen, wie die Polizeiketten vorstürmten, zumal auch die Wasserkanonen von der Seite mit Hochdruck spritzten. Also blieb nur die Flucht über Gräben, Viehzäune, Wiesen. Immer mehr Hundertschaften brachen durch das Tor, jagten wie entfesselt den Davonlaufenden hinterher. Wer zurückblieb oder hinfiel, wurde rücksichtslos niedergemacht.

Ich habe gesehen, wie ein Mann noch im Laufen mit gezielten Stockschlägen auf den Kopf niedergestreckt wurde, dann waren gleich mehrere Uniformierte über, neben ihm, traten und schlugen auf ihn ein. Ein Truppführer oder sonstwie Vorgesetzter brüllte „Greift euch die Schweine!" Jemand erzählte, dass im Polizeifunk die Order durchgegeben wurde, so viele Gefangene wie möglich zu machen.

Erst einige, dann immer mehr Demonstranten wühlten nun Steine, Eisoder Erdklumpen aus dem Boden und schleuderten sie den anrennenden Polizisten entgegen. Das brachte deren Attacke erst mal zum Stehen, viele Leute nutzten das, um sich in Sicherheit zu bringen. Dann rückten die Polizeiketten wieder vor. Schon mehrere hundert Meter vom Bauplatz entfernt, versuchten wir, einen halbwegs geschlossenen Rückzug der Göttinger zu organisieren. Von der Kundgebung, die noch weiter weg von der BUU und Brokdorf-Klägern organisiert wurde, haben wir nichts mitbekommen.

Doch die Polizei ließ uns nicht einfach abziehen. Die riesigen Helikopter donnerten über unsere Köpfe, landeten auf einer Wiese, spuckten Schlagstock-schwingende Bullen aus, hoben wieder ab. Ein Hubschrauber flog nur wenige Meter über uns, mehrere Leute wurden durch den Rotorwirbel umgeworfen. Immer wieder gab es brutale Überfälle, auch Sondereinsatzkommandos waren daran beteiligt.

Wir sammelten uns hinter dem Lautsprecherwagen der gewerkschaftlich organisierten AKW-Gegner vom Arbeitskreis Leben. Gerade den hatte sich aber auch die Polizei als Ziel ausgeguckt. Hunderte Beamte stürmten auf den Wagen, prügelten auf die Gewerkschafter und andere Demonstranten ein, die sich schützend davorgestellt hatten. Die außen angebrachten Lautsprecher gingen zu Bruch, Glas splitterte. Die Polizisten rissen die Plane weg, zogen mehrere völlig erschöpfte Menschen von der Ladefläche und trieben sie zurück zum Bauplatz. Es wurde dunkel, die Luft war voller Tränengas, wir waren nass und müde und verängstigt.

Ob wir auf der langen Rückfahrt schliefen, redeten oder aus den Fenstern starrten – ich weiß es schon nicht mehr.
Grüße, M.

Am Montag nach der Demo veröffentlicht die Springer-Zeitung „Hamburger Abendblatt" ein Foto. Es zeigt einen behelmten Polizisten im Wassergraben. Ein Mann hält ihn fest, zwei andere schlagen mit einem Stock und einem Spaten auf ihn ein. Drei Tage später bringt der „Stern" dasselbe Bild über zwei Seiten als Aufmacher seiner Brokdorf-Geschichte.

Die Staatsanwaltschaft wird aufmerksam, leitet Ermittlungen wegen Mordversuchs ein und lässt das Foto von mehr als hundert Zeitungen bundesweit verbreiten. Im Fernsehen wird es auch gezeigt. Für Hinweise auf die Täter werden 5.000 Mark Kopfgeld ausgesetzt. Wenige Tage später verhaften Beamte den Gymnasiasten Markus Mohr aus Dithmarschen und am 1. April den Arbeiter Michael Duffke aus Bremen.

Der betroffene Beamte, ein Mann namens Schütt, ist nach dem Vorfall im Wassergraben von Demonstranten zu einem als Sanitätsstützpunkt genutzten Bauernhof gebracht und versorgt worden. Schleswig-Holsteins Innenminister Uwe Barschel (CDU) informiert gleichzeitig den NDR, dass Demonstranten einen Polizisten als „Geisel" genommen hätten. Schütt trägt eine Schädelprellung, Schürfwunden im Gesicht, eine Gehirnerschütterung davon und leidet an Unterkühlung. Seine Dienstpistole ist während des Einsatzes weggekommen. Es dauert anderthalb Stunden, bis ein Polizeifahrzeug ihn vom Hof abholt.

Es sieht so aus, dass auch in Göttingen eine Bunte Liste zu den Kommunalwahlen Ende September antritt. Mehr als hundert Vertreterinnen und Vertreter von zwei Dutzend Basis- und Bürgerinitiativen verabschieden bei einem kommunalpolitischen Kongress Anfang März eine Entschließung:

„Wir treten dafür ein, auch im Stadtrat dem vielfältigen Protest und den berechtigten Bürgerinteressen durch eine oppositionelle und alternative Politik Gehör zu verschaffen." Auch Mitglieder der Grünen stimmen für den Text. Bei der Mitgliederversammlung der Partei bleibt eine gemeinsame Kandidatur aber umstritten.

Rund ein Dutzend Arbeitsgruppen der Bunte-Liste-Initiative will Forderungen oder auch schon Programmatisches zu Themen wie Schule, Stadtplanung oder Ökologie erarbeiten. Während die KB-Leute auch im Göttinger Arbeitskreis gegen Atomenergie sich mächtig für so eine alternative Liste ins Zeug legen, beobachten die meisten von uns das Wahl-Treiben skeptisch und halb distanziert.

Die Initiative „Reservisten verweigern den Kriegsdienst" berichtet auf einer Veranstaltung im T-Keller über einen aktuellen Fall aus Bremen.

Dort hat ein Gericht die Klage eines Biologiestudenten auf Anerkennung als Kriegsdienstverweigerer abgewiesen, da der Student sich weigerte, seinen Führerschein abzugeben. Als Autofahrer sei der Student ebenso von der Möglichkeit betroffen, einen Menschen zu töten, wie als Soldat, argumentierte das Gericht. Das ist eine originelle Sichtweise.

Der Krieg der USA gegen das sandinistische Nicaragua beginnt. Die Yankees züchten eine Söldnertruppe heran – die Contras –, bauen mehrere Militärflughäfen in Honduras und schicken Militärberater dorthin. Die CIA stellt US-Presseberichten zufolge 19 Millionen Dollar zur Destabilisierung Nicaraguas zur Verfügung, wahrscheinlich sogar noch viel mehr Geld.

Nordamerikanische Kriegsschiffe patrouillieren vor der nicaraguanischen Atlantikküste. Ganz bitter: Edén Pastora wendet sich auf einer Pressekonferenz gegen die Revolution in Nicaragua. Er hatte als „Comandante Zero" das sandinistische Guerilla-Kommando angeführt, das im August 1978 den Nationalpalast in Managua stürmte und besetzte.

Am 30. März wird an der Uni und in der Stadt ein Flugblatt verteilt. In der Nacht ist ein Gebäudekomplex in der Friedrichstraße gegenüber dem Hauptpostamt besetzt worden: Drei leer stehende Wohn- und zwei Lagerhäuer, insgesamt mehr als 4.000 Quadratmeter Wohn- und Nutzfläche. Der Komplex gehört den Spekulanten von der Göttinger Bau Treuhand-GmbH und soll abgerissen werden.

Max geht am Mittag hin, dreht eine Runde übers Gelände, quatscht mit dieser und jenem – und fühlt sich unwohl. Die Autonomen und die „Anti-Imperialisten", Letztere mit fließenden Grenzen zum RAF-Umfeld, dominieren die Aktion. Zwar geht es auch hier um die Forderung nach mehr und günstigem Wohnraum, aber mindestens genauso um eine militärische Konfrontation mit dem Staat. Um Militanz als Ziel und Selbstzweck, nicht als taktisches Mittel.

Auch viele Punks sind da und trinken Dosenbier. Die Punk-Band „Krätze" schrammelt los, es ist ein unbeschreibliches Getöse, und Max weiß nicht, ob sie schon spielen oder noch ihre Instrumente stimmen, falls sie das überhaupt für nötig halten.

Dieses Mal fackelt die Stadt nicht lange. Schon bald zeichnet sich ab, dass noch in der Nacht geräumt und dass es dabei wohl ziemlich zur Sache gehen wird. Max ist heilfroh, dass er eine Taxi-Nacht-Schicht hat und meldet sich in den besetzten Häusern gleich zum Ausspähen des Polizeiaufmarsches an.

Der beginnt am Nachmittag, Beamte aus ganz Niedersachsen werden in Göttingen zusammengezogen. Sie haben auch schweres Räumgerät und Wasserwerfer dabei. Max fährt mit dem Taxi hin und her und gibt bei den Besetzern durch, was er beobachtet hat.

Gleichzeitig fangen Leute an, auf der Straße zwei Barrikaden zu bauen. Aus Paletten, alten Möbeln, Türen und Fensterrahmen – die Barrikaden machen richtig was her.

Als die Bullen gegen Mitternacht anrücken, sind ein paar hundert Leute zwischen den Barrikaden, ebenso viele sitzen davor. Sie müssen sich schnell zurückziehen, die Polizeiübermacht ist viel zu groß. Beim Rückzug werden die Barrikaden angezündet, Max hat das Taxi am Deutschen Theater abgestellt und beobachtet das Feuer aus einiger Entfernung.

Im Funk bekommt er mit, dass bei der sich an die Räumung anschließenden Demo etliche Scheiben in der Innenstadt zu Bruch gehen. Die Polizei – das erzählen ihm allerdings nachher die Freunde – macht wahllos Jagd auf Demonstranten, etliche Leute werden teils erheblich verletzt.

Juristisches Nachspiel zur Räumung der „Republik Freies Wendland". Die Staatsanwaltschaft Lüneburg hat zwei Polizisten angeklagt. Nicht etwa wegen

Körperverletzung, Amtsmissbrauchs oder dergleichen. Sondern wegen Bruchs der Vertraulichkeitspflicht und Verletzung von Dienstgeheimnissen. Sie sollen während ihres Einsatzes ein „Tagebuch" mit Informationen über die „verdeckte Aufklärungsarbeit der Kriminalpolizei" verfasst und zur Veröffentlichung gebracht sowie dieselben Informationen auch in einem Interview mit dem Bewegungsfotografen Günter Zint preisgegeben haben.

„Durch den Geheimnisbruch wurde das Vertrauensverhältnis innerhalb der Polizei erheblich gestört", sagt Oberstaatsanwalt von Lücken.

30 Leute aus dem „Anti-Imperialisten"-Spektrum besetzen die Jacobi-Kirche in der Göttinger Fußgängerzone, um auf den Hunger- und Durststreik der RAF-Gefangenen aufmerksam zu machen. Sie hungern bereits seit acht Wochen, die meisten von ihnen werden zwangsernährt. Die Besetzung findet in der Szene keinen größeren Widerhall.

Ein paar Tage später verüben Unbekannte Brandanschläge auf die Göttinger Stadthalle und das Amtsgericht. Wieder splittern auch Scheiben von Geschäften. Ähnliches passiert in der Walpurgisnacht, der Nacht zum 1. Mai. Was soll das?

Brokdorf.
Markus Mohr wird gegen strenge Auflagen aus der Untersuchungshaft entlassen. Zuvor hat die Anklage ihren Vorwurf in schweren Landfriedensbruch und schwere Körperverletzung umgewandelt. Ursprünglich war ihm Mordversuch vorgeworfen worden.

Eine „aktionseinheit michael duffke" geht in Itzehoe, Elmshorn und anderen Orten gegen Zulieferfirmen für den AKW-Bau vor. Dutzende Betonmischer, Lastwagen und Transportbänder gehen in Flammen auf. Der Sachschaden beläuft sich auf mehrere Millionen Mark.

Zehn Polizeibeamte, der Bürgermeister von Brokdorf und der Landrat des Kreises Steinburg erhalten „in Anerkennung ihres entschlossenen und mutigen Einsatzes für Sicherheit und Ordnung in der Wilster Marsch" das Bundesverdienstkreuz.

Hausbesetzung – Räumung – Scherbendemo, das Rad in Göttingen dreht sich immer schneller. Und immer weniger Leute unterstützen die Besetzungen.

Während die Abrissbagger am 6. Mai die „Kraaker Schule" platt machen, werden zwei leer stehende Häuser in Uni-Nähe besetzt, Weender Landstraße 15 und Goßlerstraße 17, und noch am selben Tag wieder von der Polizei geräumt.

Gleichzeitig beginnt eine Großrazzia in der besetzten „Inneren": Mehrere hundert Polizisten riegeln das gesamte Gelände ab, schlagen Türen ein, sägen Schlösser heraus, verwüsten einen Teil der Räume. Leere Flaschen werden im Polizeibericht zu Mollis, laut „Göttinger Tageblatt" finden die Beamten auch Stahlkugeln, Eisenstangen und Krähenfüße. In drei Wochen laufen die Mietverträge der Bewohner aus.

Die Bundeswehr will den Truppenübungsplatz auf dem Kerstlingeröder Feld im Göttinger Stadtwald erweitern und auf einer fünf Hektar großen Fläche die Bäume roden. Die FDP spricht von einem „allerdings nicht besonders wertvollen Wald". Natürlich wider besseres Wissen, denn der Wald ist ziemlich klasse: Ein dichter Mischwald mit vielen unterschiedlichen Bäumen, darin noch viel mehr Vögel und andere Tiere. Eine Aktionsgemeinschaft hat 5.000 Unterschriften gegen die Pläne der Bundeswehr gesammelt und zu einem Sternmarsch mit Waldfest aufgerufen. Trotz strömenden Regens kommen mehrere hundert Menschen.

Es gibt einen kleinen Imbiss und einen improvisierten ökumenischen Gottesdienst. Max ist erst zum zweiten oder dritten Mal dort oben auf dem stadtnahen Gelände. Und kann sich davon überzeugen, dass nicht nur der Wald, sondern auch die wunderschönen, abschüssigen Wiesen des Kerstlingeröder Feldes ein erhaltenswertes Stück Natur sind.

22. Mai 1981

Liebe Anne,
du wirst es nicht glauben oder vielleicht doch: Irgendwie habe ich alle notwendigen Scheine an der Uni zusammenbekommen und kann mich für das Examen

anmelden. *Rudolf Schenda, der bisherige Direktor am Institut für Volkskunde, ist inzwischen an die Uni Zürich gewechselt. Er hat den eher „linken", sozial-historischen Ansatz des Faches vertreten.*

Als einziger Professor, der eine Magisterarbeit betreuen kann, ist Helmut Möller übrig geblieben. Er wirkt etwas verschroben und weltfremd, steht für traditionelle Volkskunde-Themen wie Weihnachtsbräuche, Familie oder Okkultismus. Ich habe noch nie eine Lehrveranstaltung von ihm besucht.

Ich überlegte, ein paar Monate in einem Wanderzirkus mitzureisen oder auf einer Hallig zu wohnen und darüber meine Arbeit zu schreiben. Aber dann fände die Revolution womöglich ohne mich statt, und das ginge gar nicht. Ich fragte Möller, ob ich über die „Republik Freies Wendland" schreiben kann, so als eine Art volkskundliche Studie, Arbeitstitel „Alltag in der Utopie". Und Möller sagte, überraschend: Ja.

Das wird dann wohl nicht so aufwendig, hoffe ich. Wissenschaftliche Literatur zum Thema gibt es ja noch nicht, und die Flugblätter und die Broschüren kenne ich alle. Vielleicht interviewe ich noch ein paar Leute aus dem Arbeitskreis, mal sehen.

Liebe Grüße, M.

Ende Mai verlassen die rund 150 Bewohner der Inneren Medizin das seit Anfang Februar besetzte Gebäude. Sie ziehen in den Cheltenham-Park und schlagen dort Zelte auf. Doch die Häuserkampfbewegung ist angeschlagen, wirkt müde. Es gibt auch nicht mehr so viel Unterstützung in der Szene.

Die Stadt droht auch im Park mit einer Räumung. Nach ein paar Tagen Hin und Her bauen die Besetzer ihre Zelte wieder ab und ziehen weiter zum Neuen Rathaus. Sie demolieren ein bisschen Einrichtung. Vom Angebot des städtischen Wohnungsamtes, in Zimmer von Sozialwohnungen einzuziehen, machen nur drei Leute Gebrauch. Wohnraum für alle oder für keinen, sagen die anderen.

Nach einer Solidaritätsdemonstration für hungerstreikende RAF-Gefangene zerstören und plündern Autonome und Knastgruppen in Berlin Geschäfte. Die Polizei wird völlig überrascht. „Anti-Imperialisten" versuchen, auch in Göttingen eine Solidaritätsbewegung für die Inhaftierten aufzubauen. Es gibt ein paar mäßig besuchte Veranstaltungen, mehr kommt nicht zustande. Der zum RAF-Umfeld gehörende Sigurd Debus stirbt im Krankenhaus Hamburg-Barmbek an den Folgen des Hungerstreiks für bessere Haftbedingungen.

Mehrere IRA-Häftlinge sterben nach Hungerstreiks im Belfaster Maze-Gefängnis und anderen Knästen. Unter ihnen Bobby Sands, der kurz zuvor bei einer Nachwahl ins britische Unterhaus gewählt worden ist. In Nordirland kommt es zu massiven Zusammenstößen zwischen militanten Katholiken und der Polizei.

Eine Wiederaufarbeitungsanlage (WAA) soll nun offenbar in Hessen gebaut werden. Die Gerüchteküche brodelt, in allen als Standort gehandelten Gemeinden formiert sich Widerstand, werden neue Bürgerinitiativen gegründet. Ein Kreis- und Bezirksparteitag der SPD nach dem anderen stimmt gegen die Atompläne von Ministerpräsident Holger Börner.

Auch das nordhessische Wethen, ein Ortsteil von Diemelstadt nahe der Grenze zu Nordrhein-Westfalen, ist als Standort im Gespräch. An einem Abend demonstrieren dort 3.000 Menschen gegen den Bau einer WAA, ein paar Tage später protestieren dort 500 Landwirte und ihre Angehörigen mit Treckern.

Wir sind bei beiden Aktionen mit einer kleinen Delegation aus Göttingen zugegen, im Arbeitskreis gründet sich eine Nordhessen-Gruppe. Da scheint was zu gehen. Tatsächlich rückt die Landesregierung in der Folgezeit mehr und mehr von dem Vorhaben ab. Anfang August gibt sie den Standort Wethen auf. Eine WAA, so sieht es aus, ist auch in Hessen politisch nicht durchzusetzen.

6. Juni 1981

Hallo Anne,
was du in der Zeitung gelesen hast, stimmt ausnahmsweise. Hier war Land unter. Ein extremer Starkregen in der Nacht zu Donnerstag, der sieben oder acht Stunden dauerte, und ein anschließendes Hochwasser haben den Kreis

Göttingen und Teile der Stadt Göttingen unter Wasser gesetzt. *Ziemlich viel Vieh ist in den Ställen ertrunken, selbst kleine Bäche wie die Garte wurden zu reißenden Flüssen, überspülten die Dörfer, Autos und Möbel trieben darin.*

Der Brauweg, der Rosdorfer Weg und die meisten anderen Straßen in der Nähe der Leine sind immer noch überflutet, viele Keller vollgelaufen. Einige Leute paddeln mit dem Boot durch das Viertel. Die Stimmung wirkt überraschend gelassen, die Nachbarn helfen sich gegenseitig beim Ausräumen der Erdgeschosswohnungen.

Für die Betroffenen, die den Keller voll Wasser haben, ist es natürlich blöd, die haben jetzt viel um die Ohren und müssen sich mit den Versicherungen herumschlagen, wenn sie überhaupt versichert sind. Aber so eine kleine Katastrophe hat auch was. Abgesehen von der Solidarität, mit der es ja sonst nicht so weit her ist, finde ich es irgendwie gut, wenn die Natur mal zurückschlägt und gewinnt. Sonst hat sie ja nicht viel zu lachen, wird ausgeplündert, versiegelt, vermüllt und sonstwie verschandelt.

Liebe Grüße, M.

29. Juni 1981

Hallo Tom,
danke für die Wünsche. Und nein, ich habe meinen Geburtstag nicht gefeiert. Ich war stattdessen auf einer Demo in Salzgitter gegen das dort geplante Atommüllendlager Schacht Konrad. Es war eine ziemlich müde Veranstaltung. Höhepunkt war der Aufbau eines hölzernen Förderturms auf dem Rathausvorplatz in Salzgitter-Lebenstedt. Der echte Förderturm des alten Bergwerks ragt ein paar Kilometer weiter wie ein Wahrzeichen aus der Landschaft.

Im Schacht Konrad förderte die BRD ein paar Jahre lang Eisenerz. Dann wurde die Grube – sie ist nach dem ehemaligen Reichstagsabgeordneten der rechtsextremen DNVP und vormaligen Chef der Salzgitter AG, Konrad Ende, benannt – wegen Unrentabilität geschlossen. Demnächst soll dort Atommüll versenkt werden.

Mach es gut, M.

Am 28. Juni läuft der erste „Tatort"-Krimi mit Schimanski, gespielt von Götz George.

Er fängt schon gut an. Schimanski schleppt sich in einer versifften Hochhauswohnung in Duisburg verkatert aus dem Bett, schlägt zwei rohe Eier ins Glas und stürzt den Drink auf einen Zug herunter. Ein Blick aus dem Fenster über die Duisburger Zechenturm-Skyline, dann zieht er los in seine Stammkneipe.

Razzia im Buchladen Rote Straße. Polizei und Staatsanwalt Jürgen Danielowski, der später mal Oberbürgermeister in Göttingen sein wird, suchen vor- und vergeblich nach der Broschüre „Wege zu Wissen und Wohlstand. Lieber krank feiern als gesund schuften". Dabei ist sie längst vollumfänglich vom „Deutschen Ärzteblatt" nachgedruckt worden, auch wir vertreiben sie am Büchertisch des Arbeitskreises. Als Zufallsfund lässt die Polizei bei der Razzia 30 Plakate des Göttinger Ermittlungsausschusses mitgehen, die auf anstehende Strafprozesse gegen Göttinger Hausbesetzer hinweisen.

Krieg dem Krieg! Der Arbeitskreis gegen Atomenergie und viele andere Anti-AKW-Initiativen klinken sich mehr und mehr in die unabhängige Friedensbewegung ein. Unabhängig heißt: unabhängig von den dort traditionell dominierenden Strömungen, also den Revis, der linken Sozialdemokratie, den Gewerkschaften, den Ostermarschierern, der Aktion Sühnezeichen, der Aktionsgemeinschaft Dienst für den Frieden und christlichen Gruppen.

Der „Nach"rüstungsbeschluss der NATO, den die Bundesregierung unter Kanzler Helmut Schmidt vehement verteidigt, und die aggressive Außen- und Militärpolitik der USA sind das große Thema. Am 10. Oktober soll dagegen in Bonn demonstriert werden.

Und was haben AKW-Gegner damit zu tun? Sich gegen einen drohenden Krieg zur Wehr zu setzen, ist Sache von allen. Da braucht es keine komplizierten Verbindungen über das Atom, das friedliche und das militärische.

Radikale Anti-Kriegs-Gruppen, Bürgerinitiativen, die Frauen gegen den Krieg, der KB und andere sind von der offiziellen Vorbereitung der Bonn-Demo praktisch ausgeschlossen worden. Ein Antrag, auch unabhängige linke Strömungen der Friedensbewegung bei der Kundgebung zu Wort kommen zu lassen, wird von den Demo-Organisatoren abgelehnt. Wir, also der Arbeitskreis, laden kurzfristig zu einem Treffen nach Göttingen ein. Und verabschieden eine Erklärung:

„Wir fordern alle auf, in Bonn weitergehende Forderungen wie z. B. Amis raus aus der BRD, BRD raus aus der NATO, Auflösung von NATO und Warschauer Pakt (…) auf Transparenten und anders nach außen zu tragen. Die Veranstalter erklären, es dürften keine beleidigenden Texte mitgeführt und keine politischen Texte durch die Lautsprecherwagen durchgesagt werden. Wir fordern zum massenhaften und phantasievollen Durchbrechen dieser Auflagen auf. In Bonn darf es keine Friedhofsruhe geben.“

Wir, und das heißt in diesem Fall die unabhängige Friedensbewegung, mobilisieren unter einem eigenen, alternativen Aufruf nach Bonn.

Die „Welt“, die wir normalerweise ja nicht anfassen oder gar lesen, listet die Anschläge gegen US-Einrichtungen in der BRD seit 1970 auf. 19-mal haben RAF, „Revolutionäre Zellen“ und andere mit Bomben, Sprengstoff oder Molotow-Cocktails zugeschlagen. Vier US-Soldaten werden dabei getötet, mehr als 20 teils schwer verletzt.

Kohle für Knarren. Etwa 15 Taxi-Fahrer aus Göttingen fahren eine Sonderschicht für El Salvador. Das heißt, wir überweisen die Einnahmen einer Nachtschicht auf das „Waffen für El Salvador“-Konto der „taz“. Immerhin 1.200 Mark kommen aus Göttingen zusammen.

Die Kampagne läuft seit dem vergangenen Jahr, das Geld geht über Mitarbeiter der Zeitung direkt an die FMLN-Guerilla. Bis 1982 werden 4,7 Millionen Mark gezahlt – es ist die größte linke Spendenkampagne in der Geschichte der BRD.

Leute aus dem Arbeitskreis und anderen Initiativen haben in Monate langer Arbeit eine Broschüre erstellt: „Es geht auch anders! Energieversorgung ohne Atomkraft“. Anlass war die Erkenntnis, dass wir es zwar geschafft haben, die

Gefahren der Atomenergie ins Bewusstsein vieler Menschen zu rücken. Nicht aber, sie davon zu überzeugen, dass wir Atomenergie nicht brauchen.

Die Broschüre soll schon durch ihre Aufmachung zum Lesen reizen. Großzügiges Layout, große Abbildungen, Vierfarbdruck auf Zeitungspapier, Format 40 mal 28,5 Zentimeter, 16 Seiten. Sie soll an möglichst viele Haushalte in der BRD verteilt werden, geplant ist eine Startauflage von 500.000 Stück. Ein Feuerwerk von Aktionen, so stellen wir uns das vor, soll die Verteilung begleiten – Diskussionsveranstaltungen, Info-Stände, Ausstellungen, Demonstrationen.

Eine andere Arbeitskreis-AG produziert den „EMA-Boten". Die EAM ist der örtliche Energieversorger, der – auch – Atomstrom bezieht und vertreibt. Jedes viertel Jahr werden die Göttinger und Göttingerinnen mit dem „EMA-Boten" belästigt. Unter dem Etikett „Energiesparen" wirbt das Blättchen für mehr Stromverbrauch: Strom fürs Kochen, Strom fürs Heizen, Strom über alles.

Der „EMA-Bote" prangert diese und viele andere energiepolitische Schweinereien an. 20.000 Exemplare werden gedruckt und in Göttinger Briefkästen gestopft. Einige Leute ziehen mit Handwagen voller Zeitungen durch die Viertel, lassen Warnsirenen aufheulen und Glockenspiele erklingen. Die Kulturgruppe begleitet einige Umzüge mit Straßentheater.

Aus der Göttinger Bunte-Liste-Initiative hat sich die Alternative Grüne Initiativen Liste (AGIL) herausgemendelt. Es gibt inzwischen eine Satzung, ein Programm und eine Mann- und Frauschaft für die Kommunalwahl im September. Die Arbeitsgruppen sind autonom, was sie austüfteln, wird bei Vollversammlungen beraten und verabschiedet oder auch nicht. Es gibt keinen allmächtigen Vorstand und kein anderes leitendes Gremium, obwohl sich die vielen KBler und die vom KB abgespaltene „Gruppe Z", die überall in die Bunten Listen und die Grünen drängt, sich dies vielleicht wünschen.

Die Göttinger Grünen schwanken noch, ob sie mitmachen oder nur zur Wahl der AGIL aufrufen oder selber kandidieren sollen. Die Rechten in der Partei machen schließlich wegen angeblicher K-Gruppen-Dominanz in der AGIL eine eigene Wahlliste auf, die Grüne Liste Göttingen (GLG).

Bei den Kommunalwahlen ziehen die AGIL mit 6,4 Prozent, die GLG mit 4,4 Prozent und die DKP mit 2,1 Prozent in den Rat ein. Max hat ohne große Begeisterung die AGIL gewählt. Schaden wird es hoffentlich nicht.

Im Göttinger Stadtrat und im Kreistag ist auch der Alt-Nazi Horst Göttig vertreten. Er war Mitglied der NSDAP, der SS und „Reichsverbandsredner" des Kolonialbundes, des Dachverbandes der Kolonialorganisationen während der Nazi-Diktatur. In seiner Dissertation (die AGIL gräbt das Dokument irgendwo aus) schrieb Göttig 1943: „Der Schwarze kann wohl europäische Umgangsformen lernen und in den Grenzen seiner Intelligenz sich auch ein gewisses Maß an Kenntnissen aneignen. Der tiefe Wesensunterschied zur europäischen Kultur wird ihm dadurch umso bewußter werden. Wir wollen auch nicht den Schwarzen zum Kulturmenschen im europäischen Sinne erziehen. Wir wollen ihn seiner Art gemäß sich entwickeln lassen, weil wir wissen, daß er das größte Aktivum der afrikanischen Kolonien ist. Arbeiten darf in den afrikanischen Tropen nur der Schwarze. Der Weiße kann und darf nichts anderes sein als Herr."

Die AGIL nennt Göttig, der am Uni-Institut für Völkerkunde einen Lehrauftrag hat, einen „brillanten Vertreter der verbrecherischen NS-Ideologie". Göttig beantragt beim Landgericht den Erlass einer einstweiligen Anordnung, um der AGIL diese Aussage verbieten zu lassen. Das Landgericht weist Göttigs Antrag ab. Die Göttinger CDU erklärt: „Wir werden uns hüten, jemanden vorschnell zu verurteilen." Sie meint damit Göttig.

Vor dem Landgericht Itzehoe beginnt Anfang Oktober der Strafprozess gegen Markus Mohr und Michael Duffke. Karola aus der „Atom Express"-Redaktion fährt hin und beobachtet das Verfahren – auch an vielen der folgenden Verhandlungstage.

Mehr als hundert Freunde der beiden sind ebenfalls nach Itzehoe gekommen, weniger als die Hälfte findet Einlass in den Gerichtssaal. „Zwischen mir und dem Gericht gibt es keine Gemeinsamkeiten", erklärt Markus zu Beginn. „Während ich mich gegen die schrittweise Zerstörung zur Wehr setzen will, besteht die Aufgabe der Justiz darin, mich daran zu hindern, mich zu verurteilen und damit zu zerstören."

Michael sitzt immer noch in U-Haft. Die meiste Zeit hat er in Einzel-, Sicherheits- oder Beobachtungszellen verbracht, teilweise bestand Besuchsverbot, Radio-, Fernseh- und Schreibverbot, Einkaufsverbot, sogar Kirchgangsverbot. Beim dreimal wöchentlich stattfindenden Wäschetausch muss er sich nackt ausziehen.

Haben die beiden in Brokdorf auf den Polizisten Schütt eingeschlagen? Wir wissen es nicht. Wollen es auch nicht wissen. Beziehungsweise nicht zugeben, dass wir es eigentlich doch wissen wollen.

Die Friedensdemonstration in Bonn wirft ihre Schatten voraus, wenn man das so sagen kann.

Der DGB-Bundesvorstand hat seinen Unterorganisationen verboten, zu der Demo aufzurufen. Bundeskanzler Schmidt erwägt laut „Spiegel" einen Unvereinbarkeitsbeschluss gegen SPD-Mitglieder durchzusetzen, die bei der Kundgebung sprechen.

Am Vortag beantragt die CDU/CSU-Fraktion im Bundestag, die Demonstration als „gegen die Sicherheitsinteressen der Bundesrepublik" gerichtet zu verurteilen. Friedrich Zimmermann (CSU) und Helmut Kohl (CDU) begründen dies unter anderem damit, dass die Veranstaltung eindeutig dem Interesse Moskaus diene und Teile der SPD bei der Organisation der Demonstration eine Volksfront mit Kommunisten bildeten.

Da es im September in Berlin bei einer Demo gegen den Besuch von US-Außenminister Alexander Haig eine heftige Straßenschlacht gegeben hat, befürchtet Verteidigungsminister Hans Apel (SPD) nun, die Bonner Demonstranten könnten das Ministerium auf der Hardthöhe angreifen.

Die Demonstration am 10. Oktober ist einerseits imposant, weil so viele Menschen kommen. 300.000 sollen es sein, mindestens. Viele sind in Sonderzügen angereist. Es gibt an vier oder fünf Plätzen Auftaktkundgebungen und von dort aus Sternmärsche zum Hofgarten.

Andererseits ist der brave, friedliche und weitgehend geordnete Ablauf dem Anlass gar nicht angemessen. Es sind nur wenige Transparente mit linken, radikalen Parolen zu sehen, auch Sprechchöre in diesem Sinne dringen kaum durch. Als jemand durch ein Megafon „Die Krise packt das

Kapital, der Bolschewismus steht wie Stahl!" schreit, gibt es, immerhin, Gelächter.

Bei der Abschlusskundgebung sprechen unter anderem Heinrich Albertz, Alfred Mechtersheimer – er wird deshalb aus der CSU ausgeschlossen und vertritt später rechtsextreme Positionen –, Erhard Eppler, Robert Jungk, Petra Kelly und Heinrich Böll. Böll hält die Hauptrede. Martin Niemöller muss wegen Krankheit absagen, seine Rede wird vorgelesen.

Die Schlussredaktion beim „Atom Express" ist wieder mal sehr arbeitsintensiv. In der letzten Woche vor Abgabe des Layouts treffen wir uns jeden Abend zu Redaktionssitzungen. Überfällige Grundsatzdiskussionen werden aufgrund des Zeitdrucks verschoben, bestellte und zugesagte Artikel sind noch nicht da, wer setzt wie durch, welche Beiträge wo ins Blatt kommen oder gekippt werden?

Ganz nach vorn rücken wir in der aktuellen Ausgabe die Berichterstattung über den Brokdorf-Prozess gegen Markus und Michael. Das – wie Max findet: super-interessante – Interview mit zwei Genossen von Sinn Fein, dem politischen Arm der IRA, zu Atomkraft und Widerstand in Irland stellen wir weiter nach hinten.

Das letzte Wochenende vor dem Drucktermin machen wir praktisch ohne Pause durch, Montag früh müssen die umbrochenen Seiten in die Druckerei. Irgendwie schaffen wir es dann aber doch wieder, fertig zu werden, bevor Sonntagabend die letzten Kneipen zumachen, die wir – extrem durstig und die umbrochenen Seiten in einer Mappe unterm Arm – fast leer trinken.

Heißer Herbst an der geplanten Startbahn West. Im Flörsheimer Wald kämpfen Tausende gegen die Räumung eines vor anderthalb Jahren errichteten Hüttendorfes und gegen die Erweiterung des Frankfurter Flughafens. Auch viele Anti-Atom-Initiativen mobilisieren zu den Aktionen.

Wir fahren aus Göttingen im November zu einer Großdemonstration, möglicherweise soll der Bauplatz besetzt werden. Super-Stimmung im Wald. Viele Leute. Von einem Lautsprecherwagen dröhnt immer wieder

der „Fehlfarben"-Song „Es geht voran!" Die „Küchen-Brigade", gebildet von Frauen aus Mörfelden-Walldorf, hat am Wegesrand Tische aufgebaut mit Kuchen, belegten Broten, Suppe, Getränken. Alex, ein Frankfurter AKW-Gegner, der seine Examensarbeit über den Göttinger Arbeitskreis schreibt, führt uns.

Seile? Äxte? Hämmer? Nägel? Von der Ladefläche eines LKW reichen Leute Werkzeug und Ausrüstung aller Art herunter. Wir nehmen ein langes, dickes Seil.

Immer mehr Leute kommen in den Wald, wir sind bestimmt 30.000, schieben uns immer weiter auf die Nato-Draht-Rollen zu, die das Baugelände einzäunen, dahinter behelmte Polizei. Doch die örtlichen Bürgerinitiativen haben eine Besetzung des Geländes längst abgeblasen, sie haben Angst, dass die Lage außer Kontrolle gerät. Sie schicken stattdessen etwa 50 ihrer Mitglieder so gut wie unbekleidet mit Hilfe von Teppichen über den Draht zu Verhandlungen mit irgendwelchen Regierungsvertretern, sogar der hessische Innenminister Gries soll angereist sein.

Bei den Gesprächen kommt natürlich nichts raus, der Flughafenbetreiber will die Startbahn bauen, die Landesregierung buckelt. So hinterlässt der berühmte „Nackten-Sonntag" am Ende viel Frust. Heute wäre mehr drin gewesen, analysieren wir bei der Rückfahrt.

Ein Brandanschlag wird auf eine Filiale der Deutschen Bank im Göttinger Ortsteil Geismar verübt. Angeblich entsteht Sachschaden in Höhe von mehr als 350.000 Mark, es bekennen sich zu dem Anschlag „Feurige Ratten". Sie wollten damit gegen den Bau der Startbahn West protestieren.

Max hat nichts für Banken übrig, und für die Deutsche Bank schon gar nichts. Und Brecht hat natürlich recht ... Aber diese Aktion ist schwachsinnig.

Eine Woche nach dem „Nackten-Sonntag" protestieren 150.000 Menschen in Wiesbaden gegen die Startbahn West. Sie übergeben dem Landeswahlleiter 222.000 Unterschriften für ein Volksbegehren und verlangen den sofortigen Baustopp. Der Frankfurter Magistratsdirektor Alexander Schubart ruft für den nächsten Tag zu einer „Besichtigung" des Flughafens auf.

Wir wollen den auch besichtigen. Als wir ankommen, haben Startbahn-Gegner schon alle Zufahrten und Eingänge blockiert. Ein großes Polizeiaufgebot marschiert gerade auf. Dann wird es unübersichtlich: Einige Startbahngegner liefern sich Schlägereien mit den Polizisten. Andere rufen dazu auf, die Autobahn dicht zu machen, also zu blockieren. Wieder andere bauen aus allem, was irgendwie greifbar ist, Barrikaden und zünden sie an.

Die dicken Hubschrauber des Bundesgrenzschutzes setzen auf der Autobahn auf, Bullen springen raus, prügeln, versprühen Tränengas, werden durch Steinwürfe wieder zurückgetrieben. Wir kennen uns nicht aus und wissen nicht, wohin. Irgendwann sitzen wir im Auto, wollen zurück, können aber nicht, weil die Autobahn durch Barrikadenreste, abziehende Demonstranten und Polizeifahrzeuge völlig verstopft ist. Erst nach Stunden löst sich der Stau auf.

★ ★ ★

16. Dezember 1981

Lieber Tom,
es war wirklich ein harter Polizeieinsatz am Frankfurter Flughafen, gar keine Frage, aber was war das schon im Vergleich zu El Mozote?

El Mozote ist ein Weiler in der Provinz Morazán in El Salvador. Das von US-Militärberatern aufgebaute und trainierte Elite-Bataillon „Atlacatl" der Regierungstruppen durchkämmte vom 10. bis 12. Dezember die Gegend nach Guerilleros und ermordete 900 Zivilisten. Wir haben davon aber erst einige Tage später erfahren. Unter anderem durch Berichte von Arndt „Paolo" Luers, der Journalist und Mitglied der FMLN-Einheit ist, die als erste nach dem Massaker das Dorf betritt. Luers ist auch Kontaktmann der „taz" zur salvadorianischen Guerilla, er hat der FMLN das bei der „Waffen für El Salvador"-Kampagne gesammelte Geld übergeben.

Auch der „Informationsdienst El Salvador" (ides) berichtet über das Massaker. Der ides liefert jede Woche aktuelle Infos aus erster Hand, direkt von der FMLN und den Volksorganisationen. Ich habe das Blatt abonniert, das Layout ist eine Katastrophe, eine wahre Bleiwüste, aber ich lasse mich dadurch nicht von der regelmäßigen Lektüre abschrecken. Dass Menschenrechtsverletzungen durch die FMLN oder die Morde an den eigenen Genossen kein Thema im ides sind, das kümmert mich, ehrlich gesagt, nicht.

Das „Atlacatl" jedenfalls drang in El Mozote ein, wo wegen der Militär-operation auch Bauern aus der Umgebung Zuflucht gesucht hatten, trieb die Bewohner auf den Dorfplatz, fragte sie nach Guerilla-Aktivitäten und befahl ihnen dann, wieder in die Häuser zu gehen und diese nicht zu verlassen.

Am nächsten Morgen ließen die Soldaten die Menschen wieder auf dem Platz antreten. Sie trennten Männer von Frauen und Kindern und brachten sie in verschiedenen Gruppen in die Kirche, ein nicht mehr genutztes Kloster-gebäude und Hütten. Einzelverhöre mit Folter folgten.

Gegen Mittag begannen sie die Frauen und Mädchen zu vergewaltigen und zu töten, auch die Kinder wurden ermordet. Nachdem alle tot waren, setzten die Soldaten die Gebäude in Brand. Dasselbe passierte am folgenden Tag in den Nachbardörfern Los Toriles und La Joya. Auch diese Schuld haben die USA auf sich geladen. Ich bin wütend. Und spüre Hass. Hass auf die Yankees.

M.

Noch einmal ein kurzes Aufflackern der Häuserkampf-Bewegung. Kurz vor Weihnachten besetzen mehrere Leute das Haus Reitstallstraße 5. Allerdings nur für einige Stunden, dann räumt die Polizei das Gebäude. Etwa 500 Leute kommen zur Demo. Die Stimmung ist allenfalls mittel.

28. Dezember 1981

Liebe Anne,

ein schönes Weihnachtsgeschenk bekam ich: Regina hat sich von mir getrennt, dieses Mal endgültig. Sagt sie. Aus. Für immer. Die Gründe leuchten mir natürlich nicht ein, ich will sie auch gar nicht verstehen: Ich sei zu dominant, bestimme zu viel, sie könne sich nicht entfalten, was weiß ich.

Dabei hat sie schon seit Monaten was mit einem Ex-Mitbewohner aus der alten Goetheallee-Wohngemeinschaft laufen, sogar ziemlich fest. Ausge-rechnet mit dem, aber das würde ich wahrscheinlich bei jedem sagen. Alle wussten es, naja, die meisten. Ich natürlich nicht. Scheiße.

Ich bin sehr traurig. M.

An Silvester ist es in Göttingen vergleichsweise ruhig. Zwar sind viele Leute nachts auf dem Markt und warten, ob was passiert. Auch viele Polizisten sind da und warten, ob was passiert. Es passiert aber erst mal nichts.

Dann aber doch, ein bisschen zumindest: Einige Leute werfen Schaufensterscheiben ein und demolieren ein paar Fahrzeuge. Mit Politik hat das allerdings nichts mehr zu tun.

Man hätte vielleicht doch lieber zur Startbahn West fahren sollen, sagen wir später. Dort ist es so richtig abgegangen. Knallkörper und Silvesterraketen auf die Bullen, Tränengas und Wasserwerfer gegen die Demonstranten. Und ein absoluter Rekord im Strebenknacken: Nicht weniger als 197 Betonstreben werden in dieser einen Nacht aus dem Sicherheitszaun gebrochen.

Gleichzeitig haben die Startbahngegner im Wald das Hüttendorf ausgebaut, es gibt da jetzt eine „Walduniversität" und die „Che Guevara Klinik". Die örtlichen Bürgerinitiativen beschließen den Aufruf zu einer Platzbesetzung bei Beginn der Arbeiten auf dem sogenannten Baulos 2. Und wieso Baulos? Das versteht doch niemand, kann man dazu nicht einfach zweiter Bauabschnitt sagen?

1982

Der „Atom Express" erhält eine Zuschrift aus Gorleben. Wir veröffentlichen sie. Auch, damit auch mal ein bisschen Poesie und Farbe in die Zeitung kommt.

„Neumond. Dunst und Trauer liegen über den Weiten, wo einst die Heimat der Trebeler Waldfeen war. Stille im Waldbrandgebiet. Doch ich entdecke … eine dunkle Schlange, die größer und größer wird. Schon trägt der Wind den Duft von Sandelholz und Gülle herüber, nun erkenne ich auch Palästinensertücher, Pelzmäntel, Latzhosen. Hundert, glaube ich, ziehen da an mir vorbei… Was für ein bunter Haufen, doch wie gemeinsam im Schaffen; lautlos, ohne Kommando verteilen sich die Leute am Bauzaun der geplanten Endlagerstätte. Es verfliegen nur Sekunden, und 400 Pfähle liegen im Staub, zerschnitten ist der Draht. Freude in uns. Gorleben lebt!"

10. Januar 1982

Hallo Tom,
die Observierung durch zivil gekleidete Polizisten wird immer bedrohlicher. Die Spitzel beäugen und verfolgen uns längst nicht mehr nur bei Demonstrationen. Sie lungern - zu zweit oder im größeren Pulk, Tag und Nacht - auch vor dem (inzwischen in die Marienstraße gezogenen) Büro des Arbeitskreises gegen Atomenergie, vor dem (innerhalb weniger Monate dreimal durchsuchten) Buchladen Rote Straße, vor dem Theaterkeller und vor von linken Wohngemeinschaften bewohnten Häusern herum.
Sie fahren und gehen hinter uns her, ganz offen, wo immer wir selbst auch hinfahren oder hingehen. Sie filmen und fotografieren, sie notieren Autokennzeichen, wahrscheinlich werden auch unsere Telefone abgehört.
Im Ortsteil Grone hat eine Sondereinheit des Landeskriminalamtes nach allen Regeln der Observationskunst eine Frauen-WG beschattet. Um sie zu fotografieren, ihre Gespräche mit Richtmikrofonen abzuhören und ihre Kontakte zu checken, haben sich zwei Spitzel in der gegenüber liegenden Wohnung einer älteren Frau eingenistet. Ihr erzählten sie, es gehe um eine gefährliche Rauschgiftsache und den Schutz des Allgemeinwohls, mehr könnten sie nicht verraten. Die betroffene WG bekam die Überwachung aber spitz und klingelte am Haus gegenüber, um die Zivis zur Rede zu stellen. So flog auf, dass die Spitzel gelogen hatten, und die Wohnungsinhaberin setzte sie auf die Straße.

Am vergangenen Sonnabend haben Ernst und ich auf dem Marktplatz den Arbeitskreis-Büchertisch aufgebaut. Schräg gegenüber vor der im Winter geschlossenen Eisdiele lauerten schon die stadtbekannten Zivis Steinmetz und Schmalz, ganz üble Burschen sind das. Als wir alle Bücher und Aufkleber ausgelegt hatten, wanzten sich die beiden ganz nah an unseren Stand heran, sprachen uns mit Namen an, fragten, wie es so ginge heute und was wir noch vorhätten. Wir sagten nichts, Ernst hat nur mal kräftig auf den Boden gespuckt. Am liebsten hätten wir ihnen eins in ihre widerlichen Fressen gehauen. Aber darauf warten die doch nur.

Eine Folge des Spitzel-Unwesens: Viele Linke in der Stadt werden paranoid. Verdächtigen, denunzieren, werden selber verdächtigt.

Das passierte auch einem Journalisten der linken „Göttinger Stadtzeitung", der bei einer kurzen Hausbesetzung dabei war. Baskenmütze und ein roter Stern an der Jacke hatten schon für den Vorwurf gereicht, dass er wohl ein Spitzel sei.

Auch mich hat es neulich getroffen. Du bist doch ein Spitzel, das wissen doch alle, sagte mir Hermann ins Gesicht. Ich war fassungslos. Ausgerechnet Hermann sagte das. Dabei soll der doch selber … Sagen jedenfalls einige.

Gestresste Grüße, M.

Erfreuliche Nachrichten aus El Salvador. Der „ides" übertreibt die Erfolge der Guerilla zwar immer maßlos, genau wie die FMLN selbst, aber nun berichten auch die großen Nachrichtenagenturen über einen großen Angriff auf den nahe der Hauptstadt gelegenen Luftwaffenstützpunkt Ilopango, bei dem rund 70 Prozent der salvadorianischen Luftwaffe zerstört werden.

In der Provinz Chalatenango kann die FMLN bis auf eine große Kaserne alle kleineren und mittleren Militärposten erobern und zerstören. Auch die größte Brücke des Landes, die „Puente de Oro" über den Rio Lempa, wird in die Luft gesprengt. Eine wichtige Verkehrs- und Nachschubverbindung für das Militär in die östlichen Landesteile ist damit unterbrochen.

Es gibt eine neue Kneipe in Göttingen, die Alraune. Sie liegt etwas abseits im Ortsteil Geismar, bietet aber mal eine Alternative zu KAZ und Theaterkeller.

Die Alraune hat einen Billardtisch, mehrere Kicker und vor allem einen großen Saal für Konzerte.

Die Drei Tornados treten da auf, Schröder's Roadshow und Cochise aus Dortmund. Der Laden bricht fast auseinander, als Ton, Steine, Scherben kommen. Das Konzert ist klasse, auch wenn Rio Reiser ein wenig weichgespülter scheint als noch auf den alten Platten.

* * *

20. Januar 1982

Liebe Anne,

darf man im Sozialismus betrügen? Eigentlich ja nicht. Wir haben es aber getan. Und hätten fast teuer dafür bezahlt. Ich jedenfalls. Aber der Reihe nach.

Wir waren eine Woche in der Sowjetunion. Kerstin aus der alten Goethe-allee-WG, zwei Freunde aus der Goßlerstraße und ich. Hier in der Mensa gibt's ein Revi-Reisebüro, da konnten wir die Tour günstig buchen: Flug nach Moskau, drei Übernachtungen, nächtliche Zugfahrt nach Leningrad, dort noch mal drei Übernachtungen und Rückflug. Überhaupt nicht teuer, ist bestimmt auch bezuschusst von SED oder KPdSU oder beiden. Das Reisebüro hat auch unsere Visa beantragt.

Dann ging es um die Frage, wo tauschen wir Geld um und wieviel? Die Sowjetunion will natürlich Devisen, deshalb dürfen keine Rubel eingeführt werden, wir hätten eigentlich also in Moskau tauschen müssen. Wir haben hin und her überlegt – und schließlich entschieden, dass jeder von uns hier 50 Mark in Rubel wechselt und wir den Rest dann in Moskau umtauschen. In der BRD ist der Kurs viel, viel besser, aber es ist eben nicht erlaubt, sogar streng verboten, und auch, siehe oben, ein Betrug am Sozialismus. Andererseits ist die Sowjetunion ja nicht wirklich ein sozialistischer Staat, oder? Ein Bollwerk gegen den US-Imperialismus, das ja, aber sonst doch bürokratisch und verkommen.

Jedenfalls hatten wir nun einen dicken Packen Rubel-Scheine. Um das Risiko erwischt zu werden zu minimieren, haben wir überlegt, dass nur einer von uns das Geld rüber schmuggelt. Wir haben gelost, ich habe verloren und mir die Rubel-Bündel zwischen zwei Strümpfe unter den Fuß gelegt.

Und was glaubst du, wer wurde wohl als einziger aus dem ganzen Flugzeug bei der Kontrolle gefilzt? Genau, ich. Ich musste meine Tasche komplett auspacken und mich bis auf die Unterhose und die Socken ausziehen, immer wieder fragte mich der Grenzer: Rubel? Rubel? Ich habe totalen Schiss gehabt und hatte Schweißausbrüche und war mir sicher, die merken, dass ich was versteckt habe und finden die Kohle. Kerstin und die anderen waren schon durch die Kontrolle durch und haben alles von außen durch eine Glastür beobachtet. Am Ende haben sie das Geld aber nicht gefunden oder wollten es nicht finden, was weiß ich.

Was hätte passieren können? Im Knast wäre ich wohl nicht gelandet, jedenfalls nicht für länger, aber ich hätte bestimmt nicht einreisen dürfen ins Vaterland der Werktätigen und wahrscheinlich lebenslanges Einreiseverbot erhalten – solange ich lebe oder solange die UdSSR lebt. Die Schmuggelei jedenfalls, das habe ich gemerkt, ist definitiv nichts für mich.

Dafür hatten nun aber so viel Kohle, dass wir gar kein Geld mehr umtauschen mussten und Mühe hatten, alles auszugeben.

Die Reise selbst war auch spannend, wenn auch nicht mehr ganz so nervenaufreibend. In Moskau haben mich am meisten die U-Bahnstationen beeindruckt, fast jede ist wie ein Museum, und der Rote Platz bei Nacht mit den leuchtenden roten Sternen im schwarzen Himmel. Und vielleicht noch das riesige Kaufhaus Gum. In Leningrad natürlich die Eremitage und das Winterpalais. Wir waren auch auf dem Panzerkreuzer Aurora, der 1917 den ersten Schuss auf das Winterpalais abgegeben hat, was der Auftakt zur Oktoberrevolution war.

Der Zug nach Leningrad war ein ziemlicher Holperzug, die Abteile waren völlig überheizt, aber es war interessant, die anderen mitfahrenden Leute zu beobachten. Reden ging ja leider nicht. Am Ende von jedem Wagen saßen Frauen mit einem großem Samowar, da konnten wir uns so viel heißen Tee holen wie wir wollten.

An einem Abend in Moskau waren wir im Restaurant Usbekistan. Das Essen war abendfüllend, es gab mehrere Gänge, zwischendurch wurde getanzt. Einmal kam ein sowjetischer Offizier mit hundert Orden an der Uniform und schicker Uniformmütze an unseren Tisch und hat Kerstin zum Tanzen aufgefordert. Sie wollte erst nicht, da guckte er ziemlich komisch, wir haben sie dann gedrängt, dass sie doch mit ihm tanzt. Hat sie zum Glück dann auch gemacht. Mit der ruhmreichen Roten Armee ist nicht zu spaßen.

Viele Grüße, M.

★ ★ ★

Wir haben Leute von den Startbahn West-Initiativen zu einer Veranstaltung nach Göttingen eingeladen. Sie erzählen: Die Bewegung gegen den Bau der Startbahn ist – wie die Anti-AKW-Bewegung – eine Massenbewegung, zumindest noch. Es gibt dort – wie in der Anti-AKW-Bewegung – aber heftige Flügelkämpfe und Perspektivdebatten.

Die dabei diskutierten Fragen lauten: Inwieweit ist praktischer Widerstand nach der inzwischen erfolgten Ablehnung des Volksbegehrens noch sinnvoll, möglich und zu vermitteln? Inwieweit und mit welcher Zielsetzung sollen die Bürgerinitiativen in den hessischen Landtagswahlkampf eingreifen oder sich sogar darauf konzentrieren? Was kann getan werden, damit die anstehende Platzbesetzung nicht zur letzten Schlacht wird?

23. Januar 1982

Liebe Anne,
die Termine für das mündliche Examen stehen fest. Erstmals in meinem Studium verbringe ich halbe Tage in den Instituts-Bibliotheken und ziehe mir geballt wissenschaftliche Lektüre rein. Für Volkskunde lerne ich mit zwei Kommilitonen, Grit und Axel, das ist sehr angenehm, wir können uns ab und zu gegenseitig abfragen über Weihnachtsbräuche, das Niederdeutsche Hallenhaus, die bürgerliche Familie. Fünf Volkskunde-Themen haben wir insgesamt, dazu muss ich mich noch auf jeweils drei in Politik und Publizistik vorbereiten.
Ich gehe jetzt wieder in die Bibliothek, Grüße, M.

Zwischendurch, am 31. Januar, muss Max aber noch mal los zur Startbahn. 80.000 Startbahn-Gegner, so die Schätzungen vorher, würden bei der Platzbesetzung mitmachen. Tatsächlich kommt maximal die Hälfte. Aus Göttingen fahren wir immerhin mit rund 350 Leuten.

Auf der Anfahrt ist überraschend keine beziehungsweise kaum Polizei zu sehen. Wir kommen ohne Behinderungen bis Walldorf. Von da geht es zu Fuß weiter. Eine Container-Sperre ist schnell zur Seite geräumt, und plötzlich stehen wir auf besagtem Baulos 2. Auch hier keine Polizei, keine Pferde, keine Hunde, kein Wasserwerfer, kein NATO-Draht. Nur ein Hubschrauber kreist in der Luft.

Und nun? Die einen fangen an, Nägel in die Bäume zu schlagen, damit die Sägen der Waldarbeiter daran kaputtgehen. Andere ziehen weiter zu Baulos 1, da soll mehr los sein. Um die eigentlich geplante Platzbesetzung, also den Bau von Hütten und Barrikaden, kümmert sich niemand so recht.

An der Mauer ist bereits ein Geplänkel im Gang. Äste und Erdklumpen werden hinüber geschleudert, die dahinter verschanzte Polizei antwortet mit Tränengas. Wie absehbar geht es dann weiter: Die Einsatzleitung bläst zum Ausfall, sofort bricht bei vielen Demonstranten Panik aus, einige wenige Leute versuchen, die Polizeiketten mit Steinwürfen auf Distanz zu halten. Unser Rückzug ist chaotisch und unübersichtlich, es gibt viele Verletzte und Festnahmen.

In der Nacht, als wir schon in Göttingen sind, macht die Polizei in und um Frankfurt Jagd auf alles, was irgendwie nach Startbahn-Gegner aussieht. Die Bullen dringen in Kneipen ein und schlagen dort offenbar wahllos Menschen zusammen. Auch Jugendliche, Kinder und alte Leute werden teils schwer verletzt, von etlichen Autos die Scheiben eingeschlagen und Reifen zerstochen. Wie nach der Demo in Malville vor viereinhalb Jahren. War es das jetzt mit dem Widerstand gegen die Startbahn West?

Widerstand gegen Vollstreckungsbeamte, Haus- und Landfriedensbruch, Gefangenenbefreiung und Sachbeschädigung: Eine Prozesslawine rollt an gegen die Göttinger Häuserkampfbewegung. Nach Angaben des Ermittlungsausschusses gibt es derzeit rund 350 Verfahren, 120 Prozesse laufen bereits oder sind schon zu Ende gegangen – einige mit Freisprüchen, viele mit Verurteilungen zu Geld- oder Haftstrafen. Die Prozesskosten belaufen sich schon jetzt auf Zehntausende Mark, die Anwaltshonorare sind noch nicht eingerechnet.

Heimfahrt in den Tod. Hassan Kazempour Moghadin, der in Göttingen Physik studiert und einen den oppositionellen Volksmodjaheddin nahestehenden Studentenverband mitbegründet hat, ist im Iran hingerichtet worden.

Die letzten Sympathien für das Regime von Ayatollah Chomeini sind bei uns inzwischen verflogen. 25.000 politische Gefangene soll es dort geben, 8.000 Menschen sollen im vergangenen halben Jahr hingerichtet worden sein. Alle 25 Minuten einer.

★ ★ ★

„37 von 30 ... Ich höre ... Wir sind Kurze Geismar, da gehen jetzt unsere Freunde X und Konsorten ...

In welche Richtung?

Richtung Stadt.

Ist der Y dabei?

Nein, scheint nicht dabei zu sein ...

Keine Probleme, da kontrolliert doch mal, dann kommen wir auch."

Es gibt in Göttingen eine geheime Stadtpolizei. Sie operiert im Verborgenen, ohne öffentliche Kontrolle und offenbar auch ohne ausreichende rechtliche Grundlage. Ihre Spezialeinheiten nennen sich „Aufklärungs- und Festnahmekommandos". Erst nachdem das Anzeigenblättchen „Blick" Mitschnitte ihres Sprechfunkverkehrs veröffentlicht, gibt Polizeichef Gerd „Moppel" Mogwitz zu, dass eine solche Truppe existiert.

„X scheint wieder besonders stark zu sein heute ... aber wir auch."

„Wir sind immer noch Kurze Geismar, Richtung Jüdenstraße ... Vier Personen, drei männlich, eine weiblich ... Der X hat ganz schönen einen im Hacken. Ich wette, der braucht Schläge."

„Pass auf, fahrt hinterher, wir fahren vor zum Wilhelmsplatz."

„Ja, verstanden."

Die Taktik der geheimen Stadtpolizei: Ständiges Beschatten und Provozieren einzelner oder kleiner Gruppen. Und, wenn möglich, Leute festnehmen. Ein bevorzugtes Observierungsziel ist der Theaterkeller. Außer dem Kneipenbetrieb gibt es hier öfter linke Konzerte und Veranstaltungen. Gäste, die mit dem Auto nach Hause fahren, werden regelmäßig angehalten, ihre Personalien überprüft.

★ ★ ★

„X und Anhang gehen hier durch die Stadt. Wir wollen die ein bisschen beschatten. Aber so, dass wir denen auf den Hacken herumfahren ... Der X wird schon nervös."

„X hat hier gerade so einen kleinen Mülleimer umgedonnert, diese Papierkörbe ..."

„Ja, wollt ihr sie jetzt mal anhalten? Einsacken ...?"

„Na, dann wollen wir sie mal einsammeln ... Wir stoppen sie ... Kommt ran."

„Soll ich mal dem Weide seine Telefonleitung blockieren?"

„Besser Lehmann."

Bernd-Michael Weide und Christoph „Niki" Lehmann sind Göttinger Rechtsanwälte, die öfter linke Angeklagte vertreten.

Die CDU und Oberbürgermeister Rinck verhindern, dass das Thema „Geheime Stadtpolizei" im Stadtrat behandelt wird. Die AGIL hat dazu eine Anfrage gestellt. Sie will wissen, wie die Verwaltung zu einem Leserbrief von Oberstadtdirektor Vieten an das „Göttinger Tageblatt" steht. Vieten hat darin kritisiert, dass das Blatt eine Presseerklärung der AGIL abgedruckt hat, in dem eben der Begriff „Geheime Stadtpolizei" vorkommt. Außerdem fragt die AGIL danach, was die Verwaltung über diese geheime Polizeitruppe weiß.

Die CDU-Fraktion rast und tobt. Rinck entzieht dem AGIL-Ratsherrn Wolfram Panzer das Wort. Wegen Beleidigung der Polizei. Max ist zum ersten Mal als Zuschauer bei einer Ratssitzung. Das ist ja lustiger als er dachte.

30. März 1982

Liebe Anne,

Sonntags Taxi zu fahren, bringt meistens nicht viel ein. Da nehme ich an, was kommt. Auch Essenfahrten. Ich stehe also neulich am Sonntagnachmittag mit der Taxe Nummer 9 vorne am 82er Platz, als die Zentrale anfragt, ob ich eine Essenfahrt übernehmen will. Ja, will ich.

Ich soll beim Imbiss „Putt vom Grill" zehn halbe Hähnchen holen und zum Sportplatz in Geismar bringen. Die Jungs haben nach dem Kicken vermutlich Hunger. Ich stelle die Uhr an, fahre zu dem Imbiss, kaufe die Vögel und fahre weiter nach Geismar. Nur: Auf dem Sportplatz ist kein Mensch. Da hat jemand nur so angerufen.

Ich habe inzwischen 15 Mark oder so auf der Uhr, habe das Geld für die Hähnchen ausgegeben und habe die Hähnchen im Auto. Die Tüten fangen

langsam an durchzuweichen, das Fett läuft auf den Sitz. Zwei Gockel esse ich
selbst. Drei oder vier kann ich an Kollegen verkaufen, zu einem miserablen
Preis natürlich, die anderen schmeiße ich weg.

Der Tag ist gelaufen. Ich fahre noch bis abends weiter, um wenigstens
ein bisschen Kohle wieder reinzuholen. Immer wenn die 9 aufgerufen wird,
höhnt und dröhnt es im Funk: „Hehe, der Gockelpilot.“

Viele Grüße, M.

Einige Leute aus dem Arbeitskreis fahren nach Wyhl. Dahin also, wo es vor
sieben Jahren los ging. Zur Wiege der Anti-AKW-Bewegung. Der Bau eines
Atomkraftwerks ist immer noch nicht vom Tisch. Für Anfang April haben
die badisch-elsässischen Bürgerinitiativen zu einer Großkundgebung aufgerufen, mehr als 50.000 Menschen versammeln sich an der sogenannten
„NATO-Rampe“ am Rhein.

Unsere Leute kommen ganz begeistert wieder. Sie haben die „Dritte
Erklärung“ der badisch-elsässischen Bürgerinitiativen mitgebracht und
lesen sie abends im Theaterkeller mit feuchten Augen vor: „Sollte die
Regierung den Bau des Atomkraftwerks Wyhl mit Gewalt erzwingen
wollen, sollte sie also den Landfrieden am Kaiserstuhl brechen, betrachten
wir die einmarschierenden Truppen als Besatzungsarmee. (…) Wir werden
uns in der gesamten Region mit Mitteln des gewaltfreien Widerstands zur
Wehr setzen; eine Bevölkerung, die zum Äußersten getrieben wird, verweigert den Gehorsam, hört auf, als Stimmvieh zu funktionieren; wir sind
zahlreich genug, um die Grenzübergänge von beiden Seiten zu verstopfen.“

Das sind nicht nur Worte, das ist kein hohles Pathos, die machen das
dann auch! Und gewaltfreier Widerstand heißt für die nicht: mit erhobenen
Armen da stehen, bunte Tücher schwenken und singen. Das heißt für die:
sich zu Zehntausenden auf die Straßen und Brücken setzen. Und, wenn es
sein muss, den Bauplatz wieder besetzen und so lange drauf bleiben, bis die
Atompläne vom Tisch sind.

31. März, Pressekonferenz von AGIL und Ermittlungsausschuss zur geheimen
Stadtpolizei. Rund 50 Beamte gehören ihr an, die in drei Schichten rund um
die Uhr Streife fahren und Linke – oder wen sie dafür halten – bespitzeln und

einschüchtern. Die Daten werden an einen Computer in Hannover übermittelt, das Spuren- und Dokumentationssystem (SPUDOK).

Besonderen Eifer zeigt der einschlägig bekannte und bei uns besonders verhasste Zivilpolizist Steinmetz alias Keiler, wie aus dem heimlich mitgeschnittenen und bei der Pressekonferenz in Auszügen vorgestellten Funkverkehr der Kommandos hervorgeht: *„Mit ziemlicher Sicherheit kommen jetzt durch den Durchgang hier bei Karstadt drei Typen. Der eine ist so ein Schweinsgesicht, Bartträger, so halbe Chaotentypen."*

★ ★ ★

Die durch die Stadt patrouillierenden Bullen machen sich gegenseitig heiß und beratschlagen, ob sie jemanden verprügeln und dann wegen Widerstandes gegen die Staatsgewalt festnehmen können. Etwa so:

„War da noch was?"

„Nee, nee, der hatte nur 'ne bisschen große Lippe."

„Hatte 'ne dicke Lippe? Können wir ihn mit aufmischen?"

„Ach nee, lohnt sich nicht."

„Und ich hatte schon 'ne Wette auf dich abgeschlossen, dass du heute 'nen Widerstand bringst."

„Nur bei Kurtchen N. haben wir ja bisschen mit angefasst."

„Na, immerhin, es geht aufwärts."

„Es geht wieder an!"

„Wunderbar!"

Und dann noch mal Keiler: *„Ja, kommt mal hoch hier. Ich hab' den erst mal zusammengestutzt, den Vogel. Hätte nicht viel gefehlt, hätte ich ihm 'nen paar ans Maul geschlagen."*

★ ★ ★

Polizeichef Mogwitz bestreitet die Echtheit der abgehörten Gespräche nicht. Er findet zunächst nur die Ausdrucksweise der Beamten tadelnswert: „Mangelnde Funkdisziplin." Und: „Wir tun nichts, was nicht rechtlich abgedeckt ist. Wir sammeln Nachrichten, von denen wir annehmen, daß sie für unsere Ermittlungsergebnisse von Bedeutung sind."

Niedersachsens Datenschutzbeauftragter Klaus Tebarth, vormals Leiter der Polizeiabteilung im niedersächsischen Innenministerium, findet SPUDOK „zulässig" – zur Abwehr von Gefahren und zur Verfolgung schwerer Straftaten.

Die SPD-Landtagsabgeordnete Inge Wettig-Danielmeier rügt, immerhin, den Fahndungsstil der Kommandos als „Django-Methoden". Ihr Fraktionskollege Werner Holtfort aus Hannover, Rechtsanwalt und stellvertretender Bundesvorsitzender der Arbeitsgemeinschaft sozialdemokratischer Juristen, hält die Vorfeldarbeit der Polizei „im Bereich bloß vermuteter Kriminalität" für gesetzeswidrig.

Ein Skandal im Skandal ist die Berichterstattung unserer ruhmreichen Lokalzeitung. Unter dem Motto „Funkstille statt Funksprüche" bequemt sich das „Göttinger Tageblatt" erst zwei Tage nach der AGIL-Pressekonferenz, in die Thematik einzusteigen – mit einer mickrigen, ganze vier Sätze langen Meldung auf der dritten Seite des Lokalteils. Darüber, aufgemacht mit einem großen Foto, ist ein Artikel platziert: „Vizepräsident Renner würdigt Arbeit der Polizei unter Leitung von Mogwitz."

Am 3. und 4. April folgen längere Texte, die sich allerdings kaum mit SPUDOK und dem Spitzel-Unwesen befassen, sondern der Selbstdarstellung der Polizei dienen. „Computereinsatz soll Straftaten verhindern" und „Polizeisprecher: Der Psychoterror hat schon begonnen", lauten die Überschriften. Die faschistoiden Funksprüche werden natürlich nicht zitiert.

14. April 1982

Liebe Anne,
im Nachbardorf das aufgeschichtete Osterfeuer vorzeitig abfackeln – das ist ein Riesenspaß für Jugendliche auf dem Land. In Hohnstedt, nicht weit von Göttingen entfernt, hat dieser Brauch mit einer Katastrophe geendet. Fünf Jungen, 14 bis 18 Jahre alt, die in der Nacht vor dem Osterfeuer den Holz- und Reisigstapel bewachten, sind in den Flammen gestorben.
Sie hatten sich in einer Höhle in dem Holzstoß zum Schlafen hingelegt, ein Sechster übernachtete daneben im Freien. Er hat gegen vier Uhr morgens das Feuer entdeckt, das Jugendliche aus dem Nachbardorf Edesheim gelegt hatten. Aber da war es schon zu spät. Der Wind hat die Flammen direkt auf den Eingang der Höhle zugetrieben, die Jungen hatten keine Chance.
Wir sind entsetzt und sehr traurig. Ich muss immer daran denken, dass

wir in meinem Heimatdorf früher auch „unser" Osterfeuer gegen die Jungs aus den anderen Dörfern „verteidigt" haben.
M.

Bedrohliche Nachrichten aus Mittelamerika. Die USA bauen in Honduras, nahe der Grenze zu Nicaragua, Militärflughäfen und stocken die Militärhilfe für die honduranische Armee massiv auf. In Nicaragua sprengen Contras mehrere Brücken. Vor der Atlantikküste patrouillieren drei US-Kriegsschiffe.

Es gibt nun immer mehr Aktivitäten und Aktionen gegen Krieg und Militarismus, und immer mehr Leute aus dem Arbeitskreis und anderen Anti-AKW-Gruppen wie der Bremer BBA klinken sich in die Friedensbewegung ein.

Seit Anfang März steht fest, dass die Bundesregierung den zunächst in Brüssel geplanten NATO-Gipfel im Juni nach Bonn holt. Dazu das Kriegsgedröhne von US-Präsident Reagan und seinem Außenminister Haig, die schleichende Intervention der Yankees in Mittelamerika. Das können und wollen viele Menschen natürlich nicht hinnehmen.

In der Friedensbewegung haben wir es mit alten Platzhirschen zu tun, die einerseits seit Jahren kaum was anderes tun als Ostermärsche, Friedensdemonstrationen und Kongresse zu organisieren. Andererseits sind sich diese Gruppierungen untereinander oft selbst nicht grün, auch wenn sie nach außen hin oft als Block auftreten und sich gegen unliebsame Neulinge wie den BAF verbünden.

Da ist zunächst mal das gesamte Revi-Spektrum vertreten, also die DKP samt ihren sogenannten Vorfeld- und Massenorganisationen wie MSB Spartakus, SDAJ, Vereinigung der Verfolgten des Naziregimes (VVN), Deutsche Friedens-Union (DFU) und das Komitee für Frieden, Abrüstung und Zusammenarbeit (KOFAZ). Die Revis treten gegen die NATO-Nachrüstung mit atomaren Mittelstreckenraketen ein, jede weitergehende Forderung lehnen sie ab, vielleicht nicht grundsätzlich, aber sie spalte – meinen sie – nur die Friedensbewegung. Na klar, die Revis wollen auch dazu beitragen, dass die Position der Sowjetunion bei den Abrüstungsverhandlungen gestärkt wird.

Die SPD-nahen Kräfte wie Jusos und Falken sind taktisch mit den Revis verbündet, sie stehen aber trotz Kritik am Nachrüstungsbeschluss auf Seite der NATO beziehungsweise des Westens beziehungsweise der Schmidt-Regierung in Bonn. Deswegen scheuen auch sie vor radikalen, antikapitalistischen Positionen zurück.

Christliche und kirchennahe Initiativen wie die Aktion Sühnezeichen oder Pax Christi sowie ein Teil der gewaltfreien Gruppen wollen vom Blockdenken hingegen gar nichts wissen. Sie treibt vor allem die Empörung über Hochrüstung, Hunger und Elend in der Welt an und um. Sie argumentieren eher moralisch und unpolitisch und sehen das Hauptproblem in der Anhäufung von Waffen an sich. Weil sie auf einen Erfolg der Genfer Abrüstungsverhandlungen hoffen, stimmen sie ebenfalls meistens mit den Revis und dem SPD-Umfeld.

Dann tummeln sich da noch die Eurozentristen, Leute um den DDR-Dissidenten Rudolf Bahro, Teile der Grünen und Aktive aus den mehr und mehr zerfallenden K-Gruppen. Sie sehen die Perspektive in einer gesamteuropäischen Friedensbewegung und schließlich einer Überwindung der Blockkonfrontation. Die Eurozentristen, zahlenmäßig nicht allzu groß, aber mit einigen starken Persönlichkeiten in ihren Reihen, legen sich häufig mit den Revis an.

Das BAF-Spektrum, zu dem wir uns zählen, umfasst linke kirchliche Gruppen, die Dritte-Welt-Solidaritätsbewegung, Anti-AKW-Initiativen, moderate Autonome und etliche weitere nicht genau zu definierende Gruppen und Einzelpersonen. Unser Hauptanliegen ist es, der Friedensbewegung eine politische Diskussion über die Ursachen und Hintergründe der wachsenden Kriegsgefahr aufzuzwingen. Die NATO sehen wir als offensives Kriegsbündnis, das dazu dient, die Interessen des Westens gegen die Sowjetunion und die Dritte Welt durchzusetzen. Die UdSSR selbst wird von diesem Spektrum allerdings auch kritisch gesehen.

Ganz links außen, wenn man so will, stehen die „Anti-Imperialisten". Sie sympathisieren mit dem bewaffneten Kampf in den westlichen Metropolen und betrachten ihn als Unterstützung der Befreiungskämpfe in der Dritten Welt. Der – westliche – Imperialismus gehöre weltweit zerschlagen, Kritik an der Sowjetunion sei kontraproduktiv. Bündnisse mit staatstragenden Organisationen einschließlich der Revis lehnen die „Anti-Imps" ab.

Im Vorfeld der Demo gegen den NATO-Gipfel gab es verschiedene BAF-

Treffen, eines davon in Göttingen. Mehrere Resolutionen, Stellungnahmen und Presseerklärungen wurden dabei diskutiert und verabschiedet. Tenor: Wir unterstützen die Demo, sind aber gegen die ausschließliche Orientierung auf allgemeine Abrüstungsfragen. Eine Demonstration gegen den Krieg muss auch die Verantwortlichen für Kriegsstreiberei und Hochrüstung benennen, also in erster Linie die US-Regierung und die NATO.

Die im zentralen Demoaufruf enthaltenen Forderungen nach Fortsetzung der Abrüstungsverhandlungen und der Bonner „Entspannungspolitik" finden wir falsch. Reagan will überhaupt nicht ernsthaft über Rüstungsfragen verhandeln – und wir wollen und können nicht an die Verhandlungsbereitschaft von Politikern appellieren, die das Geschäft des Krieges betreiben.

Wir verlangen, dass auf der Hauptkundgebung ein Vertreter der FMLN aus El Salvador spricht. Und ein Redner, der sich gegen den NATO-Gipfel und die NATO-Politik insgesamt wendet. Und wir verlangen, dass sich die Geschäftsführung des Vorbereitungskreises in den Gesprächen mit der Polizei auf keine Regelungen einlässt, die den Anmarsch der Demonstranten und die Demo selbst durch schikanöse Auflagen behindert.

Als ein britisches U-Boot außerhalb der von Großbritannien um die Falklandinseln verhängten 200-Meilen-Sperrzone den argentinischen Kreuzer „General Belgrano" versenkt und 382 Menschen ums Leben kommen, wischen Max und Heiner die Kreide-Kritzeleien zum Falklandkrieg von der Tafel im Flur. Zu makaber. Ein paar Wochen später kapituliert die argentinische Armee.

Am 13. Mai verkündet der Vorsitzende Richter Selbmann im Landgericht Itzehoe die Urteile im Brokdorf-Prozess. Fünfeinhalb Jahre Knast für Michael Duffke, drei Jahre für Markus Mohr wegen „schweren Landfriedensbruchs in Tateinheit mit gefährlicher Körperverletzung".

Alle vier Verteidiger haben auf Abschluss-Plädoyers verzichtet: „Unser Selbstverständnis als Strafverteidiger verbietet es uns, für eine ausschließlich vom politischen Ziel bestimmte Justiz den Legitimationsrahmen abzugeben."

In der Itzehoer Innenstadt macht die Polizei Jagd auf protestierende AKW-Gegner und nimmt 29 Menschen fest.

Die Polizei holt einen Mitarbeiter der Göttinger Schülerzeitung AHUA mit Gewalt aus dem Unterricht – dort wird passenderweise gerade das Thema „Methoden von SS und Gestapo" behandelt. Die Beamten winken mit einem Durchsuchungsbefehl des Amtsgerichts. Zwei AHUA-Redakteuren werden Verstöße gegen das Fernmeldeanlagengesetz und die Aufforderung zu Straftaten vorgeworfen. Die Zeitung hatte nämlich Auszüge aus dem Polizeifunk nachgedruckt und den Kauf einer Broschüre empfohlen, in der u. a. Tipps zum Abhören eben dieses Funks gegeben werden.

27. Mai 1982

Liebe Anne,
unsere dreiköpfige Examens-Arbeitsgruppe hat sich für die bestandenen Prüfungen mit einer dreiwöchigen Reise nach Kreta belohnt. Sie begann mit einem holperigen Flug vom Ostberliner Flughafen Schönefeld nach Athen mit Zwischenlandung in Budapest, einer nächtlichen Dampferfahrt von Piräus nach Chania und einer wiederum rumpeligen Busfahrt nach Soúgia.
Das Programm war dort: abhängen, lesen, schwimmen, Fisch essen und Retsina trinken. Wir haben zusammen ein kleines Zimmer gemietet, damit wir mal duschen konnten, haben aber meistens draußen geschlafen. Oft brannten Feuer am Strand, irgendjemand klampfte auf einer Gitarre, es wurde gesungen, und es gab dazu noch mehr Retsina.
Wir sind durch die Samaria-Schlucht gewandert, von oben nach unten versteht sich, die Punkerin Beate hat sich uns angeschlossen, am Ziel in Agia Rouméli wurden wir von einem gewaltigen Unwetter fast ersäuft. Von da ging es weiter nach Loutro. Ein Fischer, der dort auch eine Taverne betreibt, hat nur noch einen Arm, der andere wurde ihm beim Dynamitfischen weggesprengt.
Zu Fuß, per Anhalter, mit Bus oder Boot sind wir dann über Chóra Sfakíon und Anópolis zum einsamen Kastell Frangokástello. Wir lagen nachts wach am Strand und warteten darauf, ob die im Befreiungskrieg gegen die

Türken gefallenen Widerstandskämpfer wie verheißen in der Morgendämmerung langsam an der Festung vorbeiziehen würden. Aber kein Kämpfer weit und breit, nur einmal meinte Grit, sie hätte weit hinten eine kleine Gruppe gesichtet, aber vielleicht war das auch nur ein Traum.

Die letzten Tage verbrachten wir am Palmenstrand unterhalb des Klosters Preveli. Eine Bretterbude war die einzige Verpflegungsstelle weit und breit und gleichzeitig die Bar, die Küche blieb kalt, das Bier leider warm.

Grit und Axel sind dann noch weiter, ich wollte erst mal zurück, fahre aber bestimmt noch mal hin.

Viele Grüße, M.

Warmlaufen für die Demo gegen den NATO-Gipfel. Auf Einladung des Arbeitskreises haben sich rund 30 Göttinger Gruppen und Initiativen getroffen. Und vereinbart, trotz aller Widersprüche bei Zielen und Inhalten der Demonstration, die Vorbereitungen gemeinsam zu tragen.

Das Göttinger Friedensbüro hat einige Veranstaltungen organisiert. Am. 5. Juni, ein paar Tage vor der Demo, ziehen wir – immerhin knapp 1.500 Leute – vom Wilhelmsplatz zur CDU-Dependance in der Reinhäuser Landstraße. Abends gibt es ein „Friedensfestival" in der Alten Mensa mit guter Mucke von Ape, Beck und Brinkmann aus Dortmund und einem Film über den Befreiungskampf in El Salvador.

Die CDU hat für denselben Tag eine Demonstration in Bonn für „Frieden und Freiheit" organisiert. Sie hat dazu „mehr als 100.000 Menschen" erwartet, es kommen aber nur knapp 10.000.

10. Juni, High Noon auf dem Bonner Marktplatz. Ein veritabler Cowboy reitet ein, der rechte Arm ist nach oben gereckt, die Hand zur Faust geballt. Auf dem Rücken trägt er – nein, kein Gewehr, sondern eine Pershing II-Rakete aus Pappmaché. Die Gesichtszüge des Mannes erinnern, genau, an Ronald Reagan. Beifall und lautes Lachen, als der Reiter in der Menge stecken bleibt und absteigen muss. Die fünf oder sechs Träger, die das Pferd spielen, bekommen eine wohlverdiente Pause.

Das ist eine von hundert oder tausend oder zehntausend bunten Szenen bei der Demonstration gegen den NATO-Gipfel. 400.000 bis 500.000

Menschen sind in der Stadt unterwegs, die Straßen und Plätze auf beiden Rheinseiten sind völlig verstopft. Am Bahnhof versuchen Ordner, die Leute mit Megafon-Durchsagen zum Weitergehen zu bewegen, weil noch laufend neue Sonderzüge eintreffen, aber wohin sollen sie gehen, wenn alles dicht ist?

Über den Köpfen ein buntes Meer von Fahnen und Transparenten. „Krieg dem Krieg", „Raus aus der NATO, rein ins Vergnügen!", „Gott erhalte Reagan – aber schnell". Uniformierte Soldaten – echte, wirkliche Soldaten – versuchen im Gewühl einen eigenen Block zu bilden. Eine Gruppe KZ-Überlebender in Sträflingskleidung reckt stumm Papptafeln in die Höhe. Trommler, Dudelsackspieler, überall ist Musik. „Wir scheißen auf die Rüstung", hat jemand auf einen Klo-Wagen gemalt.

Sie sind so nah und doch unerreichbar. Die Adressaten des Protestes, die Staats- und Regierungschefs der NATO-Länder, ihre Stabschefs und andere hohe Militärs, haben sich im Regierungsviertel verschanzt, geschützt von angeblich fast 20.000 Polizisten. Einige Gruppen versuchen, Richtung Bundeskanzleramt zu ziehen, sie wollen nur mal gucken, aber da ist natürlich kein Durchkommen.

Wir schlagen uns zu einer der vier Auftaktkundgebungen durch, dem Forum „Friedensbewegung und Selbstbestimmung in der 3. Welt". Abdullah Frangi, der PLO-Vertreter in der BRD, spricht dort. Ein brasilianischer Gewerkschafter, Angelica Uzquino von der FMLN in El Salvador, Vertreter der FSLN und des ANC aus Südafrika.

Bei der Hauptkundgebung auf den Rheinwiesen kommen am Nachmittag unter anderem der frühere Bundeswehr-General Gert Bastian, die Theologin Dorothee Sölle und ein Gewerkschafter zu Wort, ihre Reden sind schwach und dem Anlass völlig unangemessen. Die Schmetterlinge und eine Band namens BAP rocken bis in den Abend.

Ganz anders als in Bonn geht es am 11. Juni beim Besuch von Ronald und Nancy Reagan in Westberlin zur Sache. Während der US-Präsident im Schlosspark von Charlottenburg vor 25.000 streng kontrollierten Menschen spricht, toben in Kreuzberg die wohl heftigsten Straßenschlachten seit Jahren.

Brennende Autos, Plünderungen, fast 300 teils schwer verletzte Demonstranten und Polizisten, ebenso viele Festnahmen. Es grenzt an ein

Wunder, dass es keine Toten gab, sagen Göttinger Autonome, die ein paar Tage später im Theaterkeller über die Demo berichten.

21. Juni 1982

Lieber Tom,
400.000 bis 500.000 Demonstranten in Bonn – ein Erfolg? Man kann das so sehen, jedenfalls wenn man Erfolg über die Teilnehmerzahlen definiert. Wenn 500.000 demonstrieren, haben sich das eine Million Leute vorher überlegt, rechnen hier einige vor. Dann haben vielleicht fünf Millionen darüber diskutiert, weil sie persönlich Leute kennen, die hinfahren. Zehn Millionen haben mit der Demo sympathisiert, 20 Millionen das Ereignis zur Kenntnis genommen.

Andererseits: Wen haben wir wirklich erreicht? Die Bonner Bevölkerung, in Nordrhein-Westfalen war Feiertag, blieb zu Hause oder fuhr ins Grüne. Obrigkeit und Massenmedien verfolgten die Taktik, die riesige Demo einfach ins Leere laufen zu lassen. Gar nicht beachten geht ja nicht bei so vielen Menschen, also entdramatisierten und entpolitisierten sie das Ganze. Etliche Zeitungen berichteten dann statt über die politische Stoßrichtung vor allem über den Festival- und Happening-Charakter, den die Demonstration ja über weite Strecken auch hatte.

Der Erfolg liegt vielleicht woanders. Der autonome, unabhängige Flügel um den BAF mischt seit den Vorbereitungen zur Demo in der Friedens- und Anti-Kriegs-Bewegung mit. Und hat mit durchgesetzt, dass überhaupt am Ort und zum Zeitpunkt des NATO-Gipfels demonstriert wird – die Zaghaften wie die SPD-Granden Eppler und von Oertzen wollten allenfalls bei der Kundgebung das Wort ergreifen, hätte sie vorher oder hinterher stattgefunden.

Wir – in diesem Fall also BAF und andere Unabhängige wie der Bundeskongress entwicklungspolitischer Aktionsgruppen (BUKO) und die Evangelische Studentengemeinde (ESG) – haben auch erreicht, dass im zentralen Demo-Aufruf die Rolle der NATO stärker betont, die Interventionspolitik der USA benannt und ein Zusammenhang zwischen Rüstung, Ökologie und Unterdrückung hergestellt wird. Nur hat das alles wenige bis gar keine Konsequenzen. Bislang jedenfalls nicht.
M.

* * *

13. Juli 1982

Liebe Anne,

ja, es gibt jemanden, Anna heißt sie. Ich finde sie schon länger attraktiv, seit ein paar Monaten. Sie studiert Volkskunde. Ich habe ihr bei der Examensarbeit geholfen, ihre Mutter hat dafür ein schickes Essen springen lassen. Wir haben es in einem Lokal im Solling eingenommen, aber da ich fahren musste, konnte ich nichts trinken, und weil ich nichts getrunken habe, traute ich mich nicht so richtig an Anna ran.

Immerhin hat sie mich neulich gefragt, ob ich mitkomme zur documenta nach Kassel. Zeitgenössische Kunst ist nicht so meine Sache, aber ich wollte dranbleiben und sagte zu. Wir sind stundenlang durch die Ausstellung gelaufen, Anna hat über Junge und Alte Wilde referiert, die sind irgendwie das große Thema bei dieser documenta.

Danach hatte Anna Hunger und fragte, ob wir noch zum Spanier wollen. Eigentlich wollte ich ja längst in Göttingen zurück sein, an dem Tag war schließlich das WM-Halbfinale BRD – Frankreich, und wir haben eine prima Fußball-Guck-Gruppe bei der Nachbar-Wohngemeinschaft im Rosdorfer Weg. Aber ich wollte ja auch bei Anna keine Chance verpassen und sagte deshalb auja, zum Spanier, das ist sowieso mein Lieblingsessen.

Wir also zum Spanier. Bei den Tapas hat Anna weiter die tolle Ausstellung ausgewertet. Über mir lief der Fernseher, die ganze Kneipe bis auf uns guckte auf den Bildschirm, alle jubelten, stöhnten, kriegten sich gar nicht mehr ein. Ein Wahnsinnsspiel, 1:1 nach der regulären Spielzeit, 3:3 nach der Verlängerung, das Elfmeterschießen gewann die BRD mit 5:4, du hast es bestimmt auch gesehen.

Ein solches Opfer muss eigentlich belohnt werden. Eigentlich, denn vor ihrer Wohnung in Göttingen verabschiedete sich Anna, so ein schöner Tag, sagte sie, es gab noch ein Küsschen auf die Wange, dann stieg sie aus dem Auto und das war's. Nie wieder, schwöre ich, werde mich in so einer Situation gegen Fußball entscheiden.

Viele Grüße, M.

Mitten in den Semester- und Schulferien überfällt die Polizei ein Sinti-Lager in der Göttinger Weststadt. Fast hundert Beamte in Uniform und Zivil sind an dem Einsatz beteiligt, einige stürmen mit gezückter Pistole in die Wohnwagen, bedrohen auch Kinder und Jugendliche. Sie zerren eine Frau, die wenige Tage vorher eine Fehlgeburt hatte, von ihrer Liege. Eine 17-Jährige und ihr 18 Jahre alter Freund werden mit aufs Präsidium geschleift. Weitere Beute bei der Razzia: Ein Kassettenrecorder und ein paar Goldmünzen.

Später im Camp, können wir kaum glauben, was uns die Sinti erzählen. Bei euch brauchen wir keinen Durchsuchungsbefehl, sollen die Beamten unter anderem erklärt haben. Einem jungen Mann, der sich vor der Durchsuchung seines Wohnwagens erst mal anziehen wollte, habe ein Polizist gedroht: „Wenn du eine Bewegung machst, knalle ich dich nieder."

Wieder mal steht ein Umzug an. Zu fünft – drei Frauen, zwei Männer, alle sind oder waren im Arbeitskreis gegen Atomenergie aktiv – beziehen wir eine schöne Altbau-Erdgeschoss-Wohnung im Nikolausberger Weg. Es gibt sogar einen großen Garten. Eines der fünf Zimmer liegt allerdings oben unterm Dach, es hat nur einen Kohleofen. Die Kohlen lagern im Keller.

Abgesehen vom Wohnungswechsel, passiert nur wenig, die Freunde sind verreist oder haben keine Zeit, und schon nachmittags in der Kneipe herumzusitzen macht auch nicht wirklich Spaß, also schaut und hört Max sich mal wieder eine Ratssitzung an. Die CDU, Gewinner der vergangenen Kommunalwahl, macht sich daran, eines ihrer Wahlversprechen einzulösen. Die „Penner" und „Asozialen", wie sie von den feinen Christdemokraten genannt werden, sollen per Sondersatzung aus der Innenstadt vertrieben werden. Im Kern steht das Verbot von Betteln, Alkoholgenuss und Übernachten im Freien.

Da zwei der drei AGIL-Vertreter und DKP-Mann Neubauer im Urlaub weilen, gibt es nur drei Gegenstimmen zu dem Ansinnen. Neben Max sitzt der Redakteur der „Göttinger Stadtzeitung". Er fragt halblaut, ob die Asthma-Kranken wegen Ruhestörung durch Husten und die Rothaarigen wegen ihres unästhetischen Äußeren die Nächsten sind, die nicht mehr in die Fußgängerzone gelassen werden. Die unter der Zuschauertribüne sitzenden Ratsfrauen und -herren hören das, drehen sich empört um und zischeln, dass da oben Ruhe gehalten werden soll.

Schwerer Landfriedensbruch, gefährliche Körperverletzung, einfacher und schwerer Widerstand in der Silvesternacht 1980/81 – so lauten die Anklagepunkte gegen KD. Er soll bei den Auseinandersetzungen auf dem Marktplatz einen Beamten durch einen Steinwurf verletzt (gefährliche Körperverletzung), einen Gegenstand in Richtung eines Geschäfts geworfen (Landfriedensbruch) und sich bei seiner Festnahme gewehrt (Widerstand) haben.

KD ist am frühen Neujahrsmorgen während des Rachefeldzuges der Polizei auf dem Weg zum Theaterkeller zuerst verprügelt, dann festgenommen und auf der Wache wieder verprügelt worden. Der Prozess vor dem Landgericht beginnt am 16. August, also mehr als anderthalb Jahre nach den damaligen Vorgängen.

Alle wissen: KD hat nichts von dem, was ihm vorgeworfen wird, getan. Mehrere hundert Unterstützer kommen zum Gericht, nur wenige werden eingelassen, der Verhandlungssaal ist viel zu klein. Die Verteidigung beantragt Umzug in einen größeren Raum, hilfsweise eine Videoübertragung. Abgelehnt.

Die Rechtsanwälte haben auch nicht verhindern können, dass gleich vor dem Land- statt vor dem Amtsgericht verhandelt wird. Das Landgericht kann höhere Urteile – nämlich mehr als drei Jahre Knast – verhängen, außerdem wird KD einer Berufungsinstanz beraubt.

12. August 1982

Liebe Anne,
wir waren in Christiania, dem „Freistaat" oder der „Freistadt" in Kopenhagen.
Ist das nun eine Arche Noah der zukünftigen Gesellschaft? Ein Baustein für die Utopie? Oder doch eher ein Elendsviertel für Aussteiger, ein gerade noch tolerierter Schuttabladeplatz für das soziale Elend? Die Meinungen darüber in der Kneipe in Göttingen waren geteilt. Die klarsten Positionen hatten wie meistens diejenigen, die sich am wenigsten auskennen und noch nie dort waren. Wir sind also hingefahren, um unsere Vorurteile und vorgefassten Meinungen zu überprüfen.
Christiania war früher mal eine militärische Befestigungsanlage, das Areal hat eine Gesamtfläche von rund 20 Hektar, ist also ungefähr so groß wie die Göttinger Kernstadt. Die Buslinie 8 führt direkt dorthin, zu Fuß sind

es vom Stadtzentrum aber auch nur 20 Minuten.

Zwei Tage lang sind wir ohne festes Programm durch die Straßen und über die Plätze gebummelt, haben hier und da einen Plausch mit Bewohnern oder anderen Besuchern gehalten. Trotz der zentralen Lage in Kopenhagen wirkt Christiania fast dörflich. Die Häuser stehen nicht dicht an dicht, es gibt viel Grün und eine Menge Spielplätze.

600 bis 700 Menschen leben zurzeit ständig hier. Außerdem Hunderte Hunde und Katzen, Hühner, Pferde und sogar Affen. Ein Teil der Leute betreibt Läden, Werkstätten und Verkaufsstände in Christiania, andere jobben außerhalb, wieder andere dealen – harte Drogen wie Heroin, Kokain und Amphetamine sind aber tabu, offiziell jedenfalls –, machen Musik, Yoga oder gar nichts beziehungsweise dämmern im Dauerrausch von Haschisch und Rotwein vor sich hin.

Außer für den Warentransport sind keine Autos zugelassen. In unregelmäßigen Abständen erscheint eine eigene Zeitung. Es gibt mehrere Theatergruppen, die teilweise auch im Ausland auftreten, und das Boessehuset, das Schwulenhaus, das zu einem der Zentren der dänischen Schwulenbewegung geworden ist.

Und wie lautet nun unser Fazit? Ein Paradies anarchistischer Lebensfreude ist Christiania sicher nicht. Aber doch ein immerhin schon seit zwölf Jahren andauerndes Experiment zur Erprobung unangepasster Lebensformen. Auf jeden Fall war es ein schöner Ausflug!

Liebe Grüße, M.

Max hat vor einiger Zeit damit begonnen, aus Göttingen für die „taz" zu berichten. Den Artikel zum Auftakt des Prozesses gegen KD gibt er telefonisch an die Redaktion durch. Andere Texte, bei denen es nicht so eilig ist, schickt er mit der Post. Private Faxgeräte gibt es noch nicht. Die Bundespost hat aber einen Fernkopierer, ein Riesen-Apparat ist das. Es dauert fünf oder mehr Minuten, bis eine Seite übertragen ist. Außerdem kostet die Nutzung ein Heidengeld – fast so viel, wie die „taz" für einen Text an Honorar zahlt.

Die Anti-AKW-Bewegung hat einen „heißen Herbst" ausgerufen. Auftakt sind am 4. September zeitgleiche Demonstrationen an den möglichen Standorten für Wiederaufarbeitungsanlagen, Wangershausen in Hessen und Kaisersesch in Rheinland-Pfalz. Die größte Aktion, der „Tanz auf dem Vulkan", findet im Gorlebener Wald an der Baustelle für das Atommüllzwischenlager statt. Dorthin fahren auch wir aus Göttingen.

Es geht ziemlich zur Sache. Zehntausend Leute belagern das Baugelände, einige hundert schnippeln am Zaun. Vor dem Haupttor und später im Wald geht die Polizei massiv gegen uns vor, immer wieder kann sie durch beherzten Widerstand und Werfen von Ästen aber auch zurückgetrieben werden. Neue Hochdruckwasserwerfer sind im Einsatz, die Getroffenen reißt es um wie Holzfiguren, mehrere AKW-Gegner werden dadurch schwer verletzt.

Eine 17-jährige Schülerin aus dem Wendland erleidet Rippenbrüche und innere Verletzungen, sie muss noch am folgenden Tag Blut spucken. Einer anderen Frau zerschmettert der Wasserstrahl die Backen- und Kinnknochen, das Glas ihrer Brille zerbricht, Splitter dringen ins Auge. Sie muss operiert werden. Das Krankenhaus in Uelzen soll auf Druck der Polizei eine spezielle Patientendatei für verletzte Demonstranten angelegt haben.

Noch am Abend distanziert sich die BI Lüchow-Dannenberg in einer Erklärung von den Gewalttätern, sie meint damit aber nicht die Polizei: „Die BI verurteilt das Verhalten dieser Demonstranten, die die sinnlose Konfrontation mit der Polizei suchten." Berliner AKW-Gegner antworten in einem Offenen Brief. „Seit der Dorfbesetzung 1004 haben wir den Eindruck, daß sich euer Widerstand in schleichender Resignation verliert. Um niemanden zu verschrecken, verliert ihr euch in unendlichen Kompromissen."

Eine Woche nach dem „Tanz auf dem Vulkan" stecken anonyme AKW-Gegner nächtens zwei dieser Hochdruckwasserwerfer-Ungetüme der schleswig-holsteinischen Landespolizei in Brand. Sachschaden: rund 80.000 Mark. Politisch fragwürdig, aber: Klammheimliche Freude.

Atom Express Nr. 31, in eigener Sache:

„Das Wochenende des 25. und 26. September wird in die Annalen der Anti-AKW-Bewegung ebenso eingehen wie in die Pressegeschichte von Nachkriegsdeutschland. Dieses Wochenende, das mit dem Schlagwort „Pisselberger Verhandlungen" nur unzureichend beschrieben ist, brachte nach jahrelangem Nebeneinander und nach jahrelang nur persönlich-informellen Kontakten die ersten offiziellen Gespräche zwischen Delegationen der Lüneburger Atommüllzeitung und des Göttinger Atomexpress …

Das Treffen, dies vorweg, verlief in freundschaftlicher, ja zum Teil betont herzlicher Atmosphäre. Nach einer kurzen Begrüßung und einer Begehung der Räumlichkeiten, in deren Verlauf die Bedenken v. a. der Abhörsicherheit des Hauses nahezu ausgeräumt werden konnten, kamen die Redaktionen am frühen Nachmittag zu einer ersten Sitzung zusammen. Schwerpunkte dieses Eröffnungsplenums waren Referate und Einschätzungen zur Lage (allgemein und im speziellen) sowie ein Erfahrungsaustausch über Entstehungsgeschichte, Entwicklung, Zustand und Perspektiven der beiden Zeitungen …

Mit großer Spannung erwarteten die (beiden) Zuschauer aus Bremen dann das die offiziellen Beratungen abschließende Abend-Plenum, auf dem konkrete Schritte einer zukünftigen Kooperation genannt werden sollten – und sie (die Zuschauer) wurden nicht enttäuscht.

Die Bandbreite der eingangs gemachten Vorschläge reichte von ‚Jede(r) für sich, eine(r) für alle‘ bis zu ‚Totalfusion jetzt‘. Im Laufe der Debatte setzte sich jedoch eine Linie durch, die unter das Motto ‚Getrennt marschieren – vereint schlagen‘ gestellt werden kann…

Erschöpft von den zähen Verhandlungen, ausgelaugt, aber dennoch glücklich und zufrieden, so viel erreicht zu haben, trafen sich alle … spät nachts am Kaminfeuer bei Suppe und Bier, erzählten einander von bestandenen und zukünftigen Abenteuern und plauderten über die Gorleben-Geschehnisse ebenso wie über Beziehungsprobleme …“

Der Göttinger Ausflug zur Kalkar-Demo am 2. Oktober, immer noch im „heißen Herbst“, wird ein völliger Flop. Obwohl die AG Energiepolitik im Arbeitskreis vorher ein zehnseitiges Kalkar-Info erstellt und in vieltausendfacher Ausfertigung in die Briefkästen gestopft hat, obwohl Busse bestellt, ein Extra-Flugblatt für die Szene geschrieben und eine Veranstaltung vorbereitet wurden, verpufft die Mobilisierung.

Schon bei der Vorbereitungsveranstaltung wird klar, dass die Stimmung sehr schlecht ist. Die Leute gähnen, als wir die zwölf Schreibmaschinenseiten umfassenden Auflagen der Polizei vorlesen: keine Helme, keine Vermummung, keine Lautsprecheranlage bei der Abschlusskundgebung. Sie lächeln müde, als die Vorschläge vorgestellt werden, mit Trommeln anzurücken und Farbeier mitzunehmen. Eine Diskussion kommt nicht in Gang, viele verlassen vorzeitig den Raum.

Wir starten schließlich in der Nacht mit einem einzigen Bus und einigen Autos – selten sind zu einer größeren Anti-AKW-Aktion weniger Leute aus Göttingen gefahren.

Auf einem Parkplatz hinter Duisburg hören wir vom zentralen Demo-Verkehrsausschuss, dass die Polizei zehn Kilometer vor Kalkar eine Sperre aufgebaut hat. Die Beratungen, was nun zu tun ist, ziehen sich in die Länge, weil immer wieder Leute aus anderen Städten dazukommen und sich informieren wollen.

Einige AKW-Gegner aus der Region geben Tipps für Schleichwege, ein paar Leute von uns sitzen mit Landkarten neben dem Busfahrer und lotsen ihn fast in eine Sperre. Wir können aber noch umdrehen. Auf einem anderen Parkplatz wird bestätigt, dass rund um Kalkar alles abgesperrt ist, dass die Bullen Busse und Autos kontrollieren, Helme und anderes Zeug beschlagnahmen.

Wir diskutieren und verwerfen alle möglichen Alternativen: Helme und den anderen Kram hier lassen, den Bus hier lassen und zu Fuß weiter oder mit Bus und Helmen in die nächste Sperre rauschen und sehen, was weiter passiert. Und entscheiden schließlich, erst mal gar nichts zu machen und eine Stunde zu warten. Nach dieser Stunde ist die Konfusion noch genauso groß, niemand scheint in der Lage, sie zu beenden, alle sind blockiert, wirken wie gelähmt.

Wir fahren dann irgendwann los, immer noch mit der heldenhaften Entschlossenheit, uns nicht durchsuchen zu lassen. Nach fünf Minuten hängen wir in der Sperre fest. Die Polizei inspiziert den Laderaum, sieht Farbeimer, Quaste und anderes Gerät und will jetzt den Bus durchsuchen. Nein, kommt nicht in Frage, wir lassen uns nicht kontrollieren. Na, sagt der Einsatzleiter, ich gebe Ihnen fünf Minuten, sich das zu überlegen, sonst stürmen wir den Bus.

Wir steigen aus, die Bullen steigen ein und schleppen unser Zeug raus: Helme, Tücher, Brillen, Megafon. Von ihm aus, sagt der Einsatzleiter, können wir jetzt weiterfahren. Die meisten von uns wollen nun aber nicht mehr weiter nach Kalkar. Einige, weil sie grundsätzlich nicht ohne Selbstschutz mehr auf Demos gehen. Andere, weil sie sich nicht von der Polizei vorschreiben lassen wollen, wie sie wo demonstrieren. Und wieder andere, weil sie frustriert sind von der Demütigung und keinen Bock mehr haben auf weitere Konfrontation. Nur rund 20 Leute fahren weiter, wir Zurückgebliebenen werden abends wieder vom Bus aufgelesen.

30.000 Leute haben an dem Tag auf der Wiese am Schnellen Brüter demonstriert – deutlich weniger, als zunächst erhofft. Allerdings ist auch anderenorts die Stimmung immer schlechter geworden, je näher der Demo-Termin rückte. Schon angemietete Busse mussten wieder abbestellt werden, Vorbereitungstreffen endeten in Ratlosigkeit.

Das Problem: Wie können wir große Demonstrationen wieder so gestalten, dass sie erfolgreich sind – erfolgreich in ihrer Wirkung auf die Gegenseite, auf uns selbst und auf die Menschen, die wir ansprechen und für den Widerstand gewinnen wollen? Und zweitens: Was können wir überhaupt noch machen gegen Atomanlagen?

Unsere missglückte Kalkar-Ausfahrt hat Konsequenzen. In Göttingen setzt es heftige Kritik am Arbeitskreis, weil er seiner Verantwortung für die von ihm zu der Aktion mobilisierten Leute nicht nachgekommen ist und die Spaltung der Gruppe nicht verhindert hat. Die Kritik an uns ist berechtigt. Erstmals ist Max von dem ganzen Anti-Atom-Kram genervt.

Um die Revolution vorzubereiten, muss man nicht am Schießstand trainieren. Manchmal reicht es, wenn man einfach nur viel redet, oder noch besser, viel schreibt und dafür sorgt, dass diese Texte auch gelesen werden. So oder so ähnlich sah es jedenfalls Hans Magnus Enzensberger, Dichter, Schriftsteller, Redakteur und Multitalent. 1965 gründete er die Zeitschrift „Kursbuch". Den Namen wählte er mit Bedacht. Kursbücher geben keine Richtung vor, sie geben Verbindungen an, meinte Enzensberger.

Für uns versprechen die Kursbücher allerdings auch eine gewisse Ordnung und Orientierung. Sie zeigen, was möglich sein könnte. Kein Bewegungsorgan, aber so etwas wie ein publizistisches Sammelbecken für die brennenden Themen. Für viele ist das alle drei Monate erscheinende „Kursbuch" mit seinen kommentierenden, meinungsbildenden Essays deshalb Pflichtlektüre.

„Schlacht am Schacht". Max ist dieses Mal nicht mitgefahren zur Demo gegen Schacht Konrad, keine Lust, aber Uwe aus der Wohngemeinschaft ist vor Ort und erzählt abends: An dem ehemaligen Eiserzbergwerk Konrad in Salzgitter, das zur Atommüllkippe für schwach und mittelradioaktive Abfälle hergerichtet werden soll, haben sich mehrstündige heftige Kämpfe zwischen militanten AKW-Gegnern und der Polizei entwickelt. Diese setzt Wasserwerfer, massenhaft Tränengas und lange Schlagstöcke ein und wird ihrerseits immer wieder mit Steinen eingedeckt. 28 Leute werden festgenommen, auch zwei Göttinger. Die Vorwürfe sind die üblichen, Landfriedensbruch, Widerstand und so weiter.

Zu der Aktion haben Bürgerinitiativen mit unterschiedlichen Aufrufen – einer von der Regionalkonferenz südostniedersächsischer Bürgerinitiative, einer von den Grünen, einer von den Autonomen – mobilisiert, was die derzeitige Zerrissenheit der Anti-AKW-Bewegung deutlich macht. Abends feiert die Polizei in Salzgitter. „Die Ereignisse des Tages taten dem Polizeiball keinen Abbruch", radebrecht die „Salzgitter Zeitung".

Bundeskonferenz in Kassel mit kontroversen und zermürbenden Diskussionen über den Zustand der Anti-AKW-Bewegung. Obwohl Zehntausende beim „heißen Herbst" auf der Straße oder an den Bauplätzen demonstriert haben, ist die Spaltung zwischen dem „BBU-Flügel" und unabhängigen Initiativen, zwischen „Militanten" und „Gewaltfreien" so offensichtlich wie nie zuvor.

Die bislang starke „Mittelströmung", zu der wir uns zählen und die nicht prinzipiell für oder gegen Gewalt gegen Sachen ist, sondern die Wahl der Widerstandsformen von der jeweiligen Situation abhängig macht, verliert an Einfluss.

Auch der Arbeitskreis gegen Atomenergie droht in Grüppchen und Fraktionen zu zerfallen, in der „Atom Express"-Redaktion arbeiten wir weitgehend abgekoppelt vom Rest der Initiative. Die Stimmung von vor einigen Jahren, als wir glaubten, mit den Bauplätzen der AKW-Bauplätze gleich die ganze Welt einnehmen zu können, sie ist erst mal dahin.

Immerhin fällt in Kassel endlich der Startschuss für den Druck der bundesweiten Energiebroschüre, eine Werkstatt arbeitet bereits an den Lithographien. Herausgeber ist nunmehr die gesamte Anti-AKW-Bewegung. Die Startauflage soll 500.000 Exemplare betragen. Von den rund 90.000 Mark Druckkosten sind 60.000 Mark bereits auf dem zentralen Spendenkonto eingegangen.

Und es gibt eine Resolution zu den Grünen. Denn die Partei schickt sich an, erstmals in den Bundestag einzuziehen.

Die Bundeskonferenz kritisiert „alle Tendenzen, die darauf abzielen, unsere zentrale und sachlich wohlbegründete Forderung nach sofortiger Stillegung aller Atomanlagen zu verwässern zugunsten neuer Zeitpläne für einen ‚allmählichen Ausstieg‘. (…) Um keine falschen Fronten aufkommen zu lassen: Wir halten gerade angesichts der bereits eingeleiteten AKW-Ausbau- und Kriminalisierungsoffensive von Betreibern und Staat eine enge Zusammenarbeit auch mit den Grünen für erforderlich und wünschenswert.“

Die Bundeswehr erklärt dem Göttinger Wald den Krieg. Seit 1973 plant sie schon die Erweiterung des wunderschön gelegenen Truppenübungsplatzes Kerstlingeröder Feld, jetzt soll das Vorhaben offenbar in die Tat umgesetzt werden. Vorgeblicher Grund ist der neue Kampfpanzer Leopard I. Für die damit beabsichtigten friedenssichernden Kriegsspiele ist den Offizieren in der Zieten-Kaserne das bestehende Gelände zu klein geworden.

Die AG „Rettet den Göttinger Wald“ veranstaltet dazu ein Experten-Hearing. Max geht hin, überhaupt ist die Veranstaltung gut besucht. Auf dem Podium herrscht allerdings weitgehend Leere. Nur die Vertreter der Göttinger Naturschutzverbände sitzen da, das niedersächsische Innen- und Landwirtschaftsministerium haben kurzfristig abgesagt. Begründung: Die Verträge stünden kurz vor der Unterzeichnung, Möglichkeiten zur Abänderung gebe es nicht mehr.

Statt des erwarteten Streitgesprächs werden nun Strategien erörtert, wie die Erweiterung des Übungsgeländes noch zu verhindern ist. Das ist durchaus interessant. Denn es geht nicht wie bei Anti-AKW-Konferenzen um Fragen wie Platzbesetzung, Großdemo, Militanz und ob man sich von der Polizei durchsuchen lässt.

Nein, hier sitzen andere Leute, mit einem anderen, eher bürgerlichen Politikverständnis. Der Bund für Umwelt und Naturschutz will eine Pressekonferenz organisieren, einige Leute streben ein Normenkontrollverfahren an, um den Ausbau auf juristischer Ebene zu stoppen.

Jemand schlägt ein Gespräch mit Landesinnenminister Möcklinghoff vor – demselben Möcklinghoff, der vor zweieinhalb Jahren die Besetzer in Gorleben als Chaoten und Terroristen beschimpft hat, das muss Max da doch mal anmerken. Und dann soll es in Göttingen noch Baumpatenschaften geben, das heißt jeder kann Pate oder Patin für einen bedrohten Baum werden und verpflichtet sich, mit allen ihm zur Verfügung stehenden friedlichen Mitteln Schaden von seinem Patenbaum abzuwenden.

4. November 1982

Hallo Tom,

das Göttinger Landgericht hat KD wegen angeblicher Beteiligung an den „Silvester-Krawallen" zu zweieinhalb Jahren Knast ohne Bewährung verknackt. Das ganze Verfahren war eine groteske Inszenierung. Polizeizeugen widersprachen sich oder haben ihre Aussagen abgesprochen – so benutzten drei Beamte für den Hut, den der Angeklagte getragen haben soll, den ungewöhnlichen Ausdruck „Daniel-Gerard-Hut".

Am letzten Verhandlungstag hat die Verteidigung ein Foto beigebracht, das einem Alibi für KD gleichkommt. Auch mehrere Bekannte haben ausgesagt, dass er sich abseits der Auseinandersetzungen aufgehalten hat. Staatsanwalt Stange kam nicht umhin, Freispruch zu fordern. Derselbe Staatsanwalt also, der zuvor durchgesetzt hat, dass der Prozess vor dem Landgericht und nicht vor dem Amtsgericht läuft, damit eine höhere Verurteilung möglich ist.

Und dann setzt sich das Gericht darüber hinweg und verhängt 30 Monate! Aus der Urteilsbegründung des Vorsitzenden Richters Staron: Wer sich wie KD mit den Zielen der Häuserkampfbewegung identifiziere, dem ist die vorgeworfene Tat durchaus zuzutrauen. Auf die Frage des Gerichts gleich zu Prozessbeginn, ob er sich denn der friedlichen oder militanten Szene zuordnen würde, hat KD die Aussage verweigert. Begründung: Im Verfahren müsse es um Schuld oder Unschuld gehen, nicht darum, welche Gesinnung er habe.

Nach dem Urteilsspruch gab es im Saal wütendes Geschrei, alle Zuschauer – bis auf die anwesenden Zivis – sprangen auf und verließen das Gerichtsge-

bäude. Gemeinsam mit den 200 draußen wartenden Leuten formierten sie sich zu einer kleinen Demo. Ich wäre gerne mitgegangen, blieb aber im Saal, wegen meiner neuen journalistischen Verpflichtungen. Ähem.

Gruß, M.

Der SPUDOK-Skandal hat die Justiz auf den Plan gerufen. Die Staatsanwaltschaft ermittelt aber nicht etwa gegen die Polizei, sondern gegen diejenigen, die die Schweinereien öffentlich gemacht haben. Oder irgendwie dazu beigetragen haben könnten, dass sie öffentlich werden.

So ist außer denjenigen Leuten aus der AGIL, die für die SPUDOK-Dokumentation presserechtlich verantwortlich zeichnen, auch die linke Druckerei Aktiv-Druck im Fokus der Ermittler – wegen „Beihilfe". Bei zwei Razzien in dem Betrieb beschlagnahmt die Polizei eine Druckplatte, eine Rechnung und einen Sprengsatz, der sich bei genauerem Besehen allerdings als Silvesterböller entpuppt.

Kurz vor Weihnachten trudeln Briefe der Bezirksregierung Lüneburg bei 41 ehemaligen Bewohnern und Besuchern der „Republik Freies Wendland" ein. Sie sollen den Polizeieinsatz bei der Räumung bezahlen: 2.762.728,25 Mark.

Vorher geplant war, soweit Max weiß, nichts. Womöglich ist es eine Mischung aus Wut über das harte Urteil gegen KD und Alkohol: An Silvester geht es in der Innenstadt wieder ziemlich rund. Etliche Scheiben gehen zu Bruch, es wird auch ein bisschen geplündert, die Polizei kommt und nimmt mehrere Leute fest.

Fast schon ein Ritual: Spätnachts ziehen wir zum Polizeirevier in den Steinsgraben, um die Freilassung der Leute zu fordern. Die werden dann auch nach und nach entlassen – einige bleiben allerdings in Haft – und ziehen mit uns zum Theaterkeller, wo die Fete nicht recht in Gang kommt. Umso mehr wird gebechert und über Bullen und Kapital geschimpft.

1983

Annerose Arglebe, FDP-Frontfrau im Göttinger Rat, leistet sich in der ersten Ratssitzung des Jahres einen Auftritt ganz besonderer Art. Der Antrag der GLG, die Bewohner des Asylbewerberheims im ehemaligen Hotel Astoria ebenso wie alle anderen Sozialhilfeempfänger kostenlos in den Göttinger Bussen zu befördern, treibt sie ans Rednerpult.

Zunächst nervt sie Minuten lang mit Erzählungen, dass sie für die armen Flüchtlinge immer Mehrfachfahrkarten sammelt und dann an ältere und kranke Asylbewerber verteilt. Die Masse der Lagerbewohner sei jedoch jung und gesund. Die könnten auch zu Fuß in die Stadt gehen. Es seien ja nur zweieinhalb Kilometer, die könne man gut gehen. Sie selbst sei die Strecke erst gestern abgefahren.

Oje. Mit der Dominanz der radikalen Linken in Studentenparlament und AStA ist es endgültig vorbei. Stärkste Gruppe bei den Uni-Wahlen wird die rechts-liberale Liste UFO vor der Linken Bündnisliste. Diese muss nun mit Jusos, Revis und der Post-Sponti-Liste LOLA verhandeln, um wenigstens einen rechten AStA zu verhindern.

Aber ganz mausetot ist die Uni-Linke dann doch noch nicht. Gemeinsam mit Schülern besetzen Studenten aus Protest gegen Sparbeschlüsse der Bundesregierung die Bafög-Ämter in der Bürgerstraße und im Mensagebäude.

Der Poker um den Bau der Wiederaufarbeitungsanlage (WAA) geht in eine neue Runde. Standorte und Hessen und Rheinland-Pfalz sind, so scheint es Anfang des Jahres, aus dem Rennen. Im Zentrum der nuklearen Begehrlichkeiten stehen dagegen Wackersdorf in Bayern und Dragahn im Kreis Lüchow-Dannenberg – Ministerpräsident Albrecht hat also frech getrickst, als er erklärte, eine WAA in GORLEBEN sei politisch nicht durchzusetzen.

Im Wendland gehen viele Menschen auf die Barrikaden beziehungsweise bauen welche, besetzen das ausgeguckte Gelände bei Dragahn, es gibt Demos, Mahnwachen und auch Anschläge auf Firmen, die der Atomlobby zuarbeiten. Aus Göttingen beteiligen sich nur wenige Leute daran.

Unter dem Eindruck der Proteste und um sich aus der Schusslinie zu nehmen und seinen Wortbruch etwas zu kaschieren, sagt Albrecht, die

Landesregierung wolle nunmehr erst nach der Entscheidung der Kommunalparlamente über den Bau einer WAA in Dragahn befinden.

Die BI Lüchow-Dannenberg stellt ein Drei-Stufen-Konzept für den weiteren Widerstand gegen eine WAA in Dragahn und die weiteren Atomanlagen im Wendland vor: Erst zehn, dann hundert und schließlich tausende Wendländer sollen nach Hannover ziehen und dort Aktionen machen. Höhepunkt – Stufe 3 – soll eine Großdemonstration mit Beteiligung auswärtiger AKW-Gegner sein.

Wir halten dagegen, kritisieren vor allem die Großdemonstration. Eine ähnliche Teilnehmerzahl wie 1979 ist derzeit nicht mal ansatzweise zu erreichen, da entsprechende Voraussetzungen und Rahmenbedingungen fehlen: das Gorleben-Hearing, der Harrisburg-Unfall, das „Treck-Fieber", überhaupt die gesamte Situation der Anti-AKW-Bewegung.

Doch die Lüchow-Dannenberger ziehen ihre Sache durch. Am 9. Januar pflanzen zehn Leute aus der BI am Raschplatz-Pavillon in Hannover eine „Trutz-Eiche", eine Woche später zimmern hundert auf einem Grundstück in der Innenstadt die „Arche Wendland" und schlagen Holzkreuze ein. Zur Demonstration am 29. Januar kommen dann immerhin 4.000 Menschen.

Wir sind im Wendland und quartieren uns für mehrere Tage im bewährten Tagungshaus in Pisselberg ein. Im Vorfeld der für den Bau der WAA wohl mitentscheidenden Kreistagsitzung hat die BI zu einer Bürgerversammlung eingeladen, mehr als 500 Menschen kommen ins Dannenberger Schützenhaus.

Trotz kämpferischer Stimmung im Saal scheut die BI davor zurück, zur Besetzung des Kreistages und zur Ver- oder Behinderung einer für den Tag davor angekündigten Mitgliederversammlung der Lüchow-Dannenberger CDU zum Thema WAA aufzurufen. Die Versammlungsleitung würgt entsprechende Vorschläge aus dem Publikum ab. Stattdessen bekommt der ehemalige BI- und BBU-Vorständler und jetzige Chef der Kreistagsfraktion einer Unabhängigen Wählergemeinschaft, Jörg Janning, ausführlich Gelegenheit, für „Besonnenheit" zu plädieren. Die Mehrheitsverhältnisse im Kreistag seien dermaßen knapp, dass es auf jede Stimme ankommen werde.

Hier wurde eine ganz große Chance vertan, auf Offensive zu setzen, analysieren wir abends beim Bier. Die Abwiegler und Zauderer haben sich einmal mehr durchgesetzt.

Die CDU entscheidet sich erwartungsgemäß mit großer Mehrheit für „die Prüfung des Standortes Dragahn für eine WAA mit einer Jahresleistung von 350 Tonnen". Das Ganze ist eine Farce: Obwohl der Parteitag diesen Beschluss erst um 22:55 Uhr fällt und damit der Kreistagsfraktion ein entsprechendes Votum vorgibt, veröffentlicht die „Elbe-Jeetzel-Zeitung" am nächsten Tag über zwei volle Seiten den Antrag der CDU für die ja am selben Tag stattfindende Kreistagsitzung. Dabei liegt der Redaktionsschluss des Blattes deutlich vor 22 Uhr, wie uns ein Redakteur steckt.

Der Kreistag stimmt am Nachmittag im Dorfgemeinschaftshaus in Schnega mit 22 gegen 18 Stimmen für die Dragahn-Resolution. Bis kurz vor Sitzungsbeginn haben BI-Vorstandsmitglieder die Flüsterparole ausgegeben, nur kein Radau, ruhig bleiben, wir haben gehört, da kippen noch einige um.

Die Polizei hat das Gebäude schon Stunden vor der Sitzung abgesperrt, 400 bis 500 Leute müssen draußen bleiben. An den Eingängen und Fenstern kommt es immer mal wieder zu Rangeleien, mehrmals versuchen einige Gruppen auch einen Vorstoß auf den Haupteingang, wir haben gegen die Übermacht der Beamten aber keine Chance. Und bei aller Kritik an der BI, die auf eine Verhinderung der WAA in den Kommunalparlamenten setzt, auch keine richtige eigene Idee, was stattdessen zu tun wäre.

Nur rund 80 Leute folgen dem Aufruf, das Kreishaus in Lüchow zu besetzen. Sie dringen in das Gebäude ein, verfassen eine Pressemitteilung, malen Transparente. Ein Ultimatum der Polizei, das Kreishaus zu verlassen, verstreicht. Am frühen Abend beginnt die Räumung. Wir sind mit vielen anderen inzwischen doch nach Lüchow gefahren, protestieren lautstark, die Polizisten setzen Knüppel und die Chemische Keule ein, mehrere von uns werden teils schwer verletzt.

Zehntausende Homosexuelle sind nach 1933 ins KZ gesperrt, misshandelt und ermordet worden. Grundlage war der von den Nazis verschärfte und um einen Zusatz (175a) erweiterte Strafgesetzbuch-Paragraf 175. Im Jahr 1957 hat das Bundesverfassungsgericht die Paragrafen für mit den Grundsätzen des Rechtsstaates vereinbar erklärt. Die beiden Strafbestimmungen seien „formell ordnungsgemäß erlassen" worden und „nicht in dem Maße ‚nationalsozialistisches Recht'", dass ihnen „in einem freiheitlich-demokratischen Staate die Geltung versagt werden müsse". Das bedeutet: keine Wiedergutmachung für schwule KZ-Häftlinge.

Auf diesen Skandal will zum 30. Januar die Arbeitsgemeinschaft Homosexuelle und Kirche mit einer Traueranzeige im „Göttinger Tageblatt" für die Opfer aufmerksam machen. Die Zeitung lehnt ab: So etwas sorge für Irritation bei Anzeigenkunden und Lesern, die KZ-Opfer seien schon länger tot, der Text entspreche auch nicht den Vorgaben einer Familienanzeige.

Auf den Protest der Arbeitsgemeinschaft erklärt das „Tageblatt", die Anzeige könne allenfalls in der Nähe der Familienanzeigen abgedruckt werden, denn der Text beinhalte außer der Trauer auch eine politische Aussage. Genau! So lange schwule KZ-Opfer nicht als solche anerkannt sind und Schwule weiter kriminalisiert werden, wird jeder Ausdruck von Trauer für diese Opfer notwendigerweise eine politische Aussage.

10. Februar 1983

Hallo Tom,
ich studiere ja nun nicht mehr, eine feste Beziehung habe ich nicht, das Geschreibsel für die „taz" und den „Atom Express" füllt auch nicht so richtig aus, und in die Kneipe gehe ich selten mal vor 22 Uhr. Also hatte ich Zeit genug, um den SPUDOK-Prozess zu besuchen. Da standen nun nicht etwa die Schnüffler und Schläger von der geheimen Stadtpolizei vor dem Kadi, sondern diejenigen, die geholfen haben, die Sauereien der Zivilbullen aufzudecken. Angeklagt waren Jochen als presserechtlich Verantwortlicher der AGIL wegen Verstoßes gegen das Fernmeldeanlagengesetz und Beleidigung sowie Paul vom Aktiv Druck wegen Beihilfe.
Der Prozess vor dem Amtsgericht dauerte neun Tage, und von Beginn an haben alle Beteiligten aneinander vorbei geredet. Der Staatsanwalt, der anklagen wollte und nichtig richtig konnte. Der Richter, der sichtlich über-

fordert war und das auch zugab. Die Angeklagten und ihre Verteidiger, die deutlich machten, dass eigentlich ganz andere auf die Anklagebank gehören. Und die Zuschauer und Pressefritzen, die sich schwertaten, bei der Menge an Beweisanträgen und Vernehmungsprotokollen den Überblick zu behalten.

Richter Lücke, der eigentlich gehofft hatte, das Ganze in ein paar Stunden zu erledigen, erkannte offenbar erst nach und nach die Brisanz des Falles. Er wollte eigentlich gar nicht verurteilen, musste es aber wohl. Wenn überhaupt, gehe es hier nur um Beleidigung der untersten Stufe, sagte er einmal. Ein anderes Mal äußerte er, „die Sache hier" gehe ohnehin in die nächste Instanz, wenn nicht sogar zum Bundesgerichtshof.

Staatsanwalt Stange quatschte viel von Demokratie und Rechtsstaat, fand am dem Spitzelunwesen und SPUDOK nichts auszusetzen, wollte aber inhaltlich nicht weiter darüber diskutieren und leitete dann Rückzugsgefechte ein. Er forderte im Plädoyer schließlich relativ milde 1.800 Mark Geldstrafe für Jochen und 500 Mark für Paul.

Die Verteidiger Niki Lehmann und Bernd-Michael Weide drängten ihrerseits darauf, dass möglichst viel von den Polizeipraktiken zur Sprache kam. Sie stellten etliche Beweisanträge, wollten Landesinnenminister Möcklinghoff und den niedersächsischen Datenschutzbeauftragten Tebarth als Zeugen laden, es wurde aber fast alles abgelehnt. Sie forderten natürlich Freispruch.

Begründung: Jochen habe sich lobenswerterweise an die Öffentlichkeit gewandt, nachdem ihm Rechtsbrüche der Polizei zu Ohren gekommen seien. Denn im Funkverkehr sei zu Straftaten aufgerufen worden. Außerdem habe er gar nicht die Aussage presserechtlich zu verantworten, die Aufklärungs- und Festnahmekommandos seien die Nazi-Gestapo, sondern lediglich, dass es da gewisse Parallelen gebe.

Nach einer Woche Bedenkzeit urteilte Richter Salomon: 1.000 Mark Geldstrafe für Jochen, Freispruch für Paul. Die Prozesskosten summieren sich auf rund 8.000 Mark, eine Solidaritätsfete soll zumindest einen Teil des Geldes einspielen. Stange hat Berufung gegen das Urteil eingelegt.

Soweit der Prozessbericht. Mach's gut. M.

Die „geheime Stadtpolizei" ist abgeschafft worden. Angeblich. Die Aufklärungs- und Festnahmekommandos (Aufkdo) wurden aufgelöst, das Spurendokumentationssystem außer Betrieb gesetzt, die gespeicherten Daten „physisch vernichtet". Sagt jedenfalls der Chef der niedersächsischen Landeskriminalamtes, Burghard, bei einer eigens einberufenen Pressekonferenz.

Demnach waren die Aufkdo wegen der Personallage auf Dauer nicht zu halten. Im Übrigen hätten diese Einheiten erfolgreich gearbeitet, was man ja auch daran sehe, dass in Göttingen nicht mehr wie früher in jeder Nacht Scheiben eingeworfen würden.

„Der Zusammenschluß verschiedener Gruppen der Friedensbewegung zu einer bundesweiten Koordination ist (…) an der Uneinigkeit darüber gescheitert, ob Aktionen ausdrücklich als ‚gewaltfrei' geplant und ausgeführt werden. Eine knappe Mehrheit (…) eines Arbeitstreffens von mehr als 100 Gruppierungen (…) stimmte für den Vorschlag des Göttinger Arbeitskreises gegen Atomenergie, der sich auf den Begriff der ‚Gewaltfreiheit' nicht zwingend festlegen wollte." Dies schreibt am 28. Februar die „Stuttgarter Zeitung".

Widerstand gegen die Volkszählung. Überall und eben auch in Göttingen entstehen Bürger- und Boykott-Initiativen, laut „taz" gibt es Mitte Februar bundesweit schon mehr als 300. Viele andere Organisationen schließen sich ebenfalls der Boykott-Bewegung an.

1982 beschlossen, soll die Volkszählung im April anlaufen. Die gesamte Bevölkerung der BRD soll dabei aber nicht nur gezählt, sondern total erfasst und in Computern gespeichert werden. Die Erhebung umfasst alle denkbaren Bereiche, von der Geburt und dem Bildungsgrad über das Einkommens-, Wohn- und Arbeitsverhältnis bis zur Telefonnummer.

Die geforderten Auskünfte betreffen noch das kleinste Detail: Hat Ihre Wohnung eine Toilette? Welche Tätigkeit üben Sie an Ihrem Arbeitsplatz aus? Leben Sie auf Kosten anderer? Weil auch Mitbewohner, Vermieter, Arbeitgeber und so weiter Angaben machen sollen, können alle Angaben gegengecheckt werden.

Für Denunziation wird gezahlt. Unter der Überschrift „Kopfprämie für Volkszähler" berichtet die „Frankfurter Rundschau", dass die Stadt München einem Zähler 2,50 Mark zahlt, „wenn er einen Bundesbürger aufspürt, der nicht ordnungsgemäß im Melderegister eingetragen ist. Für einen illegal in München lebenden Ausländer bekommt der Zähler sogar 5,– DM."

★ ★ ★

10. März 1983

Hallo Tom,
ja, bei der Bundestagswahl habe ich die Grünen gewählt.

Wir haben in der WG, in der Kneipe, beim „Atom Express" tage- und nächtelang darüber diskutiert, ob wir zur Wahl gehen oder sie boykottieren sollen. Die Diskussionen drehten sich im Kreis, etwa so:

Eine Stimme für die SPD – kleineres Übel, Bauchschmerz-Kreuzchen – wie es die Jusos propagieren, um die „Nach"rüstungskritiker in der Partei zu stärken, kam definitiv nicht in Frage.

Die Grünen wählen? Die sind doch längst auf dem Weg zu einer stinknormalen Partei. Das Rotationsprinzip – ausgehöhlt. Basisdemokratie – zugunsten einiger Polit-Profis aufgegeben. Das Wahlprogramm – tolle Äußerungen ohne praktische Umsetzungsmöglichkeit. Frauengleichberechtigung – da reicht schon ein Blick auf die Männer-dominierten Landeslisten ...

Also Wahlboykott und am Wahltag lieber im Wald spazieren gehen oder die Wahlbenachrichtigungen verbrennen, wie es einige Autonome angekündigt und gemacht haben? Es scheint nur eine Frage, wie lange sie sowas noch können. Die Kriminalisierung schreitet voran, Leuten aus der Bewegung wird durch Berufsverbote oder Schikanen bei der Sozialhilfe die soziale Basis entzogen, sie werden überwacht, verdatet, durchsucht. Ist die Wahl der Grünen da nicht doch die unter den gegebenen Bedingungen beste Möglichkeit, die Bewegungsfreiheit außerparlamentarischer Politik durch eine grüne Fraktion im Bundestag wenigstens etwas abzusichern?

Ich habe kürzlich für den „Atom Express" ein Interview mit Jana D. gemacht, sie sitzt inzwischen für die Grünen im Römer, dem Frankfurter Stadtparlament. Sie sagt: „Die Grünen müssen kapieren, daß sie bei einer konsequenten Politik in absehbarer Zeit selbst eine gesellschaftliche Randgruppe sein werden, die mit Repressionen zu rechnen hat. Und daß viele von uns, wenn wir die gesellschaftliche Entwicklung nicht aufhalten können, in zehn Jahren im Knast sitzen. Das sehe ich so. Aber das machen sich viele nicht klar. Die denken, wir sind im Parlament, haben ein Stück von der Macht, was kann uns schon passieren."

Ich habe länger überlegt, was ich machen soll am Wahltag, zwischendurch eher zum Gar-nicht-Wählen geneigt, bin dann aber doch ins Wahllokal. In der Stadt Göttingen sind die Grünen auf 11,2 Prozent gekommen, die Wahlbeteiligung lag hier bei 88 Prozent. Bundesweit schafften sie 5,6 Prozent und damit erstmals den Einzug in den Bundestag, aber das weißt du ja selbst.

Und du?

Beste Grüße, M.

Kaum glaubt die Bundeswehr die Genehmigung für die Erweiterung des Truppenübungsgeländes auf dem Kerstlingeröder Feld in der Tasche zu haben, kommt sie mit neuen Begehrlichkeiten: Ein Zielfeld für die Panzer oberhalb des Ortsteils Geismar ist nun unbedingt nötig, um die Wehrbereitschaft hoch zu halten.

Sonderlich erbaut sind die Geismaraner nicht, aber am heftigsten ist der Widerstand im Alten- und Pflegeheim, in dem eher die gut betuchten Rentnerinnen und Rentner ihren Lebensabend verbringen. 540 von 600 Bewohnern unterschreiben innerhalb von wenigen Wochen eine Protestresolution.

Auch eine Informationsveranstaltung der Bundeswehr im Wohnheim kann die Wogen nicht glätten. Niemand glaubt die Behauptung, es gebe keine zusätzliche Lärmbelästigung durch die angeblich im Schritttempo fahrenden Panzer. Schließlich hört man schon jetzt den Lärm vom viel weiter entfernt gelegenen Truppenübungsplatz.

Die Göttinger VoBo (Volkszählungsboykott)-Initiative legt sich mächtig ins Zeug. Fast jeden Tag steht ein Info-Tisch auf dem Marktplatz, ein Flugblatt für die Bevölkerung wird in 20.000er Auflage gedruckt und verteilt, eine Info-Broschüre ist schnell vergriffen, so dass sie nachgedruckt werden muss. Es gibt mehrere sehr gut besuchte Veranstaltungen zum Ablauf und den möglichen rechtlichen Folgen eines Boykotts, im Büro der „Göttinger Stadtzeitung" ist ein Info-Telefon eingerichtet worden.

An einem Tag besetzen VoBos für eine Stunde demonstrativ das Amt für Statistik im Neuen Rathaus. Sie bemalen die Wände, schaffen neue

Ordnung in den Regalen, beschlagnahmen auch einige volkszählungsrelevante Unterlagen.

In der Politik gibt es erste Absetzbewegungen. Und Beschwichtigungsversuche: Die Volkszählung könnte verschoben, Anonymität gewährleistet, bestimmte Fragen gestrichen werden. Bei den VoBo-Initiativen kommt das gar nicht gut an. Wir dürfen uns keinesfalls darauf einlassen, lautet die Parole, wir lehnen jede Art von Volksaushorchung ab. Und die Chancen, dass die Sache ganz gekippt wird, stehen nicht schlecht.

Und wenn der Zähler trotzdem kommt? Auch in der WG überlegen wir, was dann zu tun ist. Auf jeden Fall die Annahme des Erhebungsbogens verweigern. Am besten gar nicht mit ihm reden. Oder ihm erklären, dass wir nur zu Besuch sind – unser eigener Besuch sozusagen. Oder dass das Klingelschild, auf dem die Namen ohnehin nicht mehr zu erkennen sind, nicht mehr gilt. Oder …

Razzia in unserer WG. Frühmorgens marschieren die Bullen auf, postieren sich im Garten und im Hausflur. Fünf oder sechs Beamte kommen in die Wohnung, zeigen einen Durchsuchungsbefehl vor, durchwühlen dann zwei Stunden lang jedes Zimmer. Sie beschlagnahmen einige „Atom Express"-Ausgaben, ein Buch über El Salvador und aus Max' Zimmer ein kleines Klümpchen Haschisch.

Grund für die Razzia ist ein Ermittlungsverfahren gegen die presserechtlichen Verantwortlichen des „Atom Express", außer Max noch sechs weitere Redakteurinnen und Redakteure. Wir haben in der letzten Nummer unkommentiert eine Erklärung der Revolutionären Zellen zum Anschlag auf einen Strommasten abgedruckt. Die Staatsanwaltschaft hat gegen uns deshalb ein Verfahren nach Paragraf 129a eingeleitet – Unterstützung einer terroristischen Vereinigung.

Insgesamt werden sieben Wohnungen, unsere Redaktionsräume in der Marienstraße und eine Druckerei durchsucht. Im Kofferraum von Max' Auto, das er ebenfalls aufschließen muss, finden Polizisten zwei Kartons mit Raubdrucken von Rolf Gössners Buch „Der Apparat – Ermittlungen in Sachen Polizei". Dann muss er mit aufs Revier zur erkennungsdienstlichen Behandlung, es werden Fotos gemacht und Fingerabdrücke genommen. Im Raum nebenan sitzt Bruno und lässt dieselbe Prozedur über sich ergehen.

Am Mittag hocken 30 schnell herbeitelefonierte Leute bei uns in der Küche. Wir tragen zusammen, was bei den Durchsuchungen passiert ist. Verfassen ein Flugblatt und eine Presserklärung. Und besprechen, wie wir politisch und juristisch gegen die Ermittlungen vorgehen wollen.

Anruf von der Anti-Atom-Bürgerinitiative Hameln, da sitzt einer auf einem Strommast bei Grohnde. Wir fahren mit zwei Autos hin. Der Student Claus Berlage ist am Vortag auf den Mast geklettert und hat sich in 40 Metern Höhe eine Plattform gebastelt und darauf ein kleines Zelt befestigt. Er will erst runterkommen, wenn der Bau des AKW beendet wird. Außerdem protestiert er gegen den Sauren Regen und allgemein gegen Umweltzerstörung. Claus hat sich für die Aktion einen Alias-Namen gegeben: Michel Vitalon – frei nach dem 1977 bei der Malville-Demo von der französischen Polizei getöteten AKW-Gegner Vital Michalon.

Wir organisieren, dass immer ein paar Leute zur Unterstützung da sind. Eine bunte Mischung versammelt sich unter dem Mast: Feuerwehr, Dorfpolizei, ein Sondereinsatzkommando, ein Polizeipsychologe, ein Pfarrer und Anti-Atomis.

Fünf Tage und vier Nächte hält Claus da oben durch. Ab und zu spielt er Mundharmonika und lässt Zettel mit politischen Botschaften zu Boden segeln. Kaum heruntergeklettert, schickt ihm die PreussenElektra „mit vorzüglicher Hochachtung" eine Schadensersatzforderung über 39.636,34 Mark. Sie will sich aber „vorerst" mit einer Abschlagzahlung von 24.000 Mark zufrieden geben. Später will auch die Bezirksregierung Hannover knapp 10.000 Mark haben. Auch das Deutsche Rote Kreuz, Kreisverband Hameln-Pyrmont, schickt eine Rechnung über 403 Mark, nachdem die Sanitäter zweimal unaufgefordert und umsonst zum Strommast gefahren sind.

8. April 1983

Lieber Tom,
die Friedens- und Anti-Kriegs-Bewegung steht vor einer Zerreißprobe und vor der Spaltung. Anlass ist die bevorstehende Stationierung der nuklearen Mittelstreckenraketen in der BRD. Die unabhängigen Gruppen im BAF und andere

Linke mobilisieren zu den Ostermärschen mit eigenen Aufrufen zu „direkten gewaltfreien Widerstandsaktionen" an den Atomwaffenstandorten.

Revis, SPD-Spektrum und große Teile der Grünen wollen damit nichts zu tun haben. Auf der anderen Seite stören sich die Autonomen an dem Etikett „gewaltfrei". Mehrere Nächte haben wir im Arbeitskreis und in der „Atom Express"-Redaktion noch einmal eine Positionsbestimmung versucht.

Die sieht ungefähr so aus: Wir treten – grundsätzlich und konkret, im Fall der Ostermärsche – dafür ein, zu beschreiben und nicht zu titulieren, welchen Charakter Aktionen haben sollen. Wenn du dich nun fragst, was das heißen soll, dann muss ich mit der Erklärung ein bisschen ausholen.

Wir sind durchaus nicht der Meinung, dass Widerstandsaktionen erst dann erfolgreich genannt werden können, wenn eine Polizeikette aus dem Weg geräumt, ein Zaun zerschnitten oder ein Mast umgelegt wurde. Wir sind dafür, Aktionen so zu planen, dass Auseinandersetzungen mit der Polizei nach Möglichkeit vermieden werden.

Gründe dafür gibt es viele: dass man sich nicht stark genug fühlt, dass man Angst vor Kriminalisierung hat, den Zeitpunkt für falsch hält, dass man zunächst andere Ziele verfolgt wie die Verbreiterung der Bewegung oder das Einbeziehen der örtlichen Bevölkerung.

Wir sind auch dafür, dass der Charakter einer Aktion vorher klar sein muss, so dass jeder einschätzen und entscheiden kann, ob er mitmacht oder nicht. Diese Klärung muss aber über eine Beschreibung der Aktion geschehen und nicht über die Attribute „gewaltfrei" oder „militant".

Der Begriff „gewaltfrei" ist nahezu beliebig, jeder kann ihn so interpretieren, wie er meint oder es ihm passt. Viele verstehen darunter friedlich und legal. Wenn zum Beispiel – wie etwa bei der Bonn-Demo im vergangenen Juni oder in Gorleben geschehen – eine Demo von der genehmigten Route abweichen oder einen nicht genehmigten Lautsprecherwagen mitführen will, fangen sie an zu schreien, dass das schon das nicht mehr „gewaltfrei" sei.

Davon distanzieren sich völlig zu Recht die gewaltfreien Aktionsgruppen oder die Leute von der „Graswurzelrevolution". Sie verstehen unter „gewaltfrei" nicht „legal" oder „erlaubt", sondern sie schließen Gewalt gegen Sachen, andere nur Gewalt gegen Menschen, aus.

Aber auch das lässt sich nicht so einfach definieren. Ist das Schieben gegen eine Polizeikette schon Gewalt gegen Menschen? Oder wenn man sich gegen das Wegtragen wehrt? Darf man Tränengasgranaten, die von der Polizei *geworfen oder verschossen werden, zurückschmeißen? Kann man unterscheiden, ob die Menschen, gegen die Gewalt ausgeschlossen wird, selber gewalttätig und aggressiv sind, ob sie selber geschützt oder ungeschützt sind?*

Und überhaupt: Geht die Gewalt nicht von denen aus, die Raketen stationieren und andere Massenvernichtungswaffen, Atomkraftwerke bauen, die Menschen in der Dritten Welt unterdrücken? Vom Staat, von Polizeiknüppeln, Tränengas und Wasserwerfern? Das haben wir doch immer behauptet.

Wir verstehen uns nicht als „Gewaltfreie". Aber wir sind nicht in El Salvador. Manche aus der Bewegung sagen, sie hätten ein taktisches und kein grundsätzliches Verhältnis zur Gewalt, die Wahl der Mittel hänge von den jeweiligen Umständen ab.

Doch das stimmt so nicht. Wir oder doch viele von uns, wahrscheinlich die meisten, haben ein moralisch-ethisches Verhältnis zur Frage der Gewalt. Beziehungsweise zur Verletzung von Menschen, die Verletzung von Menschen kann nie unser Ziel sein. Wir haben Skrupel. Wir lehnen Gewalt gegen Wehrlose und Unschuldige ab.

Und doch üben wir manchmal Gewalt auch gegen Menschen aus oder lassen es – weil wir selbst uns nicht trauen – zu, dass andere dies in bestimmten Situationen tun. Wenn wir oder eben andere eine Nazi-Veranstaltung sprengen zum Beispiel.

Schreib' mir mal, was du darüber denkst. M.

Der ASC Göttingen wird westdeutscher Basketballmeister. Max geht zu den letzten Saisonspielen, er versteht zwar die Regeln nicht genau, lässt sich aber von der tollen Stimmung in der Halle anstecken. Das entscheidende Spiel gewinnt der ASC gegen Köln mit 64:60.

Die Delegiertenkonferenz des bisher als Partei registrierten KBW beschließt in Frankfurt am Main die Umwandlung in einen Verein. KBW-Vorstandsmitglied Hans Gerhard „Joscha" Schmierer erklärt, der KBW habe schon seit längerem aufgehört, sich „im Sinne seiner Gründungsdokumente" zu entwickeln. Der KBW hat noch 300 Mitglieder.

Eher zufällig gerät Max in eine vorher öffentlich nicht angekündigte Blockade des Deutschen Primatenzentrums. Im Uni-Nordbereich haben sich Tierschützer aus der BRD und Österreich auf die Zufahrstraßen der Einrichtung gesetzt. Sie wollen damit gegen Tierversuche in dem 1977 gegründeten Primatenzentrum protestieren.

Max hat keine klare Position zu den Tierversuchen. Offensichtlich ufern diese Versuche immer mehr aus, und wenn Tiere für die Entwicklung von Kosmetika gequält werden, ist das natürlich Irrsinn und gehört verboten. Aber wenn Experimente tatsächlich dazu beitragen, dass Medikamente oder Therapien gegen Krankheiten entwickelt werden? Was dann?

Wieder eine Razzia, dieses Mal beim AStA, wegen des „Verdachts der Veruntreuung studentischer Gelder", also der Wahrnehmung des allgemeinpolitischen Mandates. Staatsanwalt Stange und fünf Kriminale durchstöbern alle Räume und schleppen massenweise Aktenordner ab, vor allem die mit der Buchführung.

Angeblich geht die Durchsuchung auf eine anonyme Anzeige zurück, aber wir wissen natürlich ganz genau, dass der RCDS dahinter steckt, wie immer. Das größte Schwein im ganzen Land, ist und bleibt der Denunziant – so geht ein Sprechchor bei der Protestdemo am folgenden Tag. Sehr viele Leute sind allerdings nicht gekommen.

Das Bundesverfassungsgericht stoppt die Volkszählung, aber nur vorläufig. Genauer gesagt: Sie bleibt so lange ausgesetzt, bis über die Verfassungsmäßigkeit des Volkszählungsgesetzes entschieden ist. Das ist natürlich ein feiner Erfolg. Der allerdings auch Tücken birgt, sagen die großen VoBo-Strategen. Denn nun können die Regierenden in aller Ruhe ein paar Schönheitsfehler im Gesetz korrigieren – wenn der Bürger eben seinen Namen von den restlichen Angaben getrennt haben will, bitte, das kann er haben.

Wieso darf man sich eigentlich nicht mal mehr freuen?

Der westdeutsche Arzt und Entwicklungshelfer Albrecht Pflaum gerät in Nicaragua in eine Straßensperre der Contras. Er und die ihn begleitenden

Nicaraguaner müssen das Auto verlassen, alle werden aus kurzer Entfernung mit Kopfschüssen getötet.

Bei den Kämpfen zwischen Contra und sandinistischem Heer sterben immer mehr Menschen, allein im März und April gibt es 300 Tote. 2.200 ehemalige Nationalgardisten sind in den Norden des Landes eingefallen und haben einen Brückenkopf gebildet. Die Regierung in Managua erklärt, sie habe die Lage unter Kontrolle.

Das Info-Büro Nicaragua in Wuppertal organisiert Rundreisen von FSLN-Leuten durch die BRD, verschickt Presserklärungen und versucht, die Vorgänge mit Flugblättern und anderen Publikationen öffentlich zu machen. Das Göttinger Mittelamerika-Komitee hat Zulauf, Max geht ein paar Mal zu Treffen und Veranstaltungen.

28. April 1983

Lieber Tom,
sechs Wochen nach der Razzia haben unsere Anwälte Post aus Celle erhalten, von der Staatsanwaltschaft beim Oberlandesgericht. Ein Oberstaatsanwalt Wahnbaeck schreibt, dass er die Ermittlungsverfahren gegen uns, die presserechtlich Verantwortlichen der betreffenden „Atom Express"-Ausgabe sowie gegen Unbekannt eingestellt hat – „soweit es den Verdacht des Werbens für eine terroristische Vereinigung (§ 129a StGB) betrifft".

„Wegen des noch offenen Verdachts eines Verstoßes gegen § 20 Niedersächsisches Pressegesetz" hat er das Verfahren an die Staatsanwaltschaft Göttingen abgegeben, also an eine untere Instanz.

Puh. Ich bin erleichtert. Vor allem darüber, nun wohl doch nicht in den Knast zu müssen, womit wir mehr oder weniger fest gerechnet hatten. Bis zur Razzia und dem Bekanntwerden der Vorwürfe hatte ich nie Angst vorm Gefängnis. Angst vor Prügeln und Hundebissen und Verletzungen bei Demos, das ja, aber die Bedrohung Knast war immer ziemlich weit weg – auch wenn wir wussten, dass es uns irgendwann treffen kann.

Das hatte sich nach der Razzia geändert. Zumal die Anwälte die Sache so einschätzten, wenn es gut läuft, kommt eine Bewährungsstrafe heraus. Ich hatte Angst, dass es morgens wieder klingelt, Angst vor der U-Haft, Gefängnis wurde zu einer konkreten Bedrohung.

Jetzt die Einstellung. Aber warum? Wir haben uns nach der Razzia prak-
tisch täglich getroffen, haben diskutiert und relativ schnell entschieden, dass
wir an die Öffentlichkeit gehen müssen. Wir haben ein vierseitiges Info zu
der Ereignissen erstellt und an alle uns bekannten Adressen geschickt – das
sind wegen der Abo-Kartei des „Atom Express" und des Materialversandes
durch den Arbeitskreis zum Glück viele. Ebenso eine Solidaritätserklärung
mit der Bitte, sie zu unterschreiben. Das haben ganz viele Gruppen und Ein-
zelpersonen in ganz kurzer Zeit getan. Viele Stadt- und Alternativzeitungen
brachten lange Berichte zu den 129a-Ermittlungen und druckten den inkri-
minierten Kalkar-Text nach. Durch gute Kontakte zu den Grünen haben wir
erreicht, dass parlamentarische Anfragen sowohl im Bundestag als auch im
Niedersächsischen Landtag gestellt wurden.

Autonome aus der Göttinger Hausbesetzerszene, die teilweise selbst Ver-
fahren am Hals haben, werfen uns nun vor, wir würden unsere „Bekannt-
heit" ausnutzen, um uns auf Kosten anderer in bundesweiter Solidarität
zu sonnen. Es stimmt ja: In gewisser Hinsicht befinden wir uns gegenüber
anderen Beschuldigten aus der Anti-AKW-Bewegung und anderen politi-
schen Bewegungen in einer privilegierten Lage – angefangen von den techni-
schen Möglichkeiten und den vielen Adressen, die uns zur Verfügung stehen,
bis hin vielen persönlichen und politischen Bekanntschaften aus den Jahren
gemeinsamen Widerstandes.

Andererseits ist doch jedes politische Verfahren, das wir kippen können,
ein Erfolg. Natürlich nicht auf Kosten anderer, aber das haben wir weder
gewollt noch praktiziert.

Also, warum die Einstellung? Ob und inwieweit unsere Öffentlichkeits-
arbeit und die erfahrene Solidarität eine Rolle gespielt haben, darüber können
wir nur spekulieren. Ebenso darüber, ob die Vorwürfe den Ermittlungsbe-
hörden schließlich selbst als zu konstruiert erschienen, um damit einen Pro-
zess sicher gewinnen zu können. Ein Freispruch wäre wohl das Letzte gewesen,
was sich der Staatsschutz gewünscht hätte.

Erreicht hat er, der Staatschutz, ja auch ohne Gerichtsverfahren einiges:
Bei den Betroffenen und ihrem Umfeld hat er Angst und Unsicherheit erzeugt.
Durch das Mitnehmen von Adressenkarteien, Maschinenschriftproben und
anderem hat er Einblick in die Strukturen und Kontakte von Arbeitskreis und
„Atom Express" gewonnen. Der Nebeneffekt, dass uns infolge der Razzia das
Büro gekündigt wurde, war sicher auch willkommen.

Was all das für unsere politische Arbeit und die Zeitung bedeutet, können wir noch nicht absehen. Wir werden den „Atom Express" natürlich nicht einstellen oder konzeptionell ändern, aber wie wir mit dem von nun an ständig präsenten Gast, der Schere im Kopf, umgehen werden, das steht noch dahin.
Trotzdem erleichterte Grüße! M.

Zur 1.-Mai-Demo auf dem Marktplatz, ansonsten wie immer ein schönes links-buntes Fest mit Büchertischen, Bier, Bratwurst und Reden, bei denen kaum jemand zuhört, haben sich auch die Kollegen von der Gewerkschaft der Polizei eingefunden. An ihrem Stand gibt es Flugblätter und „GdP-Informationen" zum Mitnehmen.

„Wir hätten uns gewünscht, dass diese gewalttätigen und gesetzesbrecherischen Übergriffe von Seiten der Chaoten der Polizei und der Bevölkerung in Salzgitter erspart geblieben wären", heißt es dort in einer Nachbetrachtung zur Schacht Konrad-Demo. „Die Gewerkschaft der Polizei (…) zeigte sich entsetzt über das Ausmaß der Gewalt und die kriminelle Energie von ca. 1500 bewaffneten Chaoten."

Was ist das denn? Sieht Max da richtig? Nun trauen sie sich also doch in vollem Wichs, mit Schärpe und Mütze an die Uni. So verkleidet, ziehen 50 oder 60 Burschenschaftler an unserer Wohnung vorbei, sie wollen gemeinsam zum Mittagessen in die Mensa gehen. Da geht Max mal hinterher.

Leute vom KB, der Linken Bündnisliste und ein paar Spontis rempeln die Verbindungsmeute gleich am Eingang an, die rempeln zurück, und es kommt – wie von den Burschis offenbar angestrebt – zu einer saftigen Prügelei.

Nach der Verurteilung von KD zu 30 Monaten ohne Bewährung wegen Silvester 80/81 hatte sich einer der beteiligten Zivis gedacht, er könne nun auch persönlich abkassieren, und auf Schmerzensgeld in Höhe von 5.100 Mark geklagt. Eine Zivilkammer des Landgerichts weist die Klage ab. Es hält die Aussagen der Polizeizeugen für unglaubwürdig – die Aussagen derselben Zeugen hatten im Strafprozess zu dem Fehlurteil gegen KD geführt.

Jochen von der AGIL bekommt dagegen Schmerzensgeld vom Land Niedersachsen zugesprochen. Er war in derselben Nacht festgenommen und auf dem Polizeirevier brutal zusammengeschlagen worden. Den Schläger konnte oder wollte die Staatsanwaltschaft allerdings nicht ermitteln. Das Gericht geht aber davon aus, dass nur ein Polizist als Täter in Frage kommt und dass für dessen Handlungen das Land als Dienstherr geradezustehen hat. Sehr erfreulich.

Und das auch: Der Göttinger Stadtrat stimmt mehrheitlich einem Antrag von AGIL und GLG zu. Um an die Bücherverbrennung von 1933 zu erinnern, wird auf dem Albaniplatz, dem früheren Adolf-Hitler-Platz, eine Gedenktafel angebracht mit dem Text: „… Wo man Bücher verbrennt, verbrennt man am Ende auch Menschen (Heinrich Heine 1821)." Es wird allerdings ein Jahr dauern, bis die Tafel am Nordaufgang des Platzes aufgehängt ist.

Bürger beobachten die Polizei. Einige schon etwas ergraute Linke haben eine Initiative dieses Namens gegründet. Eine gute Sache. Denn die meisten Straftaten und Übergriffe der Polizei bleiben unaufgeklärt und ungesühnt. Die beschuldigten Beamten werden von Kollegen und Vorgesetzten gedeckt. Meist hat, wer Polizeigewalt anprangert, schnell selbst eine Anzeige am Hals.

Die Initiative hat gut zu tun. Der Polizei-Überfall auf das Sinti-Lager, SPUDOK, Schläger in und ohne Uniform.

Ein schöner Sommer.

Im Juni erscheint die erste Gemeinschaftsausgabe von „Atom Express" und der Lüneburger „atommüllzeitung".

Anschließend verbringen wir fast zwei Wochen in einem Anti-Atom-Sommercamp im Wendland. Diskussionen, Lagerfeuer, Musikhören und Musikmachen, Schwimmen im Gartower See und im Seedorfer See, Paddeln auf der Jeetzel, Radfahren an der Elbe und Liebeleien. Wir machen auch ein paar politische Aktionen, Veranstaltungen, Kundgebungen, kleinere Blockaden, einige kippen an der Zwischenlagerbaustelle Zucker in den Tank von Fahrzeugen und kleben die Türen des DWK-Büros zu. Eine WAA in Dragahn ist noch längst nicht vom Tisch.

Der Landkreis Lüchow-Dannenberg hat – grob gesagt – die Form eines Dreiecks und ragt im Osten wie eine Nase in die DDR hinein. Zwei Seiten des Dreiecks, eine davon ist die Elbe, bilden gleichzeitig die Grenze. Am 2. Juli und am 5. Juli errichten AKW-Gegner aus dem Wendland im sogenannten Niemandsland zwei Zeltlager, eines bei Blütlingen, das andere bei Gummern. Das sorgt für erheblichen Wirbel in den Medien sowie in Bonn und Berlin.

Die Sache ist nicht ganz ungefährlich. Auf der einen Seite stehen die DDR-Grenzer. Sie könnten jederzeit durch den Zaun zu den Campern gelangen. Auf der anderen Seite zieht der Bundesgrenzschutz auf. Er kann aber nichts unternehmen, denn aus BRD-Sicht handelt es sich bei der DDR-Grenze nicht um eine Auslandsgrenze. Also können die BGS-Beamten auch niemanden daran hindern, die für sie rechtlich nicht-existente Grenze zu überschreiten.

Nach einigen Tagen beenden die Besetzer die Aktion. Volkspolizisten legen die zurückgelassenen Zelte ordentlich zusammen und schieben sie Stück für Stück in den Westen. Ein lächerliches, aber bezeichnendes Bild.

Am 14. Juli durchsucht ein Großaufgebot der Polizei das Camp auswärtiger AKW-Gegner in Trebel, die Leute werden zusammengetrieben und zum Teil gefesselt, Zelte und Autos ohne richterlichen Beschluss gefilzt.

23. August 1983

Liebe Anne,
das Taxifahren bringt immer weniger ein, vor allem jetzt im Sommer. Die Schichten dauern in der Regel zwölf Stunden, manchmal habe ich da nur 120 oder 150 Mark Umsatz. Davon bekomme ich 35 Prozent. Ein paar Fahrten kann man schwarz machen, das heißt ohne die Uhr anzustellen, dazu kommt ein bisschen Trinkgeld.

Wir haben – gegen den Protest mehrerer Leute, die das als ersten Schritt hin zu Berufspolitik sehen – im Arbeitskreis gegen Atomenergie eine halbe Stelle geschaffen. Ich habe sie bekommen. 800 Mark gibt es dafür, der Job ist natürlich nicht sozialversichert.

Zu tun ist im Büro genug: die Post holen, lesen, vorsortieren, beantworten. Material verschicken, also Aufkleber, Bücher, Broschüren, den „Atom Express". Rechnungen und Mahnungen schreiben, das Drucken von Flugblättern organisieren und so weiter. Ein richtiger Büro(kraten)job eben.

Mit dem Geld vom Arbeitskreis, den mageren Honoraren der „taz" sowie den Einkünften beim Taxifahren kann ich jetzt öfter mal essen gehen und sogar jemanden einladen. Zum Beispiel ins Gasthaus Koch im Stadtteil Weende. Dort gibt es norddeutsche Gerichte: Muscheln und Krabben, lecker Scholle und Matjes, ab Oktober Grünkohl sowie zum Runterspülen Jever, Köm, Klein Erna und Friesengeist.

An einem Abend, die restliche WG war ausgeflogen, haben Hans und ich Damenbesuch eingeladen. Anna – ja, die Anna von der documenta – und Ulrike wurden bekocht, unterhalten und bekamen sogar noch eine kleine Theateraufführung. Wir haben den schwachsinnigen Sketch mit dem Psychiatriepatienten gespielt, der eine Zahnbürste hinter sich her zieht und, als der Arzt ihn fragt, wie es denn dem Hund geht, antwortet: Aber das ist doch gar kein Hund, das ist eine Zahnbürste. Sobald der Doc um die nächste Ecke verschwindet, tätschelt der Patient die Zahnbürste und sagt: Den haben wir aber reingelegt, was.

Wir dachten natürlich, dass die beiden Frauen nach der Performance begeistert sind und gar nicht anders können als über Nacht zu bleiben, das war dann aber nicht so. Sie bedankten sich stattdessen für den netten Abend, vielleicht würden sie uns auch mal einladen. Toll!

Liebe Grüße, M.

Elterliche Besuche in der Wohngemeinschaft lassen sich zwar mehrmals verschieben, aber letztlich nicht verhindern. Beim dann obligatorischen Gemeinschafts-Kaffeetrinken in der WG-Küche kommen richtige Gespräche nicht in Gang. Obwohl sie selten direkt Kritik äußern, ist die bei unseren Müttern und, soweit sie noch leben, Vätern vorherrschende Skepsis unüberhör- und unübersehbar: Sie wohnen hier also zusammen? Wie machen Sie das denn mit dem Putzen? Müssen Sie nicht ganz früh aufstehen, wenn alle morgens ins Bad wollen? Dass jeder und jede von uns wöchentlich nur 25 Mark in die Haushaltskasse einzahlt und wir trotzdem fast jeden Werktagabend kochen, können die Eltern kaum glauben.

Viel, viel schöner als Elternbesuche sind die Treffen mit unserer „Paten-WG" aus der Goßlerstraße. Alle paar Monate kommen wir bei uns oder bei ihnen zum Abendessen und Feiern zusammen, wir trinken und tanzen und erzählen viel, oft bis in den frühen Morgen.

Die Stadt Göttingen gibt einen Empfang zum hundertjährigen Bestehen der katholischen Studentenverbindung AV Palatia. Weil deren nationalsozialistische Vergangenheit – die Palatia war unter anderem an den Bücherverbrennungen beteiligt – bei dem offiziellen Termin nicht zur Sprache kommen soll, haben der AStA, die AGIL und die Grünen kurzfristig eine Demo angekündigt.

Immerhin folgen trotz Schul- und Semesterferien mehrere hundert Leute dem Aufruf und kommen zum Alten Rathaus. Die Gäste des Empfangs gelangen nur unter Polizeischutz hinein, etliche haben dann Ei-bekleckerte Anzüge an. Nachfolgend streifen Greiftrupps der Polizei über den Marktplatz und nehmen mehrere vermeintliche Störer fest.

Widerstand gibt es auch gegen ein öffentliches Rekrutengelöbnis, das die in Göttingen stationierte Panzergrenadierbrigade 4 der Bundeswehr im Jahnstadion veranstalten will. Ein Bündnis von Kriegsgegnern, in dem auch der Arbeitskreis mitmacht, kündigt Blockaden und Behinderungsaktionen an. Im Stadtrat wettern AGIL und DKP gegen das Vorhaben. Die „Göttinger Stadtzeitung" schmeißt eine Sonderausgabe zum Thema auf den Markt – so sieht eine gute Arbeitsteilung aus! Die SPD ist gespalten, die viel zitierte Basis lehnt das Militärspektakel ab.

Um „Schaden von Stadt und Bevölkerung abzuwenden", verzichtet die Bundeswehr schließlich auf das Vorhaben. Die Medien haben ihre Geschichte: Bundeswehr weicht vor Chaoten zurück. Auch die CDU in Stadt und Land schäumt. Was ist das für eine Armee, die vielleicht bald gegen die Sowjetunion marschieren soll und schon vor einheimischen Aufrührern kneift?

Wie, so fragt etwa CDU-Provinzchef Stroetmann im „Göttinger Tageblatt", soll dem einfachen Soldaten die Bereitschaft eingedrillt werden, mutig und entschlossen in den Tod zu marschieren, wenn die „militärische

Führung schon bei der Durchführung eines feierlichen Gelöbnisses in der Öffentlichkeit der Mut verlässt?"

Die Entscheidung, auf das öffentliche Gelöbnis zu verzichten und es in die Kaserne zu verlegen, muss der Bundeswehr erhebliche Bauchschmerzen bereitet haben. War doch eine der ersten Amtshandlungen des Kriegsministers Manfred Wörner (CDU) die Herausgabe eines Erlasses, der ausdrücklich öffentliche Gelöbnisse als Regel vorsah, also offensiv durchzusetzen versprach.

Obwohl wir nicht alle Gründe für den Rückzug kennen, werten wir ihn als unseren Erfolg, aus dem wieder mal eine wichtige Lehre zu ziehen ist: Das Aktionsbündnis gegen die Rekrutenvereidigung hat nämlich darauf verzichtet, bei dem in der Friedensbewegung tobenden Wettstreit mitzumachen, wer denn wohl die harmloseste, garantiert nur symbolische und polizeifreundlichste Aktion zustande bringt. Die öffentliche Ankündigung, das Gelöbnis so weit wie möglich zu stören und zu behindern, stand im Widerspruch zu der in vielen friedensbewegten Kreisen immer noch vorherrschenden Haltung, noch im Protest typisch deutsche Untertänigkeit zu demonstrieren.

Die Rekrutenvereidigung findet also in die Kaserne statt, einige Gruppen aus dem Bündnis wollen trotzdem eine Demo machen, und zwar genau dorthin, zur Kaserne. 200 Leute, vor allem Autonome und „Anti-Imps", versammeln sich auf dem Marktplatz, viele andere – auch wir – stehen drum herum, dazwischen die Bullen. Der Einsatzleiter kündigt an, dass eine Kundgebung nicht zugelassen wird und eine Demonstration erst recht nicht.

Eine Stunde lang passiert nichts, es gibt auch keine Megafondurchsagen oder Flugblätter für die Passanten, dann löst sich das Ganze auf. Ein ziemlicher Reinfall, finden wir. Die Autonomen/„Anti-Imps" sind da aber anderer Ansicht:

„Es war für uns ein schritt nach vorne hier in göttingen, eine antiimperialistische, somit auch antistaatliche und internationalistische demo durchzuführen. Die zielsetzung dieser demo verbindet unseren kampf in der brd mit dem kampf gegen die imperialistische unterdrückung in aller welt, für die beseitigung der herrschaft des menschen über den menschen." Oje.

Andere – wer auch immer – setzen auf Explosives. Mitte August wird auf das Gebäude der Kommunalen Datenverarbeitungszentrale Südniedersachsen in der Pauliner Straße ein Sprengstoffanschlag verübt, bei dem erheblicher Sachschaden entsteht. Kurz zuvor gab es einen Bombenanschlag auf das neue Polizeirevier, dadurch verzögern sich Bau und Bezug der Immobilie.

Göttingen 05 gewinnt in der ersten DFB-Pokal-Hauptrunde mit 4:2 gegen Eintracht Frankfurt. 10.000 Zuschauer, so viele wie nie zuvor, sind im Jahnstadion und haben ordentlich was zu feiern. Jimmy Weir und Bernd Krech schießen jeweils zwei Tore. Nach dem Spiel liegen sich wildfremde Leute, die sich normalerweise nicht mal die Hand geben würden, in den Armen.

Der Bundesgerichtshof hebt das Skandal-Urteil gegen KD auf und überweist den Fall an das Göttinger Landgericht zurück. Dort muss sich jetzt eine andere Kammer damit befassen, der ganze Zirkus geht also noch mal von vorne los. Aber, immerhin, nach der abgeschmetterten Schadensersatzklage des verletzten Zivis ist das ein weiterer Teilerfolg.

Saurer Regen und Waldsterben sind die neuen großen Umweltthemen. Eine Erhebung der Bundesregierung ergibt, dass ein Drittel des westdeutschen Waldes erkrankt ist – viermal mehr als im Jahr davor. Bundeslandwirtschaftsminister Kiechle von der CSU fordert private Initiativen gegen das Waldsterben, der Staat sei überfordert. Unglaublich.

Nine-Eleven. Am 11. September jähren sich der blutige, von den Yankees massiv unterstützte Militärputsch in Chile und die Ermordung des sozialistischen Präsidenten Salvador Allende zum zehnten Mal. Daran erinnert die Göttinger Chile-Solidaritätsgruppe mit Flugblättern, Büchertischen und einer Veranstaltung.

Diverse Solidaritätszeitschriften haben die Broschüre „10 Jahre danach" veröffentlicht. Eine bundesweite Kampagne, die sich gegen den Verkauf von U-Booten an Chile und die Ausbildung chilenischer Militärs in Kiel richtet, läuft auch in Göttingen an.

Ein weiterer Sprengsatz geht an einem Wohn- und Geschäftshaus in der Groner-Tor-Straße hoch – angeblich ein Anschlag linker Gruppen gegen den „Wienerwald" im Erdgeschoss. Aber so eine Aktion macht überhaupt keinen Sinn, abgesehen davon schmecken die Gockel in dem Restaurant nicht so schlecht. Erst einige Zeit später stellt sich heraus, dass der verschuldete Besitzer der Immobilie selber Hand angelegt hatte.

Moringen, eine kleine saubere langweilige Kleinstadt, liegt etwa 25 Kilometer nordwestlich von Göttingen. Hier hatten die Nazis nacheinander ein Männer-KZ, ein Frauen-KZ und schließlich ein KZ für männliche Jugendliche eingerichtet. In diesem sogenannten „Jugendschutzlager" waren die mehr als tausend Häftlinge im Alter von 13 bis 22 Jahren Willkür, Hunger und drakonischen Strafen ausgesetzt. Außerdem mussten sie Zwangsarbeit leisten.

Viele von ihnen starben, wurden zwangssterilisiert oder in andere Konzentrationslager deportiert. Unter Leitung des Nazi-Arztes Robert Ritter versuchten sogenannte Kriminalbiologen, ihre These, dass Kriminalität und „Asozialität" erblich bedingt seien, mit Untersuchungen an den Moringer Häftlingen zu belegen.

Am 6. April 1945 wurden Hunderte Moringer Häftlinge von der SS auf einen Evakuierungsmarsch in Richtung Harz getrieben. Als die Bewacher vier Tage später flüchteten, konnten sich die in einer Scheune eingeschlossenen Jugendlichen selbst befreien. Die in Moringen verbliebenen Häftlinge wurden am 9. April befreit, als US-amerikanische Soldaten die Stadt erreichten.

Im September 1983 feiern die Moringer das tausendjährige Bestehen ihres Städtchens. Eigens zum Jubiläumsfest, lassen sie ihren ehrenamtlichen Stadtarchivar Doktor Ohlmer eine Stadtchronik verfassen.

In seiner Publikation nennt Ohlmer den Angriffs- und Vernichtungskrieg der Nazis einen „Selbstbehauptungskrieg, in dem die Nachfolgeprobleme des 1. Weltkriegs ausgekämpft wurden". Die Judenpogrome stellt Ohlmer als Folge „deutsch-jüdischer Spannungen" und als verständliche Reaktion auf anti-nationalsozialistische Aktionen im Ausland dar.

Die mehr als 50 Jugendlichen, die im KZ starben, erwähnt Ohlmer nicht. Er schreibt lediglich: „Nach Ausbruch des II. Weltkrieges wurde auf dem Gelände des Provinzialwerkhauses (…) ein Jugendschutzlager eingerichtet, ebenfalls unter Fortführung des normalen Werkhausbetriebes."

Die Vereinigung der Verfolgten des Naziregimes macht Ohlmers Ergüsse in Göttingen bekannt. Und deckt auf, dass er schon 1977 für eine andere Chronik dieselbe braune Soße verbreitet hat, zum Teil sogar wortwörtlich.

Die Mitglieder im Moringer Stadtrat wollen von all dem nichts gewusst haben, sie haben die Chronik vor dem Druck angeblich auch nicht mehr lesen können. Der Rat diskutiert, ob das KZ KZ genannt werden soll. Die CDU enthält sich, der FDP-Vertreter stimmt dagegen. Die Chronik wird nicht eingestampft, sondern mit einem korrigierenden Beilegezettel in Umlauf gebracht.

Die evangelische Kirchengemeinde in Moringen und die Göttinger Gesellschaft für Christlich-Jüdische Zusammenarbeit veröffentlichen eine Dokumentation mit allen zugänglichen Fakten über die Moringer Konzentrationslager. Der Kirchenvorstand beschließt, auf dem Friedhof einen Stein für die dort begrabenen ehemaligen Häftlinge aufzustellen.

Die AGIL zeigt Ohlmer wegen Billigung von Straftaten und Volksverhetzung an, das Verfahren wird nach wenigen Wochen eingestellt. Die Staatsanwaltschaft interpretiert den Nazi-Tenor in der Stadtchronik in eine „eigenwillige und eigenartige Sicht" um.

Krieg und Frieden, NATO-Hochrüstung und Bundeswehr bleiben auch nach dem abgesagten Rekrutengelöbnis im Fokus. In Göttingen beteiligen sich fast 2.000 Menschen sich an einer „Friedensprozession gegen die neuen Raketen". Zahlreiche Pfarrer und andere Kirchenleute haben dazu aufgerufen. Wir beobachten das Geschehen vom Rande aus, mitlaufen mögen wir nicht, irgendwie ist uns das zu peacig.

Mitglieder des Petitionsausschusses des Bundestages nehmen eine Ortsbesichtigung auf dem Kerstlingeröder Feld vor. Sie wollen sich schlau machen und später auf die Eingabe der Aktionsgemeinschaft gegen die Ausweitung des Standortübungsplatzes antworten.

Im Rahmen einer bundesweiten Aktionswoche gegen atomares Wettrüsten gibt es auch in Göttingen eine Demo. Fast tausend Schüler und Studenten sind dabei, dieses Mal gehen wir mit.

Ende Oktober überfallen US-amerikanische Truppen mit Unterstützung eines Hilfskontingents aus sieben karibischen Nachbarstaaten die Insel Grenada. Reagan begründet die Invasion mit dem Schutz der tausend dort lebenden US-Bürger. Er wirft Kuba und der UdSSR vor, auf Grenada einen Umsturz geplant zu haben. Wir sehen das als weiteren Schritt zur direkten Yankee-Intervention in Nicaragua und El Salvador.

Mit einer Menschenkette rund um das Neue Rathaus und einer zwanzigminütigen Blockade der Kreuzung am Geismar Tor protestieren wir und tausend andere Kriegsgegnern gegen die Nachrüstung. Zwei Tage später machen wir die Kreuzung am Groner Tor dicht, einige Schüler setzen sich auch auf die Bahngleise.

Einige Freunde fahren im Oktober nach Stuttgart. 200.000 Menschen bilden eine mehr als hundert Kilometer lange Menschenkette von der Kommandozentrale der US-Streitkräfte in Europa bis zum Raketendepot in den Wiley-Barracks in Neu Ulm. 60 Prozent, nach anderen Umfragen sogar 75 Prozent der Bundesbürger sind gegen die Stationierung der US-Mittelstreckenraketen.

★ ★ ★

Im November stimmt eine Mehrheit im Bundestag dafür, dass Pershing-II-Raketen und Cruise Missiles aufgestellt werden. Ihre Stationierung beginnt im Dezember. Eine, wenn nicht die ganz große Niederlage der Friedens- und der Anti-Kriegsbewegung.

War das nicht abzusehen? Jetzt fällt Kritik natürlich leicht an dem Friedfertigkeit und strikte Gewaltfreiheit betonenden Konzept der traditionellen Friedensbewegung. An ihren symbolisch oft aufgeladenen und überladenen Aktionsformen. An den Menschenketten, die Verbundenheit und „Menschlichkeit" pathetisch in Szene setzen gegen den „unmenschlichen Krieg". An den friedlichen, nahezu passiven Sitzblockaden, bei denen sich zerbrechliche Körper schweren Panzern und Armeefahrzeugen in den Weg stellen. An den Schweigekreisen, Mahnwachen und Lichterprozessionen, die Innerlichkeit und Betroffenheit ebenso versinnbildlichen sollten wie die „Die ins" in den Fußgängerzonen den Schrecken eines Atomkrieges.

Aber auch wir, die wir uns als die radikale, unabhängige Fraktion der Friedensbewegung verstehen, stehen vor den Trümmern unseres Widerstandskonzepts oder sind, um es etwas netter auszudrücken, an seine Grenzen gestoßen. Das Vorhaben, mit Massenaktionen des sogenannten „zivilen Ungehorsams" eine massenhafte Illoyalität gegenüber dem Staat zu erzeugen, ist gescheitert. Die von uns mit initiierten Blockaden blieben zu sehr Einzelaktionen und Räuber-und-Gendarm- bzw. Demonstrant-und-Bulle-Spiel, als dass aus ihnen heraus eine Kraft, ein Sog entstehen konnte, um den Staat ernsthaft herauszufordern. Die Teilnehmerzahl erreichte nie eine Größenordnung, die der Staat als Angriff begreifen und parieren musste.

Dazu hat, wie wir in der Redaktionsgruppe des „Atom Express" und in der Kneipe konstatieren, auch unsere eigene Angst beigetragen. Die Angst vor Prügeln, Kriminalisierung und vor der eigenen Courage. Es brauchte in den meisten Fällen deshalb auch gar keiner Absprachen mit der Polizei, um die Friedensbewegung berechenbar zu machen. Es bedurfte keiner Abwiegelei aus den Chefetagen der großen Verbände und Organisationen, nein, das besorgten wir, die Basis, schon selber.

Auch die Autonomen, die sich irgendwo und irgendwie links von uns verorten, hatten nicht viel zu bieten. Weder sich selbst, noch der Anti-Kriegs-Bewegung eine Protestperspektive und schon gar nicht dem Staat Widerstand und Aufruhr. Ihr Mantra „Wir bestimmen den Ort und den Zeitpunkt unseres Widerstands selbst und lassen uns das nicht vom Staatsapparat diktieren" fiel den Autonomen in diesem Herbst auf die Füße.

3. November 1983

Lieber Tom,
die Burschenschaft Lunaburgia nervt extrem. Das Grundstück, auf dem ihr Haus steht, grenzt an unseren Garten. Die Burschis saufen oft und viel, singen und grölen oft bis in den frühen Morgen, wahrscheinlich pissen sie dann auch aus den Fenstern. Jedenfalls brauchten sie mal einen Denkzettel.
Wir schlichen uns also eines Nachts hinüber und klauten die Lunaburgia-Fahne vom Mast. Zu Hause kackten wir nacheinander darauf, wickelten das Ganze ein und packten es in einen Karton. Den adressierten wir an eine

andere Burschenschaft hier in der Stadt, die in jenen Tagen ein Jubiläum feierte – welches, weiß ich schon nicht mehr. Das Porto hat natürlich der Empfänger bezahlt.

Wir haben uns ausgemalt, wie die guckten, als sie das Geschenk auspackten. Und uns dabei halb tot gelacht. Jetzt, ein paar Wochen später, denke ich, das war ziemlicher Kinderkram. Aber Spaß gemacht hat es trotzdem.
M.

Der KB und die Autonomen versuchen ein norddeutsches Antifa-Bündnis auf die Beine zu stellen. Es fliegt nach einem militanten Angriff auf den NPD-Parteitag in Fallingbostel, bei dem ein Polizist mit einem Holzknüppel eins übergezogen bekommt, wieder auseinander.

Ähnlich wie nach der 1981er Brokdorf-Demo, verbreiten die „Tagesschau" und andere Medien ein Fahndungsfoto. Unterschrift: „Der Schläger mit dem Eisenrohr". Eine bundesweite Fahndung läuft an. Der Aktivist – er gehört zu den Likedeelers, einer linken Rockergruppe mit proletarischem Einschlag – taucht unter und wird zwei Jahre lang von seinen Genossen versorgt. Dann nimmt sein Anwalt mit der Staatsanwaltschaft Kontakt auf, das Verfahren endet mit einer geringen Strafe, es interessiert niemanden mehr.

Und der KB schreibt in seinem „Arbeiterkampf" einen Artikel über Fallingbostel mit dem Tenor, dass die Autonomen bekloppt sind, weil sie lediglich militante Auseinandersetzungen mit der Polizei suchen würden und die Nazis gar nicht träfen. Der KB druckt dann auch noch das Fahndungsfoto ab.

Daraufhin überfallen Hamburger Autonome die Redaktion des „Arbeiterkampf", klauen dort allerlei Geräte und legen so die Produktion der Zeitung lahm. Sie verlangen den Abdruck einer Erklärung, im Gegenzug wollen sie die geklauten Sachen wieder rausrücken. Das alles ist auch Thema bei uns, in der „Atom Express"-Redaktion, in der Kneipe, obwohl wir weder zum KB noch zu den Autonomen gehören.

Am 15. Dezember verkündet das Bundesverfassungsgericht sein Grundsatzurteil zur Volkszählung. Danach greifen zahlreiche Vorschriften des Volkszählungsgesetzes erheblich und ohne Rechtfertigung in Grundrechte

ein, insbesondere in das Recht auf informationelle Selbstbestimmung. Das Gericht erklärt diese Vorschriften für nichtig und das gesamte Bundesgesetz für verfassungswidrig.

Die erste Kaffee-Brigade bricht am 20. Dezember 1983 nach Nicaragua auf. Vor dem Hintergrund des sich verschärfenden Contra-Krieges hat die sandinistische Regierung dazu aufgerufen, das Land durch die Entsendung internationaler Arbeitsbrigaden zu unterstützen. In der Bundesrepublik und in Westberlin haben sich auf Anhieb über tausend Interessierte gemeldet. Eine Bundeskonferenz der Mittelamerika-Komitees hat festgelegt, dass 145 Leute die erste Brigade bilden sollen. Aus Göttingen fahren Karl, Annegret und Max. Sie treffen sich am Vorabend der Reise in Bonn mit den rund 150 Brigadistinnen und Brigaden aus den anderen Städten.

Eine richtige Brigade braucht natürlich einen zünftigen Namen. Nur welchen? Eine halbe Nacht lang streiten wir uns darüber in einer Kneipe namens „Harmonie". Die Autonomen bringen die Bezeichnungen „Berlin 11.6." oder „Krefeld 25.6." ins Spiel – an diesen Orten und Daten hat es in den vergangenen Monaten bei Demonstrationen gegen die US-Politik Straßenschlachten gegeben. Leute aus Nicaragua-Komitees plädieren wahlweise für „Grenada libre", „Salvador Allende" und „Cemal Altun" – ein türkischer Flüchtling, der sich aus Angst vor seiner Abschiebung aus dem Fenster gestürzt hatte.

Als alle entnervt sind und niemand mehr an eine Einigung glaubt, kommt am frühen Morgen des Abreisetages doch noch ein Kompromiss zustande. Ab sofort heißt die Brigade „Todos Juntos Venceremos" – „Gemeinsam werden wir siegen". Niemand findet den Namen wirklich gut, aber die Alternative ist, dass wir ohne Namen losfliegen, und das geht natürlich gar nicht.

Die Debatte über einen politisch korrekten Namen ist nicht der einzige Streitpunkt. Ein anderer ist, ob „Promis" und Journalisten von bürgerlichen Medien mitkommen dürfen. Henning Scherf, SPD, Senator in Bremen, der Ex-SPD-Bundestagsabgeordnete Karl-Heinz Hansen und der Tübinger Theologe Norbert Greinacher haben Interesse bekundet, ebenso zwei Reporter vom „Stern" und eine freie Mitarbeiterin des „Spiegel". Abgesehen von den „Stern"-Leuten und Hansen, sind sie der nervenraubenden Diskussion in der „Harmonie" allerdings ferngeblieben.

Wir einigen uns darauf, dass „Promis" und Presseleute mitfliegen können, aber wie alle anderen beim Kaffeepflücken helfen müssen. Die „Stern"-Journalisten sind einverstanden. Und Karl-Heinz Hansen erklärt, dass er ohnehin nur wegen der Kaffeeernte fährt und für seinen Status als Halb-Prominenter schließlich nichts kann.

Bis auf die staatliche kubanische Fluggesellschaft Cubana will oder darf keine der angefragten Linien die „Chaoten" nach Nicaragua transportieren. Das Flugzeug muss in Luxemburg starten, denn die Bundesregierung verweigert ihm die Starterlaubnis für westdeutsche Flughäfen. Als sich die Brigade vor der Busfahrt nach Luxemburg zu einer Abschiedskundgebung in der Bonner Innenstadt versammelt, greift die Polizei ohne erkennbaren Anlass mehrere Teilnehmer an. Drei Menschen werden verletzt, zwei weitere festgenommen.

Am 21. Dezember um neun Uhr morgens Ortszeit landen wir in Managua. Unten an der Gangway des Flugzeugs wartet Ernesto Cardenal, der Kulturminister und vom Papst verstoßene Priester. Wir stellen uns auf und rollen alle Fahnen und Transparente aus, die wir dabei haben. Ganz vorne eines, das erst im Flugzeug fertig geworden ist. „Los hijos de Marx saludan a los hijos de Sandino" steht da drauf, „Die Kinder von Marx grüßen die Kinder von Sandino." Ernesto Cardenal begrüßt uns alle mit Handschlag.

Abends gibt es auf dem Platz der Blockfreiheit eine Kundgebung zum Empfang der Brigade. Die Rede hält Jaime Wheelock, Revolutionskommandant, Agrarminister und Mitglied im neunköpfigen Direktorium der FSLN. Kaum jemand von uns kann Spanisch, wegen der Parolen und des Pathos geht die Ansprache trotzdem unter die Haut.

Die Brigade wird aufgeteilt und in Lastwagen zu verschiedenen Fincas im Norden gefahren. Eine Gruppe von etwa 40 Leuten, darunter die Göttinger, landet in Oro Verde in der Provinz Estelí. Der Hof, ein staatlicher Betrieb, liegt mitten in den Bergen in einem Talkessel, die Grenze zu Honduras ist angeblich nicht weit entfernt. Wir pflücken tagsüber Kaffee und schlafen in einem Speicher, in dem Mais und Kaffeebohnen gelagert werden und in dem es von Ratten wimmelt. Aus einer Wand im Keller ragen zwei rostige Rohre, das sind die Duschen.

An einer anderen Wand hängt eine zerfledderte Landkarte. Niemand kann uns zeigen, wo wir uns genau befinden, aber die Karte ist die Stelle, an der abends nach dem Pflücken Gerüchte über Kämpfe zwischen sandinistischem Heer und Contras gehandelt, Entfernungen zwischen den vermuteten Orten dieser Kämpfe abgemessen und – weitgehend ohne Kenntnis – Einschätzungen zur militärischen Lage vorgetragen werden.

23. Dezember 1983

Liebe Anne,
so sehen hier unsere Arbeitstage aus: Wir stehen zeitig auf, schon kurz nachdem es hell wird. Beim Anziehen erzählen wir uns, wie viele Ratten, Riesen-Spinnen und sonstige Viecher uns in der Nacht über den Schlafsack oder das Gesicht gelaufen sind, dann hasten wir runter zum Frühstück. Mit Mühe ergattert man dabei einen Schluck Kaffee, meistens muss Leitungswasser mit Micropur-Tabletten reichen. Dann rücken wir, ausgestattet mit Körben und Säcken, zum Kaffeepflücken aus. Etliche Plantagen sind verwildert, nicaraguanische Vorarbeiter müssen uns häufig mit Macheten den Weg zu den Büschen bahnen.

Die roten Kaffeekirschen – sie sehen wirklich aus wie Kirschen und sind auch ungefähr so groß – kommen in die Körbe, die grünen Kirschen bleiben hängen. Aufpassen muss man, dass nicht allzu viele Stiele mit abgerissen werden, weil sonst nichts nachwächst.

Die vollen Körbe werden in die Säcke geschüttet, die Säcke dann auf einen Esel gewuchtet oder auf dem Rücken zur Finca getragen. In der Mühle neben der Finca werden die Früchte geschält, Wasser schwemmt das Fruchtfleisch und die Stengel einen Abhang runter, die Bohnen bleiben zunächst ein oder zwei Tage in großen Holzbottichen liegen, werden dann gewaschen und auf der Betonplattform vor dem Speicher getrocknet. Dabei löst sich die äußere von insgesamt drei dünnen Pergamenthäuten ab. Zur Weiterverarbeitung wird der Kaffee dann mit Camionetas, also kleinen Lastwagen, nach Condega gefahren, einem der größeren Orte hier in der Nähe.

Dort werden die Bohnen exportfertig verarbeitet, hat uns José, einer der Vorarbeiter, erzählt. Das heißt, sie werden noch mal mehrere Tage lang getrocknet, danach mit einer Schälmaschine von den übrigen Häuten befreit und dann, ebenfalls maschinell, nach Größe und Gewicht sortiert.

Die Internationale Kaffee-Organisation, an die der Löwenanteil verkauft wird, ist sehr wählerisch. Sie nimmt nur Bohnen ab, die eine bestimmte Form und Größe haben. Der Rest wird an andere Länder verkauft, die nicht in dieser Organisation vertreten sind, natürlich zu einem viel geringeren Preis. Neben einigen Dritte-Welt-Ländern sind das vor allem die Ostblock-Staaten. Was sich gar nicht veräußern lässt, wird in Nicaragua selbst verbraucht.

Das sind die Zwänge, denen sich auch Nicaragua unterwerfen muss.

Saludos, M.

★ ★ ★

25. Dezember 1983

Lieber Tom,
gestern haben wir nur bis zum Mittag Kaffee gepflückt. Dann gab's das Angebot von den „Nicas", einen kleinen Ausflug zu unternehmen. Das haben die meisten natürlich angenommen. Wir sind einen Hügel hoch, dann durch ein Tal zu einem kleinen See. Unterwegs haben wir Guayavas gepflückt, kleine, grüne Früchte, die ein bisschen wie Birnen schmecken, mit einem honigartigen Kerngehäuse.

Nach dem Schwimmen haben wir im Gras gesessen und José und „Chico" über alles mögliche ausgefragt.

Zurück sind wir auf einem anderen Weg, vorbei an mehreren versteckt liegenden Hütten und an Bäumen mit langen Flechten, die wie Bärte aussahen.

Abends gab es, zum ersten Mal übrigens, Fleisch und Kartoffeln zu essen. Wir haben lange auf der Plattform gesessen und in den Sternenhimmel geguckt, einige haben Gitarren dabei, wir haben gesungen und unsere ersten nicaraguanischen Lieder gelernt. Die FSLN-Hymne natürlich und ein Weihnachtslied. „Navidad en libertad", „Weihnachten in Freiheit".

Viele Grüße, auch an alle anderen, M.

★ ★ ★

Kurz nach Weihnachten wird unsere Gruppe noch mal geteilt. Wir fahren auf eine andere Finca, La Laguna geheißen, und pflücken dort gemeinsam mit nicaraguanischen Frauen und Kindern aus der Umgebung Kaffee. Die Frauen und Kinder bekommen Geld für jeden gefüllten Sack, wir natürlich nicht. Stattdessen diskutieren wir heftig darüber, ob unsere Arbeit nicht kontraproduktiv ist. Das heißt, ob das uns vorgesetzte Essen aus Bohnen, Mais und Tortillas das revolutionäre Nicaragua volkswirtschaftlich unter dem Strich nicht mehr belastet als ihm die paar von uns gepflückten Säcke Kaffee einbringen. Die Diskussionen gehen meist damit zu Ende, dass wir sagen, unsere Arbeit hier hat symbolischen und politischen Wert, keinen ökonomischen.

Manchmal setzen wir auch Kartoffeln in die lehmige Erde und besprühen die schon nach kurzer Zeit wild aus der Erde sprießenden Büschel mit Pflanzenschutzmitteln. Das Zeug stinkt wie verrückt und brennt in den Augen. Die Arbeitsbrigaden sind aber nicht gekommen, um den Nicaraguanern Lehren in ökologischem Landbau zu erteilen.

1984

Lieber Tom,

Ende Dezember haben Sabine Rosenbladt, die für „konkret" schreibt, und ich, die Promis aus der Brigade auf einer kleinen Rundreise begleitet. Für Henning Scherf, Norbert Greinacher und Karl-Heinz Hansen war das gleichzeitig die Abschiedstour, sie sind anschließend zurück in die BRD geflogen. Hansen ist übrigens ein ganz lustiger Kerl. Er hat auf der Fahrt nach Managua einen Witz nach dem anderen erzählt, keine schlechten Witze, wirklich nicht, ich habe selten jemanden so viele gute Witze nacheinander erzählen hören. Weil er sich selbst dabei so amüsiert hat, ist sein Kopf ganz rot angelaufen, und seine Augen waren von den vielen Lachfalten ganz schmale Schlitze. Hansen hat meistens auch die Situationen geschildert, in denen er die Witze gehört oder schon mal erzählt hat, im Büro von Willy Brandt oder von Herbert Wehner oder bei diesem oder jenem Parteitag. Das alles ist für ihn jetzt vorbei. Es fällt wohl schwer damit klarzukommen, auch wenn man meint, mit der Vergangenheit gebrochen zu haben und nur noch Karl-Heinz Hansen zu sein.

Die Frau vom „Spiegel" ist nicht mitgefahren. Sie lag – und liegt wohl immer noch – mit einer Erkältung im Hotel Interconti. Bei offenem Fenster und eingeschalteter Klimaanlage, wie jemand aus der Münsteraner Gruppe erzählt hat, der sie dort besuchte. Sie lässt sich medizinisch von einem nicaraguanischen Privatarzt betreuen, und politisch von einem Redakteur der rechten Oppositionszeitung „La Prensa".

Der Genosse aus Münster hat weiter erzählt, dass die „Spiegel"-Frau nur ein paar Tage bei der Brigade war, bevor sie krank wurde. In ihren beiden riesigen Koffern hatte sie demnach alles Mögliche mit, nur keine Luftmatratze. Und ohne Luftmatratze wollte sie auf dem Holzboden in der Finca nicht schlafen. Was sie nun wohl über unsere Arbeit hier berichten wird?

Am meisten hat mich bei der Tour der Besuch bei Ernesto Cardenal in Solentiname beeindruckt. Auf der Hauptinsel des Archipels im Nicaragua-See hat Cardenal in den 1960er Jahren eine der ersten Basisgemeinden des Landes gegründet, eine Lebensgemeinschaft von Bauern, Fischern, Priestern und Künstlern, die gemeinsam gehandwerkt, Gemüse angebaut und meditiert haben. 1977 schlossen sich die meisten jungen Leute von Solentiname der FSLN an, Somoza ließ daraufhin die Insel bombardieren und alle Gebäude außer der Kirche in Schutt und Asche legen. Nach dem Sieg der

Revolution begann der Wiederaufbau, zur Erinnerung an die Luftangriffe wurde eines der zerstörten Häuser stehen gelassen.

Wir sind mit einem russischen Militärhubschrauber dorthin geflogen und haben nach der Landung einen kleinen Rundgang über die Insel gemacht. Auf einem weitläufigen Spielplatz mit großen, bunten Schaukeln, Wippen und Klettergestellen aus Holz stehen auch Grabsteine. Hier liegen die Kämpfer aus Solentiname begraben, die 1977 beim Sturm auf die Guardia-Kaserne ums Leben gekommen sind. Er findet es eine gute Idee, hat Cardenal gesagt, die Genossen da zu beerdigen und ihrer da zu gedenken, wo heute die Kinder spielen.

Ein paar Soldaten des sandinistischen Volksheeres saßen im Gras, ein alter Mann stand vor seiner Staffelei und malte – mitten im Krieg eine fast paradoxe friedliche Stimmung, ich hatte das Gefühl, das war nicht nur für uns inszeniert. Von der Terrasse des Hauses, das Ernesto bewohnt, kann man bis nach Costa Rica gucken. Er kann nur für wenige Tage im Jahr hierher kommen und Gedichte schreiben, die Arbeit im Kulturministerium und seine Reiseaktivitäten lassen ihm nicht mehr Zeit dafür.

Um die von ihm propagierte Demokratisierung der Kultur ging es gleich in der ersten Diskussion. Literatur, Kunst, Bibliotheken, Museen und Medien sollen nicht länger Eigentum und Privileg einer kleinen Elite sein, sondern dem Volk gehören – dem Volk als Produzenten und Konsumenten von Kultur. Ernesto hat von einer „intellektuellen Renaissance" nach der Revolution gesprochen, an vielen Orten seien auf Initiative der Bevölkerung schon Dichterwerkstätten und Kulturhäuser entstanden. Diese Ansätze sollen gefördert werden. Angesichts der großen ökonomischen und militärischen Schwierigkeiten, in denen die Revolution steckt, mutet das wie eine Vision an, die, wenn überhaupt, erst lange nach Cardenals Tod Wirklichkeit werden kann.

Wir wollten natürlich wissen, wie die Arbeitsbrigaden von der Regierung eingeschätzt werden. Cardenal hat mit einem Vergleich geantwortet. Jesus habe fast sein ganzes Leben lang als Tischler gearbeitet. Diese Arbeit hätten andere wohl besser machen können, aber dass er sie machte, hatte einen großen ideellen Wert. Ähnlich verhalte es sich mit den Brigaden. Wie gering ihr ökonomischer Nutzen auch sei – wichtig sei, dass sie bei der Kaffeeernte helfen. Für Nicaragua sei das ein Zeichen der Solidarität und deswegen auch ein Beitrag gegen die Invasionspläne der Yankees.

Die Regierung wolle, dass weiterhin Menschen aus aller Welt nach Nicaragua kommen, um die guten und schlechten Seiten der Revolution zu *erleben. Revolutionen würden von Menschen gemacht, und Menschen seien nicht perfekt. Ein Bild von der Revolution zu zeichnen wie ein Bild von Maria, also ohne Makel und Falten, sei falsch.*

Spannend fand ich auch Ernestos Einlassungen zur Pressezensur – das rechte Oppositionsblatt „La Prensa" wird bisweilen zensiert oder erhält kein Papier. Formal ermöglicht wird dies durch das Verbot, militärische Geheimnisse zu verraten und durch das Verbot, wirtschaftliche Falschmeldungen zu verbreiten.

Cardenal hat dazu sinngemäß gesagt: Nicaragua ist im Krieg, jedes Land, das sich im Krieg befindet, praktiziert Pressezensur. Gleichwohl gibt es in Nicaragua eine oppositionelle Presse. Gibt es das etwa in El Salvador, Guatemala oder Chile? In Chile hat Präsident Allende damals den „Mercurio" nicht zensieren lassen, die Folge war, dass es heute in Chile keine Freiheit mehr gibt, und Pressefreiheit schon gar nicht. Die Regierung hält es für lebenswichtig, die Presse zu zensieren, auch wenn das international sehr schadet. Medien hätten eine große Macht, wir dürfen sie nicht der CIA überlassen.

An einem Abend war das vor kurzem verabschiedete Wehrpflichtgesetz Thema. Auch dafür hat Ernesto ein leidenschaftliches Plädoyer gehalten. Regierung und FSLN sagen, dass die Verteidigung grundsätzlich die Pflicht jeden Nicaraguaners und jeder Nicaraguanerin ist – für Frauen bleibt der Wehrdienst allerdings freiwillig. Es könne keine Gewissensfrage sein, ob man sein Land schützt oder nicht. Bei imperialistischen oder kolonialistischen Armeen sei das natürlich anders, aber in Nicaragua gehe es um die Abwehr einer Aggression. Das Gesetz solle für mehr Gerechtigkeit sorgen, denn bislang seien es immer die besten und bewusstesten Revolutionäre gewesen, die ihr Leben bei der Verteidigung gegen den Yankee-Imperialismus aufs Spiel gesetzt hätten. Nun sollten alle in die Verantwortung genommen werden.

Es ist schon verrückt: Die rechte Opposition in Nicaragua hat bis 1979 selbst ein Wehrpflichtgesetz gefordert, heute bekämpft sie es. Ausgerechnet die Rechten und die Kirchenhierarchie, die doch sonst nirgendwo auf der Welt gegen den Militärdienst Stellung beziehen. Auf der anderen Seite bin ich doch sonst überall und immer gegen Militärdienst und Wehrpflicht und teile hier die Sichtweise der Sandinisten. Weitgehend jedenfalls. Ähnlich geht es mir auch beim Anblick von Soldaten: In der BRD kriege ich die Krise, wenn ich nur welche sehe, und hier sind die Soldaten Companeros, die für dieselbe Sache kämpfen. Naja, richtig kämpfen tun natürlich nur sie.

Silvester gab es hier ein gewaltiges Feuerwerk, auf den Inseln und überall an den Ufern des Sees wurden Raketen und Leuchtspurmunition abgefeuert, Kanonenschläge gingen hoch, es war wirklich ein Ohren und Augen betäubendes Spektakel. An den nächsten Tagen waren wir dann in San Carlos und in einer kleinen Siedlung am Grenzfluss Rio San Juan. An den Wänden und Mauern überall Plakatfetzen und aufgemalte Parolen, die sich direkt an Edèn Pastora richten, der hier in der Region sehr beliebt war und vielleicht immer noch ist: „Edén, Somozismus und Imperialismus sind dasselbe!" oder einfach nur „Edén, por qué?", Edén, warum? Pastora sitzt mit seinen Contra-Söldnern auf der anderen Seite des Flusses, irgendwo im Dschungel.

Um den Contras die soziale Basis zu entziehen, haben die Sandinisten hier eine große Umsiedlungskampagne gestartet. Die verstreut am Fluss lebenden Kleinbauern sollen überzeugt werden, sich in neuen Dorfgemeinschaften oder Kooperativen zusammenzuschließen. Ob mit oder ohne Gewalt, bei ihren Grenzübertritten können sich die Contras auf den einsamen und nur durch kleine Pfade miteinander verbundenen Höfen frei bedienen, das Vieh und die Lebensmittel rauben, die Bewohner nach Belieben, entführen, ermorden und erpressen. Widerstand ist nicht möglich. Bis Milizen oder Einheiten des sandinistischen Heeres überhaupt von den Überfällen erfahren, sind die Contras schon wieder über alle Berge.

Das Problem bei der Umsiedlung ist, dass die Campesinos ihr Land, das sie und ihre Familien zum Teil ihr Leben lang bewirtschaftet haben, verlassen und aufgeben müssen. Sie werden zwar durch neue Ländereien entschädigt, aber die Verankerung der Leute auf dem Fleck Erde, auf dem auch die Eltern und Großeltern schon geackert haben, ist sehr groß.

Wir haben eine dieser neuen Siedlungen besucht. Die Leute haben sich mit ihren wenigen Habseligkeiten – ein paar Hängematten oder mit Schnüren zusammengebundenen Holzbetten, Gestellen und Ablagen aus Balken, Baumwollsäcken, etwas Geschirr und einigen Töpfen – unter schwarzen Plastikplanen provisorisch eingerichtet. Die neuen Häuser können noch nicht bezogen werden, weil es Nachschubprobleme mit dem Material für die Dächer gibt. Dabei drängt die Zeit, denn bei der Hitze ist ein längeres Leben unter den dunklen Planen kaum vorstellbar.

Die Armut hier ist wirklich bedrückend, die Lebensbedingungen der Menschen sind viel, viel schlechter als bei „uns" auf der Kaffeefinca. Zumindest ist es einigermaßen sicher. Der Lehmboden im Dorf ist untertunnelt, bei

Angriffen der Contras können hier alle Platz finden. Contra-Überfälle hat es in den sieben Monaten, in denen sie jetzt hier wohnt, noch nicht gegeben, hat uns eine Frau erzählt. Aber vorher, als sie mit ihrem Mann und den Kindern am Fluss lebte, kamen sie jeden Monat. Die Verteidigung wird von einer Dorfmiliz übernommen, sie scheint in der Lage, die Contras zumindest so lange in Schach zu halten, bis Verstärkung da ist.

Henning Scherf, Greinacher und Hansen sind am 2. Januar nach Hause geflogen, Sabine Rosenbladt und ich waren noch einen Tag in Managua – eine heiße, chaotische Stadt, die Spuren des letzten großen Erbebens sind noch überall zu sehen. Seit gestern sind wir wieder in La Laguna.

Viele Grüße, M.

Es regnet Wochen lang, ohne eine einzige Unterbrechung. Der Hof ist tief verschlammt. Einige aus der Brigade sind krank. Andere schreiben, anstatt zum Kaffeepflücken zu gehen, in ihren Tagebüchern oder sie verfassen Artikel und Briefe, die jemand mit nach Deutschland nehmen soll. Wieder andere müssen unbedingt nach Estelí, um sich ihre Schuhe neu besohlen zu lassen. An manchen Tagen tritt morgens nur die Hälfte der Brigade an.

Bei den abendlichen Brigade-Plena geht es denn auch immer wieder um die Arbeitsmoral. Beschlossen wird schließlich mit Mehrheit, dass wir zum Arbeiten hier sind und dass ein Fernbleiben von der Arbeit – abgesehen von Krankheit – nur in begründeten und vom Plenum zu billigenden Ausnahmefällen zulässig ist. Dazu essen wir die letzten Riegel harte Schokolade aus Deutschland oder süßes Weißbrot, das ein alter Mann ab und zu auf dem Hof verkauft.

Mitten in der Nacht fallen fünf, sechs Schüsse. Dann hämmert jemand draußen auf den eisernen Gong. Jetzt geht es los, denken wir, jetzt kommen die Contras. Von unserem Schlafspeicher aus spähen wir durch die Ritzen, ob man etwas erkennen kann. Auf dem Hof hasten Leute umher. Hoffentlich sind es „unsere" Leute vom sandinistischen Heer, die in der Nähe von La Laguna einen Posten haben. Auch von weiter entfernt hören wir Schüsse. Einige aus der Brigade sind drauf und dran, einen Ausfall zu wagen, rüber ins Steinhaus, das besseren Schutz bietet. Nach fünf Minuten ist die Knallerei aber wieder vorbei.

Am nächsten Morgen erzählen uns die Soldaten Gruselgeschichten: „500 Contras haben angegriffen", „Ein großer Löwe war auf dem Hof". Später erfahren wir, was wirklich passierte: Einer der Soldaten im Unterstand meinte im Dunkeln Gestalten bemerkt zu haben, die nicht stehen blieben, als er sie anrief. Der Soldat schoss, die Fremden, wenn es denn welche waren, rannten weg. Die späteren Schüsse wurden aus Nervosität abgegeben.

Jeden Tag sind zwei Leute aus der Brigade für den Küchendienst eingeteilt, eine angenehme Abwechslung. Der Küchendienst hilft beim Essenkochen und -ausgeben, beim Abwaschen und beim Reisverlesen. Man kann mit den Frauen, die fest in der Küche arbeiten, plaudern und so viel Kaffee trinken, wie man will. Wenn die Kaffeepflücker weg sind, kommen die Soldaten auf den Hof. Sie schlachten bisweilen ein Schwein oder ein paar Hühner und braten sich in der Küche Fleischspieße oder große Fleischfladen. Meistens ist das Fleisch abends aufgegessen, die Kaffeepflücker kriegen wie immer nur Tortillas, Mais und Bohnen.

Der 19. Februar ist der 50. Todestag von Sandino. An diesem Tag soll das politisch-kulturelle Abschlussprogramm beginnen, das die Sandinisten für die Brigade in Managua organisiert haben. Wir diskutieren, ob wir bis dahin in La Laguna bleiben oder schon eine Woche früher abreisen, um auf eigene Faust noch ein wenig das Land zu erkunden. Diejenigen, die bis zum Schluss Kaffee pflücken wollen, argumentieren, dass wir eine Arbeitsbrigade sind und die Revolution hier viel besser kennenlernen können als bei einer Rundreise. Die anderen sagen, dass man auch was anderes als den Hof sehen muss, um bei der Rückkehr ein vollständiges Bild von Nicaragua zu haben.

Am Ende gibt es einen veritablen Eklat. Einige rennen raus, holen die Brigadenfahne vom Speicherdach ein, knallen sie zusammengeknüllt auf den Küchentisch und erklären damit ihren Austritt aus der Brigade. Der Kompromiss lautet schließlich, dass wir alle zusammen vier Tage vor dem 19. abfahren.

Ein ARD-Team, unterwegs für den „Weltspiegel", hat in Matagalpa eine andere Gruppe der Brigade „Todos Juntos Venceremos" besucht. Die Fernsehleute sind mit Mikrofonen und Kameras durch die Kaffeebüsche geschlichen, um bewaffnete Arbeitsbrigadisten aufzuspüren. Die Gruppe in Matagalpa hatte nämlich den Beschluss gefasst, sich an den vigilancias, den Nachtwachen, zu beteiligen – unbewaffnet.

Einige in La Laguna sehen schon eine gnadenlose Hetzkampagne der westdeutschen Medien auf uns harmlose Kaffeepflücker zurollen. Hat doch auch bei uns der eine oder die andere schon mal ein Gewehr berührt. Nicht auszudenken, wenn Fotos davon auf verschlungenen Wegen in die falschen Hände gerieten. Wir müssten jetzt erst recht unsere friedliche Mission unterstreichen. Es sei aber fraglich, ob diejenigen von uns, die sich Halsketten aus leeren Patronenhülsen gebastelt haben, dazu in der Lage seien. Allerdings tragen gerade mal zwei Leute aus der Brigaden solchen Schmuck.

Zu unserem Abschiedsfest sind mehrere hundert Leute aus den umliegenden Dörfern gekommen, ohne dass wir vorher davon wussten. Ein frisch geschlachtetes Rind wird angefahren, es gibt Obstsalate, Kaffee und Rum. Dann werden wir einzeln nach vorn gerufen, um Geschenke in Empfang zu nehmen: kleine Figuren aus Stein, Aschenbecher, Schnitzereien. Charly, der am besten Spanisch kann, hält eine ausgezeichnete politische Dankesrede.

Abends spielt eine Combo auf, bis in den frühen Morgen wird getanzt und gefeiert. Es gibt viele Umarmungen, auch Tränen. Bodo lässt sich mit Baskenmütze und Gewehr fotografieren. Zu Hause will er sich von dem Bild ein Plakat mit dem Schriftzug „Gewaltfreie Aktion Pinneberg" machen lassen.

Bei der zentralen Feier zum Sandino-Todestag im Theater Ruben Dario in Managua herrscht allerbeste Stimmung. „Sandino ayer, Sandino hoy, Sandino siempre" und „Sandino vive, vive vive – la lucha sigue, sigue, sigue", wird skandiert. Als Daniel Ortega, Sergio Ramírez und Ernesto Cardenal hereinkommen, stehen alle auf und jubeln. Unter den geladenen Ehrengästen, die sich durch die Menge nach vorne schieben, ist auch Hans-Jürgen

Wischnewski, die Allzweckwaffe der SPD für internationale Angelegenheiten. Plötzlich ein Schrei von der Stelle, wo unsere Brigade angetreten ist: „Ben Wisch, das Schwein von Mogadischu!"

Wischnewski hatte im Oktober 1977, nach der Entführung der Lufthansa-Maschine Landshut, die Verhandlungen mit dem somalischen Präsidenten Siad Barre geführt, um die Zustimmung zum GSG9-Einsatz zu bekommen. Auch mit den Entführern hatte Wischnewski Kontakt aufgenommen – er versuchte sie aber zu täuschen, indem er ihnen mitteilte, die Bundesregierung sei auf ihre Forderungen eingegangen.

Der Zwischenfall, also der Zwischenruf in Managua, verursacht diplomatische Verwerfungen. Die Sandinisten bestehen darauf, dass eine von uns für den nächsten Tag geplante Demo vor der BRD-Botschaft nicht mehr stattfindet. Warum? Die Bundesregierung, sagen die FSLN-Leute, setze anders als die USA bislang auf eine friedliche Lösung der Konflikte in Mittelamerika. Die fragile Beziehung zwischen dem revolutionären Nicaragua und der Bundesrepublik würde womöglich, nach der „Sache" mit Wischnewski, einer neuerlichen Belastung wie der Demonstration nicht standhalten. Nun ja.

28. Februar, vier Uhr morgens ist es nach Mitteleuropäischer Zeit. Bodo, Karl und Max hängen nebeneinander in den Flugzeugsitzen, haben die Augen geschlossen und träumen vielleicht von der Revolution.

Max kann nicht einschlafen, obwohl seine Augen vor Müdigkeit brennen. Drei verschiedene Bücher hat er schon in der Hand gehabt und wieder weggelegt, schreiben klappt bei dem Gewackel im Flieger auch nicht wirklich gut. Er blättert in einem Band mit Gedichten von Ernesto Cardenal herum und bleibt bei einem hängen, seiner Beschreibung vom Nachtflug der neuen Regierung aus dem Exil in Costa Rica in das noch umkämpfte Nicaragua.

Lichter

Jener heimliche Nachtflug.
Immer in Gefahr abgeschossen zu werden.
Die Nacht still und ruhig.
Der Himmel voll, übervoll von Sternen.
Die Milchstraße glänzend hinter den dicken Scheiben der Fenster,
weißlich schimmernde Masse in schwarzer Nacht mit Millionen von
Evolutions- und Revolutionsprozessen.

Um den Flugzeugen Somozas auszuweichen, flogen wir über dem Meer,
doch dicht an der Küste.
Das kleine Flugzeug dicht über der Erde, langsam.

Zuerst die Lichter von Rivas, erobert und wiedererobert von den San-
dinisten, jetzt mehr oder weniger in ihrer Hand.
Danach andere Lichter: Granada, noch in den Händen der Garde (in
dieser Nacht würde sie angegriffen werden).
Masaya, vollkommen frei. So viele ließen hier ihr Leben.
Etwas weiter ein Schein: Managua. Schauplatz so vieler Kämpfe.
Der Bunker. Noch immer Bollwerk der Garde.
Diriamba, frei. Jinotepe, heftige Kämpfe.

So viel Liebe und Mut schimmert in diesen Lichtern.
Montelimar – der Pilot zeigt nach unten: Die Hazienda des Tyrannen
an der Küste.
Daneben, Puerto Somoza.

Oben die Milchstraße, unten die Lichter der Revolution meines Volkes.
Und es ist mir, als sähe ich weit oben im Norden das Lagerfeuer San-
dinos. („Jenes Licht ist Sandino")
Die Sterne über uns, und die Winzigkeit dieser Erde, aber auch die
Größe der Erde, die Größe dieser winzigen Lichter des Menschen.

Ich denke: Alles ist Licht.
Der Planet kommt von der Sonne.

Licht verwandelt in Materie.
Die Elektrizität dieses Flugzeugs ist Licht.
Das Metall ist Licht.
Die Wärme des Lebens kommt von der Sonne.
„Es werde Licht".
Doch da ist auch die Finsternis.

Ein seltsamer Widerschein – ich weiß nicht woher – flimmert auf der
durchsichtigen Fläche der Fenster.
Eine rote Helle: die Lichter vom hinteren Teil des Flugzeugs.
Und ein Widerschein auf dem ruhigen Meer: Wahrscheinlich die
Sterne.
Ich betrachte die Glut meiner Zigarette – auch dieses Licht kommt von
der Sonne, von einem Stern.

Und die Umrisse eines großen Schiffes.
Ein Flugzeugträger der USA, der die Küsten des Pazifik bewacht?
Ein großes Licht zur Rechten schreckt uns auf.
Ein Jet gegen uns?
Nein.
Der Mond geht auf, ein ruhiger Halbmond, beleuchtet von der Sonne.
Die Gefahr, in einer so hellen Nacht zu fliegen.

Und plötzlich das Radio.
Wirre Sätze füllen das kleine Flugzeug.
Die Nationalgarde? Der Pilot sagt. „Es sind die unseren."
Diese Wellen sind jetzt die unseren.

Wir nähern uns León, jetzt freies Territorium.
Ein starkes rot-gelbes Licht, wie die Glut einer Zigarette: Corinto.
Die hellen Lampen des Kais spiegeln im Meer.
Und jetzt der Strand von Poneloya, das Flugzeug dicht über der Erde,
der Schaumgürtel der Küste strahlend unter dem Mond.
Das Flugzeug immer niedriger.
Der Geruch nach Insektenvertilgungsmitteln.
Und Sergio sagt. „Es riecht nach Nicaragua".

Dies ist der gefährlichste Augenblick.
Wer weiß, ob die feindliche Luftwaffe uns nicht schon erwartet.
Und dann die Lichter des Flugplatzes.
Wir landen.

Aus der Dunkelheit tauchen oliv-grüne Gestalten auf.
Companeros, die uns umarmen.
Wir fühlen ihre warmen Körper, die gleichfalls von der Sonne kommen,
die gleichfalls Licht sind.

Gegen die Finsternis kämpft diese Revolution.
Es war am Morgen des 18. Juli.
Es war der Anfang all dessen, was kommen sollte.

(Das Gedicht „Lichter" steht auch am Ende eines Buches, das ich über meine Zeit als Kaffee-Brigadist verfasst habe: „Zwischen den Jahren", 1984 erschienen im Verlag Die Werkstatt.)

Ende der 1970er, Anfang der 1980er Jahre – zweifellos war das eine politisch turbulente, eine aufregende Zeit, die viele Menschen geprägt und sozialisiert hat. Das Feuer der (erhofften) Revolution oder eher: Revolte, flackerte damals nicht nur in Göttingen, sondern – teilweise heller und höher – auch in vielen anderen Orten. In Westberlin, Hamburg oder Frankfurt waren viel mehr Menschen auf der Straße und politisch in Bewegung als in dem kleinen Städtchen im südlichen Niedersachsen. Waren wir erfolgreich?

Auch nach 1984 engagierten sich in der Bundesrepublik Hunderttausende gegen Kriege und Atomkraft, für die sogenannte Dritte Welt, für bezahlbaren Wohnraum und für soziale Gerechtigkeit.

Die Anti-AKW-Bewegung erlebte nach flauen Phasen immer wieder Aufschwünge – nach der Atomkatastrophe in Tschernobyl etwa, bei den Castortransporten nach Gorleben oder infolge des Unglücks in Fukushima. Von einer größeren Öffentlichkeit unbemerkt, werkeln an den Standorten der Atomanlagen zudem viele Initiativen beharrlich am Ausstieg aus dieser Technologie mit.

Das letzte kommerzielle Atomkraftwerk wird voraussichtlich 2022 abgeschaltet. Das dauert noch viel zu lange, na klar, aber dass es überhaupt so weit kommt, ist ein Erfolg dieser neben den „'68ern" wohl bedeutendsten Massenbewegung in der deutschen Nachkriegsgeschichte.

Erheblichen Konjunkturschwankungen waren in den vergangenen Jahrzehnten auch andere politische Bewegungen unterworfen. Die Friedensbewegung zum Beispiel. Nach den Massenprotesten gegen die NATO-„Nach"rüstung demonstrierten Zehntausende 1991 und 2003 gegen die militärischen Interventionen der USA im Mittleren Osten sowie gegen die NATO-Angriffe auf Jugoslawien. Zu dem Schlachten in Syrien und vielen anderen Konflikten und Kriegen aber schweigt die Friedensbewegung – oder was von ihr übrig geblieben zu sein scheint. Während der Friedensnobelpreis 2017 an die Internationale Kampagne zur atomaren Abrüstung (Ican) geht, schwadronieren narzistische und unberechenbare Staatenlenker wie Donald Trump und Kim Jong-un vom Atomkrieg.

Die Solidaritätsbewegung mit Nicaragua musste schwere Enttäuschungen verkraften. Zuerst die Niederlage der Sandinisten bei den

Wahlen 1990. Dann die Abwendung der FSLN-Führung von ihren revolutionären Prinzipien. Und schließlich die Autokratie des Dauerpräsidenten Daniel Ortega. Die Solidarität mit dem nicaraguanischen Volk jedoch blieb nahezu ungebrochen. Nach wie vor reisen Bau- und Erntebrigaden in das mittelamerikanische Land. Und weiterhin unterhalten rund 30 deutsche Städte Partnerschaften zu Kommunen in Nicaragua.

Um gegen Immobilien-Spekulation zu demonstrieren, auf leerstehenden Wohnraum hinzuweisen und selber welchen zu schaffen, werden immer noch und immer wieder leer stehende Häuser und Fabriken besetzt. Oft macht die Polizei den Besetzungen ein schnelles Ende. Manchmal gelingt es aber auch, Räumungen zu verhindern und nach langen Kämpfen die Besetzungen in irgendeiner Form zu legalisieren. Beispiele dafür gibt es in Berlin, am Hamburger Hafen und auch in Göttingen. Hier besetzten Aktivisten 2015 das seit Jahren leer stehende Gewerkschaftshaus und richteten zunächst einige Räume als Unterkunft für Geflüchtete her. Nach langen Verhandlungen mit der Gewerkschaft erreichten die Besetzer im Herbst 2016 die Zusage, dass sie das Gebäude kaufen können. Das ist inzwischen geschehen. Die „OM 10", wie das Haus wegen seiner Lage in der Obere-Masch-Straße genannt wird, ist Wohnraum für Flüchtlingsfamilien, Veranstaltungszentrum und Treffpunkt für zahlreiche Gruppen und Initiativen.

Doch unabhängig von solchen Einzelerfolgen und Errungenschaften sowie einigen positiven gesellschaftlichen Veränderungen (etwa die Möglichkeit zur „Ehe für alle") besteht ein ganz großer Unterschied zu „damals": Heute bestimmt nicht mehr die linke, alternative Bewegung die öffentliche Agenda, sondern die extreme Rechte. Das Thema Flüchtlinge hat bei vielen Menschen Eigenschaften wie Solidarität, Altruismus und Hilfsbereitschaft befördert, bei mindestens ebenso vielen aber auch rassistische Ressentiments.

Die Pogrome gegen Geflüchtete, die Anschläge auf ihre Unterkünfte und die Wahlerfolge der zu ganz großen Teilen völkischen, rechtsextremen AfD sind Ausdruck davon. Noch verhängnisvoller ist aber, dass zumindest die großen Parteien inzwischen eine Flüchtlingspolitik betreiben, wie sie die AfD fordert. Die AfD treibt die anderen Parteien zumindest in dieser Frage buchstäblich vor sich her.

„Wir schaffen das" – das war einmal. Stattdessen: Abschottung und Abwehr, Abschiebungen und das Aussetzen des Familiennachzugs, Grenzzäune, eine Kooperation mit zwielichtigen Milizen und korrupten, autoritären Regimes und – nicht zuletzt – die Kriminalisierung von Hilfsorganisationen, die Ertrinkende aus dem Mittelmeer retten.

Immer mehr Staaten in Europa rücken nach rechts. In Polen und Ungarn überbieten sich führende Politiker mit nationalistischen, rassistischen Parolen. In Österreich haben zwei Parteien zusammen mehr als 50 Prozent der Stimmen erhalten, die kaum noch Flüchtlinge ins Land lassen und gegen die wenigen im Land befindlichen einen extrem rigiden Kurs fahren wollen.

In der Bundesrepublik hat die rechte Terrorbande NSU – zum Teil wohl unter den Augen des Verfassungsschutzes – zwischen 2000 und 2007 neun Migranten und eine Polizistin ermordet, drei Sprengstoffanschläge und 15 Raubüberfälle verübt. Die Zahl ihrer Unterstützer wird auf 100 bis 200 geschätzt, darunter V-Leute und Funktionäre rechtsextremer Parteien.

Der US-amerikanische Geheimdienst NSA hat in zahlreichen Ländern und auch in Deutschland Millionen Menschen in einem Ausmaß ausgespäht und abgehört, das sich vor wenigen Jahren noch niemand hätte vorstellen können. Der Bundesnachrichtendienst war und ist an diesen oft illegalen Lauschangriffen beteiligt.

NSU und NSA, AfD und brennende Flüchtlingsheime: Hätten wir Ende der 1970er Jahre behauptet, was 40 Jahre später Realität ist, wären wir vermutlich für verrückt erklärt worden. Niemand, niemand hätte uns geglaubt. Aber wie konnte es dazu kommen? Warum hat sich das politische Klima derartig verschoben? Was haben wir falsch gemacht? Sind wir am Ende gescheitert?

Ich kann die Frage nicht abschließend beantworten. Was ich weiß: Ich möchte die damaligen Jahre nicht missen. Sie waren politisch wie privat ereignisreich, ja: turbulent. Sie haben Erkenntnisse und Ansichten geformt, die viele von uns im Grundsatz immer noch vertreten. Und viele von uns haben damals Freundschaften geschlossen, die immer noch Bestand haben.

Ingrid heißt nicht Ingrid, Johann nicht Johann, Karl nicht Karl, Heiner nicht Heiner, Ralf nicht Ralf und Regina nicht Regina. Aber alle im Buch mit Namen Genannten waren damals mit dabei, und alle leben zum Glück noch. Alle, bis auf Karl-Heinz Hansen, der wirklich so hieß und 2014 im Alter von 87 Jahren starb – was aus José und „Chico" geworden ist, den Companeros in Nicaragua, weiß ich nicht. Mit vielen von ihnen verbindet mich außer der gemeinsamen Geschichte bis heute eine Freundschaft.

Regina ist seit mehr als 30 Jahren glücklich liiert. Beruflich schlägt sie sich als Lehrerin durch.

Heiners Weg verlief über einige Schlenker von der Kulturgruppe des Arbeitskreises gegen Atomenergie an die Spitze der Göttinger Kulturverwaltung. Wir gehen regelmäßig in die Kneipe, tauschen uns über Literatur und Musik und die Weltlage aus und geraten bisweilen in Streit über die Bewertung der alten (und neuen) Zeiten.

Ralf zog es zunächst nach Südamerika und dann nach Berlin. Er ist Mathematiker und mir auf vielen Reisen, bei Kneipenzügen und Besuchen von Fußballspielen ein sehr wertgeschätzter Begleiter.

Karl ließ seine politischen und rhetorischen Talente nach seiner Zeit im KB zunächst etwas verkümmern. Er schreibt „Deutsch für Ausländer"-Bücher und ist damit erfolgreich. Gelegentlich schlägt er mich beim Tennis.

Ingrid zog schon von Jahrzehnten ins Ruhrgebiet. Sie leitet dort als Co-Geschäftsführerin eine große Einrichtung zur Betreuung alter Menschen.

Johann durchlief eine politische Karriere, die ihn von der DKP über die Grünen bis an den Rand der SPD und darüber hinaus führte. Er war Geschäftsführer der Bremer Hafenmanagementgesellschaft. Nach einem zwischenzeitlichen Zerwürfnis gehen wir inzwischen wieder regelmäßig Tapas essen und zum Fußball.

Bruno und Erwin gründeten mit anderen einen Verlag, der anfangs politische Titel und später vorrangig Fußballbücher produzierte. Weil sie ein Herz für die alten Genossen haben, veröffentlichen sie manchmal aber auch noch sportfremde Texte.

DANK

Meine Freunde Hilmar, Rolf, Kristin, Enno und Andrea haben das Manu-skript vor der Abgabe gelesen. Sie haben es – durchaus kritisch – kommen-tiert, Änderungen angeregt und noch um die eine oder andere Anekdote ergänzt, die ich längst vergessen hatte. Danke dafür.

Danke auch an Bernd Beyer vom Verlag Die Werkstatt, der den Text fach- und sachkundig lektoriert, an einigen Stellen lesbarer gemacht und verbessert sowie die Entstehung des Büchleins bis zum Schluss begleitet hat.

DER AUTOR

Reimar Paul, geboren 1955 in Bremen und aufgewachsen nahe der Kleinstadt Rotenburg/ Wümme, studierte in Göttingen Volkskunde, Politik und Publizistik. Nach Aufenthalten in Mexiko und Zentralamerika lebt er seit 1989 wieder in Göttingen. Paul arbeitet als freier Journalist unter anderem für die Nachrichtenagentur epd, die taz, den Tagesspiegel, das Neue Deutschland, den Weserkurier sowie für Internetportale. Er hat mehrere Bücher veröffentlicht. Im Verlag die Werkstatt erschienen sein Bericht „Zwischen den Jahren" über die Arbeitsbrigaden in Nicaragua sowie einige von ihm herausgegebene Bände zum Thema Atomkraft.